中小学班主任基本功专务

王颖 主编

苏州大学出版社
Soochow University Press

图书在版编目（CIP）数据

中小学班主任基本功专务 / 王颖主编. -- 苏州 : 苏州大学出版社, 2024. 5（2025. 11 重印）
ISBN 978-7-5672-4824-3

Ⅰ. ①中… Ⅱ. ①王… Ⅲ. ①中小学-班主任工作 Ⅳ. ①G635. 16

中国国家版本馆 CIP 数据核字（2024）第 100913 号

书　　名：中小学班主任基本功专务

主　　编：王　颖
责任编辑：金莉莉
助理编辑：周　麒
装帧设计：吴　钰

出版发行：苏州大学出版社（Soochow University Press）
社　　址：苏州市十梓街 1 号　**邮编**：215006
印　　刷：苏州市越洋印刷有限公司
邮购热线：0512-67480030
销售热线：0512-67481020

开　　本：700 mm×1 000 mm　1/16　**印张**：16. 25　**字数**：297 千
版　　次：2024 年 5 月第 1 版
印　　次：2025 年 11 月第 3 次印刷
书　　号：ISBN 978-7-5672-4824-3
定　　价：58. 00 元

图书若有印装错误，本社负责调换
苏州大学出版社营销部　电话：0512-67481020
苏州大学出版社网址　http://www. sudapress. com
苏州大学出版社邮箱　sdcbs@ suda. edu. cn

序

一引其纲　万目皆张

——为班主任基本功做注解

班主任是学校中全面负责班级学生各项事务的专聘教师，是引领学生全面成长的骨干力量。在一线带班工作中，班主任会遇到很多教育问题。新时代的班主任更是面临诸多新挑战，无论是外部环境的变迁、学生群体的日趋复杂，还是心理健康、网络安全、家庭教育等多重议题，都对班主任提出了更高要求。因此，班主任不仅需要把握工作的底层逻辑，明确基本任务与职责边界，更应顺应时代趋势与学生特点，勇于创新实践，涵养时代气质，实现智慧育人。

一

《中小学班主任工作规定》明确了班主任的角色定位，系统阐释了其职责与任务，指出班主任要努力成为中小学生的人生导师。班主任要全面了解班级内每一个学生，分析学生情况，关心爱护学生，对学生进行教育，促进学生全面发展；要做好班级的日常管理工作，维护班级良好秩序，营造集体氛围，指导班委会和团队工作；要组织、指导开展班会等形式多样的班级活动，注重调动学生的积极性和主动性，并做好安全防护工作；要组织做好学生的综合素质评价工作；要经常与任课教师及其他教职员工沟通，主动与学生家长、学生所在社区联系，努力形成教育合力。

2021 年暑假，教育部基础教育司发布了《关于开展 2021 年全国中小学班主任基本功和思政课教师教学基本功展示交流活动的通知》，在班主任基本功展示交流活动方案中指出，要发挥班主任在落实立德树人根本任务中的骨干作用，提高班集体建设、学生成长指导、家校协同等方面基本功，切实增强班主任的职业认同感、荣誉感、责任感，展示内容涵盖“育人故事、带班育人方略和主题班会”三个方面。

由此可见，班集体建设、学生成长指导、家校协同、主题班会组织开展等，是班主任的职责与任务，也是班主任基本功的集中体现。只有锚定这些任务，在复杂多变的工作情境中主动修炼专业能力，班主任才能不断提升专业素养，拨开迷雾，探寻教育本真，让诸多难题迎刃而解。

二

一个时代有一个时代的最强音，一个时代有一个时代的痛点、难点。那么，新时代对班主任提出了哪些迫切的要求？

职业认同。班主任应怀有对教育事业的热忱，深刻理解自己在学生品格塑造与人生成长中的作用，全心投入教育工作，以真诚的关怀与学生建立联结，用耐心与智慧陪伴成长，实现对每一个生命成长的深切关照。

主动发展。班主任需持续学习，不断更新知识结构，深入钻研教育学、心理学、社会学等多领域知识，洞察教育变革与学生需求的变化，将新理念、新方法创造性地转化为有效的育人策略，始终保持专业活力，更好地回应学生需求，助力其发展。

顺应趋势。班主任需要具备敏锐洞察、主动适应的能力，准确把握教育理念的演进方向、学生成长的时代特征以及社会环境的深刻变化，清醒识别教育生态中涌现的新挑战、新机遇与新要求，在复杂情境中灵活选择路径，勇于开拓创新，形成富有生命力的教育实践。

高情商沟通。班主任应精通沟通的艺术，善于构建基于信任与理解的协作关系，在复杂情境中促进共识、化解分歧，有效汇聚教育合力，营造积极健康的育人生态，回应各方对优质教育的美好期盼。

自我觉察。班主任需要具备持续内省、向内探寻的自觉，察觉自身的情绪状态、思维模式与行为习惯，清醒认识个人性格特质、教育观念及能力边界对工作带来的影响，在压力下保持情绪稳定，在偏见萌芽时及时调整心态，在固有经验失效时主动寻求突破。

班主任学习与成长的路径很多。通过参加培训、研讨会和阅读专业书籍等方式，可以不断拓宽视野，理清思路，提升专业素养。通过实践与复盘，以自身工作为案例，持续反思工作方法与策略，在实践中探寻优化路径。同时，向同行学习也是一种温暖而有效的方式，借鉴他人的成功经验，有助于提升对班主任专业发展的行动认知。

三

本书应广大一线班主任的期待，收录了一批优秀的育人故事、带班育人方略与主题班会方案设计。这些文字承载着理解班主任关键职责、传递教育智慧的使命。

故事，是经验的沉淀，也是智慧的传递。育人故事再现了班主任工作中的具体情境，呈现了教育过程的曲折，剖析了学生的成长需求与内在动因，帮助读者不仅“看到”做法，更能“读懂”逻辑。教育问题往往具有多因性、潜在性与动态性，通过对案例的深度剖析，促进班主任由“经验型处理”向“专业化引导”转变。

带班育人方略引导班主任跳出碎片化工作模式，着眼于班级建设的系统规划与路径设计，这些方略中包含的具体操作与策略，读者可结合本班学情与阶段特点灵活借鉴、创造性实践，进而提升工作效率与建班品质。

班会是班主任立德树人的重要阵地，其组织实施体现班主任的课程能力，尤其是主题班会，更能展现教师的教育智慧、对学生深刻的洞察以及对教育的理解，促进班集体建设，助力学生自我教育。阅读这些方案，将帮助读者深入领悟主题班会的意义。

这些文案均源自一线班主任的真实经历，是实践经验的凝练与升华。阅读它们，仿佛置身于一个个真实的教育现场，与作者一同面对困境、寻求突破、见证成长，既获得情感共鸣，也收获方法论启示。书中的诸多做法将帮助班主任突破思维定式、拓展育人视野，真切感受到：原来带班育人可以如此有温度、有质感，进而激发教育热情，提升对自我的期待。

本书共分三大部分，收录育人故事 8 篇、带班育人方略 10 篇、主题班会方案设计 10 篇，内容覆盖小学、初中、高中学段，适合中小学班主任参考借鉴。每一部分开篇均附有说明与指导，帮助读者更好理解相关内容。参与编写的作者均为省市级班主任基本功大赛的获奖者，文字历经反复打磨，做法贴合带班实际，具有较高的参考价值。为本书提供案例的有小学的张王明秀、张薇、王梦竹、王冉、刘渊源，初中的王闯、张燕、苏磊，高中的张兴立、张晓伟，感谢他们的付出和努力！感谢他们不断创新实践、踔厉前行，为广大班主任做好榜样与示范！

希望本书能够唤起并点燃班主任的职业热情。愿每一位班主任都能仰望星空，让自己在教育之路上闪闪发光！

2025 年 10 月

目 录

育人故事

带班育人方略

主题班会

商人故事

育人故事是指班主任在工作中所经历的具有教育意义和启发性的故事。这些故事中，学生在班主任的引领和帮助下获得了成长，故事反映了班主任的教育理念、教育方法和教育情感。

育人故事主要呈现以下内容。

问题识别。描述班主任如何发现学生在学习上、生活上或者心理上出现的问题或遇到的困难，这需要展现班主任敏锐的观察力和对学生的关心和共情能力。

深入了解。描述班主任如何与学生或与学生家庭进行深入的交流，了解问题的根源，捕捉成长需求。这需要展现班主任对学生或学生家庭的尊重和理解，耐心、细致的态度和相关方法。

策略制定。描述班主任如何根据对学生的了解，制定出有效的帮助方案或引领策略。这需要展现班主任的理论功底、从业经验、教育智慧和创新能力。

行动跟进。描述班主任如何实施这些策略，以及学生在这个过程中如何逐渐改变。这需要展现班主任的执行力以及在与学生互动中的反思与改进。

总结提升。班主任需要在最后对整个过程进行反思和总结，思考从中悟到了什么，如何将这种经验应用到未来的工作中。这可以体现出班主任自我反思和持续学习的精神。

育人故事的撰写需要关注故事情节的完整性，故事叙述的条理性和层次性，主线清晰，走向明确。另外，育人故事的撰写不应局限于故事本身。阅读育人故事可以让读者看到班主任的智慧和策略，体现教育性，因此，对故事所包含的教育方法和策略需要做一定的理性提炼，这样的育人故事对于读者来讲才更有启发性和可读性。

读者通过阅读育人故事，深入了解班主任的工作内容和职责，感受班主任的教育智慧、情感投入，看到班主任的教育格局；同时从中得到教育启示，为自己的教育工作提供借鉴和参考。

我的《摆渡人日记》

“咯滴咯滴咯滴咯滴咯滴咯滴，我们爱你……” 每当翻开我的《摆渡人日记》，我总想哼唱扉页上赫然写着的这首歌，也总能回忆起小吴。

争渡

喧闹的课间，沉寂了一个暑假的校园又沸腾起来，一年级的孩子们好奇地张望着陌生的教室，叽叽喳喳地和新朋友讨论。我邀请大家说说暑假里发生的趣事，孩子们纷纷站起来兴高采烈地分享，只有小吴低着头，不说话。

“小吴，请你说一说。”小吴连讲带比画：“我去了海……海边喂鸽……鸽……鸽子……”短短的一句话，小吴半天也没有讲完，周围的同学忍不住小声笑起来。小吴的脸“唰”一下涨得通红，默默地坐下了，低垂的眼角闪着泪光。下课后，我邀请他和我继续说说，他也只是默默地摇摇头，并不肯开口。

小吴落寞的眼神、不断搓衣角的小手，一直在我眼前浮现，怎样让小吴自信流畅地表达、让班级同学学会悦纳他人、让家长携手同行呢？我查阅了大量关于口吃的资料，咨询了心理老师和医生，默默开展了对小吴的“多元了解”计划。

一个人的成长和他的原生家庭有着千丝万缕的关系。我在家访中了解到，小吴妈妈对小吴的要求很高，幼小衔接时就教了大量知识。小吴只要有一丝丝说得不好的地方，小吴妈妈就会大声呵斥他，这时小吴就显得很惶恐，越紧张就越口吃。

我尝试和小吴妈妈沟通，如实反映了小吴在学校的情况，小吴妈妈抱着小吴，心疼得红了眼眶。小吴长期不被理解的委屈在这时爆发，趴在妈妈肩上呜呜哭泣。

过渡

之后，我开展家校圆桌会，给了小吴的父母一些建议。我建议他们不要训斥小吴，当他口吃时不要急于纠正，可以先等他把话说完，然后做正确的示范；建议他们在家尽量放缓节奏，所有要做的事、要说的话都慢慢来，营造温馨的家庭氛围。每天睡觉前，进行亲子阅读，家长陪他利用有字绘本练习朗读，利用无字绘本练习表达。

在学校里，午间休息时段，是我和小吴的专属时光。我读课文，他做模仿者；他讲故事，我做倾听者。我惊喜地发现，小吴常常能完全沉浸在阅读的美妙世界里。于是，我决定用阅读架起一座成长的桥梁：在《我说话像河流》中寻找自愈的方式，在《小王子》中学会交流，在《夏洛的网》中学会交友……小吴在爱的关怀下畅游书海、渐渐成长。

针对班上个别孩子学小吴说话等不文明现象，我召开了“当我被别人嘲笑时”主题班会，开展情境表演，大家哄堂大笑时，平时嘲笑小吴的小东悄悄地低下了头。他悄悄塞给小吴一张纸条，拼音夹杂着汉字的“对不起”，是他不掺杂质的歉意。

又是课间，我含笑注视着小吴开心说话的样子、同学们耐心倾听的样子、他们一起玩耍的样子……我的心也暖暖的：孩子们，你们都很了不起！

摆渡

“老师老师，不好啦，小吴不肯进教室，在操场上哭呢。”我急忙跑到操场，看着被团团包围不停被安慰的小吴，我示意孩子们先回教室。从小吴断断续续的话语中，我了解到原来是在体育课玩游戏“你讲我猜”体育项目时，他明明知道答案，但因为太激动了，表达不清，影响了小组竞赛的成绩。小吴非常自责，觉得大家肯定会嫌弃他。

我组织学生完成“各美其美，美美与共”个性成长档案，其中有一项是填写自己的优点和缺点。我走到小吴旁边，看到他纸上写着：

“缺点：表达不清、粗心、动作慢……”

“优点：没有！”

于是，我组织大家交流分享。轮到小吴时，当他说出“优点：没有”的时候，同桌马上站起来说：“小吴，每次我忘带东西都是你借我的，你可好了。”“小吴，你黑板擦得可干净了，特别负责。”值日组长说。“小吴，你的作文每次都是三颗星，你特别厉害!”“小吴……”小吴在夸奖声中露出了微笑，眼睛亮亮的，脸红红的。

我在班级开展序列化赏识教育，充分调动每双“最美眼睛”，用“暖心夸夸条”去挖掘他人的闪光点。或私下赠送，或公开夸奖，“暖心夸夸条”在笔袋内、书包中、作业本里随处可见。随时与惊喜不期而遇，每个孩子都能与爱同行！在同伴、家长、老师的鼓励中，小吴和其他同学们各美其美，个性成长档案的优点那栏也渐渐充实饱满了起来。

我知道，小吴内心渴望被听见，渴望被关注，我积极为他创设各种机会，搭设成长舞台。我们班级“相约星期三”栏目，为发扬每个孩子的个性特长量身定制，我邀请小吴做策划和主持，他多方沟通、勤加练习，其他同学为他出谋划策。因为有了小吴，我们的班级变得更加团结和温暖。

在学校“讲书大赛”前，我鼓励他：“你的文章写得这么好，想去和大家分享吗?”“我写得还行，但讲不好，我行吗?”“你行的，老师陪着你练!”就这样，他开启了为自己、为梦想奔跑的生活。每天，紫藤下有我和他练习的身影，报告厅里有同学们陪他彩排的欢笑，镜子前有爸妈陪着他朗读的画面……

舞台上的小吴眼神坚定，掷地有声，努力地说好每句话。那专注、自信的身影，在灯光里散发出耀眼的光芒。在一阵阵热烈的掌声中，小吴露出了灿烂的笑容。台下，小吴的妈妈激动得热泪盈眶，我也心潮澎湃！教育照亮了孩子的成长之路，也照亮了自己。

教育是一场摆渡，渡人渡己。当我们碰到“晚生长，晚开花”的孩子时，不如用心地为他定制一把尺，量量他的今天是否已经比昨天长高了一毫米；为他定制一条专属于他的成长跑道，算一算今天他是否已经比昨天跑快了一秒，然后欣喜地告诉他：你进步了，你可以更好！孩子就找到了成长的意义。孩子正如草木，开花、结果也有自己的时令和节拍。用我们的挚爱去影响他、感染他、激励他、鼓舞他，让他自己朝着美好生长，方有自己的丰收模样！

合上我的《摆渡人日记》，歌词已然印在心底。我将一直用笔触去记录属于我的摆渡德育日记，记录“牵着蜗牛去散步”的每一个点滴。

花开自有期，绽放亦有时。时经六年，这颗不说话的种子，悄悄绽放，惊艳了时光。

拥抱我的“暴暴熊”

《国家地理》杂志是这样描述北极熊的——性格暴躁、凶猛异常。其实，我的《班主任随记》中何尝没有这样的“暴暴熊”。一见我，同学们就一拥而上，七嘴八舌：

“老师，小熊又发飙了！”

“老师，小熊和同学打起来了！”

“老师，小熊和老师吵起来了！”

“暴暴熊”：掀起波澜

在学校里，小熊机智聪明、思维敏捷，但性格暴躁，一言不合就拳脚相向，简直就是一只在森林里兴风作浪的“暴暴熊”。每次和他沟通，他总会摆出一副不服气的样子，嘴噘得高高的。他的我行我素，让我充满挫败感。

一天，我看到了小熊手臂上的淤青，心里好一阵奇怪。他注意到我的目光，立刻把袖子拉了下来。在我的追问下，他才告诉我：“昨天晚上，我被爸爸揍了。”话音未落，他的眼里已经噙满了泪水。他的泪水让原本打算放弃的我，内心涌动出一股新的力量，这股力量来自“冰山理论”，它提醒着我，一个人的成长和他的原生家庭有着千丝万缕的关系。为了解事情的缘由，我决定进行家访。

谁知，还没进门，就听到了小熊爸爸在大发雷霆，质问小熊为什么又闯祸了！而小熊更大声地回应，要打要骂直接来！家里火药味十足，让门口的我进退两难。没想到，我竟成了最不受欢迎的客人。小熊的爸爸早已疲于应付来自学校的投诉，和孩子又缺乏有效沟通，所以他的教育方式简单粗暴——棍棒教育。原来小“暴暴熊”的背后还有一只大“暴暴熊”。

我连忙转变策略，收回肚子里的投诉，接过话茬。“小熊爸爸，您误会了。我可不是来告状的，是来请小熊帮忙的！”接着，我把准备明天给小熊的学校“小小生命科学家”聘任书，提前郑重地递给小熊，并对他竖起大拇指。他爸爸一时竟有些不知所措。小熊双手捧着证书，原本暗淡的眼眸多了一丝光彩，正如卡耐基说的，“人类最本质的渴望就是理解和尊重”。我激励的行为、肯定的话语，就像一顶保护伞，给小熊创设了安全的心理环境，缓和了亲子冲突。于是后续家访、关怀，再家访、再关怀，在反复推进当中，我从最不受欢迎的人，变成了他们的“家里人”。

在对小熊的教育略有起色的时候，我却因为产假不得不离开孩子们，但最让我放心不下的就是那只“暴暴熊”。果然，一天家委会突然给我打来了电话：“王老师，小熊太过分了！您休产假后，班里三天两头就有同学被他打，扰得课都没法好好上，我们准备写联名信请求学校开除他。”听到这个消息，我的心一下子揪了起来。

“宝宝熊”：架起桥梁

就在我为小熊的事辗转反侧之际，他给我打来了电话：“王老师，我很想您。您会不会像隔壁班休产假的班主任一样不回来了？”这番话就像从高空落下的巨石，撞碎了我的心。那只张牙舞爪的“暴暴熊”，此刻变成了一只急需关爱的“宝宝熊”。谁爱孩子，孩子就爱谁。只有爱孩子的人，他才可以教育孩子。或许，只有我能帮他了。

为了更有针对性地对小熊实施帮助和教育，我咨询了学校的德育处主任和心理老师，查阅了许多教育管理的书籍。这些经验的累积，让我意识到我应该借助更多的力量形成教育合力，我决定启动“爱护‘宝宝熊’计划”——架起联结桥。产假结束，我毅然申请回到了原来的班级。

小熊已经是众矢之的，当务之急是帮助他融入班级，被集体接纳。在征得同学们的同意后，我为小熊量身打造了“森林小组”。在小组中，有喜欢科学的“熊猫博士”，有善解人意的“兔子小姐”，有热爱组织活动的“老虎先生”……我还特地任命小熊担任“守护星”，负责发现美好，记录暖心故事。他在“森林日志”中记录下不少好人好事！其中有一件事是这样写的：“今天我生病了，同桌来看望我，还给我讲解了课堂笔记。我很感动……”

为了加把火力，我准备了一块泡沫板，并和小熊约定，以后只要他一发脾气就在板子上钉图钉。半个月后，板子上已密密麻麻布满了图钉。我告诉小熊，以后如果他能坚持一天都不生气，就能拔掉一个图钉，但如果还会生气，就要继续钉图钉。渐渐地，图钉越来越少。“小熊，你看，这段时间你的表现一直都很棒，不仅没有增加新的图钉数量，反倒把它们都拔除了。但你看到板子上的疤痕了吗？这就像是每次你发脾气在别人心中留下的伤口！”小熊触摸着一个个疤痕，若有所思地点点头。

我还取得了老师们的支持，“小熊今天的课堂表现不错，又进步了！”在各科老师的反复激励下，小熊约束自己的信心也在不断提高。

随着活动的开展，小熊的攻击行为越来越少，脸上笑容越来越多。我也经常把他的进步告诉家委会，请他们在班群里传递小熊的正面形象。在家委会的带动下，大家渐渐放下了对小熊的抵触心理，关系越来越融洽。得知小熊在“小小生命科学家”中进阶的消息，家长们纷纷在班级群点赞加油，家委会还特意安排了庆功宴。小熊一脸兴奋地告诉我，这是他第一次被这么多人簇拥，被这么多人肯定，被这么多人喜欢。没想到皮格马利翁效应的作用那么大。

就这样，我架起了爱的联结桥，联结了小熊和同学、老师、家长。小熊在大家合力的关爱下，悄悄改变，渐渐长大。

“抱抱熊”：奔赴温暖

几年过去了，我用在小熊身上的时间依然很多。虽然偶尔还是会惹点小麻烦，但是他已经悄然变为了早早来到教室帮老师收发作业的他，课间辅导同学功课的他，给大家带去生日礼物的他……俨然是个能够给别人带来温暖的“抱抱熊”。

这学期，小熊还成功获得了苏州市“小小生命科学家”的称号。对于神秘的科学世界，同学们充满好奇，小熊找到志同道合的同学组成了小队，录制讲解视频并发在班级群。看着被同学们逐步接受的他，给同学们带来帮助的他，我特别高兴，这样双向奔赴的温暖，也让我特别欣慰。

教育孩子需要一种亲近的姿态，俯下身子，才能叩开孩子的心门，让孩子由“暴”变“宝”。教育孩子还需要一种教育的智慧，架起爱的联结桥，隔阂和矛盾也能变成双向奔赴的温暖，由“宝”变“抱”。拥抱我的“暴暴熊”，给我的班主任履历点亮了一盏永不放弃的心灯。

相信“相信”的力量

不是孩子优秀了，你才接纳孩子。
而是你接纳孩子了，孩子才优秀。

“王老师，升入初中第一次班级作文展示，语文老师第一个就读了我的作文，第一次班会课我被选为主持人，我感激您，想念您……”“太好了，老师真为你高兴……”

听着电话那头熟悉的声音，感动之余，我的思绪被拉回到六年前。还记得一年级时，我组织班级开展“桂花香”的赏花活动，小朋友们都自信流利地介绍周末和家人赏桂花的经过，可轮到小轩时，他却迟迟说不出话来。“快呀快呀，快说呀！”“到你了，小轩。”同学们七嘴八舌地催促着，“我，我，我……”小轩的嘴巴就像被拧紧的水龙头，无论怎么努力都挤不出一句话。小轩涨红了脸，豆大的汗滴顺着脸颊滑落，多次尝试无果的小轩只能默默地坐下，任凭眼泪在眼眶里打转。

课后我的头脑中不停地浮现小轩沮丧的样子，本是一次自我展示交流的班级活动，却让学生的自信心受挫，让同学之间的情谊受考验。这才刚刚开学，班级里就要出现这样一道鸿沟吗？怎么样才能让小轩重获自信，让学生学会鼓励他人呢？一个全新的计划在我的头脑中悄然形成。我以需求分析法为指导，从个体、家庭、学校三个维度出发，关注小轩的需求。小轩内心渴望被接纳，渴望能站上舞台自信地表达，针对此我搭建了家庭和学校两个成长支持系统，以优势视角为指导，关注他的内在力量和优势资源，相信“相信”的力量，为其成长助力。

孩子的成长离不开家庭。学期初的家访我选择了小轩家，通过沟通了解情况，与他的爸爸妈妈一同携手前行。小轩的妈妈告诉我，小轩是个酷爱读书的男孩，虽然年纪不大，家里的书却堆成小山了。可是小轩也有着自己的困扰，那就是语言障碍，紧张时讲话会结巴。也正因为如此，虽然非常聪明好学，可幼儿园的三年里小轩从未站上过任何舞台。我紧紧握住小轩妈妈的双手，感受到一位母亲心底的呼唤，也更加心疼起这个男孩。

第二天，我找到了小轩，邀请他做领读员：“小轩，我需要一位领读员，每天晨读带领小组朗读美文，你愿意吗？”“老师，我可以吗？”“当然！”“可是，我一紧张就会结巴，会……”我打断了他的话，“我相信你！你一定会做得很好！”得到肯定的那一刻，我看到他眼中闪烁着的光芒。自此，小轩的朗读美文馆正式上线，同学们重新看到神采奕奕的小轩。每天晨读时，他不仅可以很好地带领小组成员朗读美文，还会将自己读过的精彩图书介绍给其他小组，同学们每读完一本书就会围着小轩请他介绍新书。小轩带领的小组也成为班级的优秀朗读组，而小轩也顺理成章地从小组领读员成了整个班级的好书推荐官，孩子们会跑到我这里跟我分享小轩为他们推荐的新书有多棒，言语里满是赞赏。朗读美文馆的活动在持续开展，小轩也慢慢被同学们认识和接纳，他也为同学们开启了阅读的新大门。

新学期开学没多久，我却看到了难过大哭的小轩。原来校文学社选拔成员，热爱阅读的小轩是最适合的人选之一，可是在关键的自我介绍环节，小轩由于紧张未能流畅地表达自我，初选就被淘汰。“老师，读再多书有什么用，我还是讲不出来……”我伸手抱住小轩，安抚道：“怎么会没有用？你是我们大家的好书推荐官，你带给我们好多我们原本不知道的故事呢……”看着眼前的这个男孩，我的心也像被针扎一般地疼。该怎么办呢？对了，文字也是情感的载体，说不出就先写出来。我鼓励小轩用笔来描绘世界，表达情感。

第二天，我在班级开展了“小小作家营”活动，鼓励同学们用笔记录生活，小轩也开启了自己的创作路。从一句到一段，再到一篇，笔尖流淌的是文字，更是孩子那小小的心灵世界。

没过多久，小轩在校广播站开了连载专栏，他的文字深受老师和同学们的喜欢。从学校到区再到市，小轩的作文获得了极大的肯定，2019 年他还登上了南京保利大剧院的舞台，他的作文获得了第四届“七彩语文杯”小学生“我画我写”大赛的特等奖。

“我多么希望我可以像其他同学一样，将自己写的文字讲给大家听。”在小轩得到大家肯定的同时，我从他的日记里读到他的暗自神伤。我能为他做些什么呢？我从优势视角出发，积极创设各种机会，为其搭建舞台。我邀请了著名童话作家郭老师走进班级，分享创作的小趣事，孩子们开心极了，其间我精心设计了让小轩分享故事的小环节。活动前的一个月，我就和小轩约定利用每天午饭后的 20 分钟练习朗读，“我相信你！”成了我们每天的沟通密码。活动当天的小轩，表达流利，声情并茂，赢得了大家的阵阵掌声。看到小轩脸上那从未有过的笑容，我心里也温暖至极。

这就是相信的力量，你相信什么，就能成为什么，有些事不是看到希望才去坚持，而是坚持才有希望。正所谓渔夫出海前并不知道鱼在哪儿，但还是选择出海，是因为相信会满载而归。相信的力量是光，给予小轩光芒，照进他小小的世界；相信的力量是水，给予小轩信心，柔软他美好的心灵；相信的力量是接纳，接纳每一个孩子的与众不同；相信的力量是鼓励，鼓励每一个孩子去展翅翱翔；相信的力量是信任，坚信每一个小小身躯里都有着属于自己的大大能量。

相信“相信”的力量，给予孩子们前行的勇气，拥抱美好的未来！

领航　科技新星

2020年3月，孩子们的学习转为线上，我却发现镜头后的她死气沉沉，眼神黯淡无光，身影躲躲闪闪；她的学习状态急转直下，作业提交拖拖拉拉，书写敷衍了事……她显然是“失速”了。作为班主任，我想：要找准一个支点，抓住下坠的她，驱动停滞的她，助力她重新启航！

塔台呼叫，连线中

连线小逸妈妈，她无奈诉说着居家的小逸犹如一头懒牛，不“抽”不动，索性“躺平”，在错误的航道上越行越远。日上三竿酣然大睡，夜半三更沉迷网游，用粗言恶语回怼妈妈的劝诫，用连篇谎话搪塞老师的教诲。翻开成长档案，我了解到她对科学特别感兴趣，看到核酸检测原理解析新闻的我，心生一计，打去了视频电话。

“没意思……”也许以为是兴师问罪，一接视频的她就蒙上被子嘟囔。

我扯开话题：“你看新闻了吗?”“嗯?”她从鼻子里懒懒挤出一声。

“现在检测是否感染新冠可以用做核酸的方法了，真神奇。”这时，埋在被子里的她悄悄探出了脑袋。

我将核酸检测实验原理一一告知，她慢慢坐起身来，眼睛里也闪烁出微光。可能是找到了共同语言，她主动向我袒露心声：妈妈只让她学语数英，她真苦闷。网课学习不能表现自己，她真没劲。看着小逸背景墙里琳琅满目的科技书籍，我想，我找到了属于她的支点，连线呼叫，是为了找准教育支点，不做教育无用功。教师应当是孩子成长路上的塔台，帮助他们找回正确的航向。

延展机翼，去滑行

我耐心向小逸妈妈解释，守护小逸的热爱，并且我、小逸、小逸妈妈达成了三方共识，签订了《自主学习打卡兑换条约》：每天认真做作业、规律作息、劳动和运动即可换取一小时科技阅读时间；若能连续维持 21 天，还能获取一份来自张老师的惊喜大奖。

果然，条约签订的第二天，小逸的作业完成得又快又好，我赶紧“通风报信”，联系其他学科的老师，发布《班级联合公报》，对小逸进行了表扬。在小逸成功维持一周时，我开辟“班级云秀场”，邀请她在线给同学们进行了一次科技书籍的分享会。通过精彩的分享，她登上了“周周赞”光荣榜，激动的小逸满面红光。

突遇气流，有颠簸

赞美声犹如一道光照射进小逸的生活，本应照亮她的航道，可她却沉溺于强光的耀眼，迷失了方向。重回她的主阵地，凭着表彰，她拿回了家庭话语权，面对妈妈善意的提醒，她声音高八度，行动慢八拍，只顾仰望星空，不脚踏实地。21 天打卡被迫中断。

线上寻访活动开始了，我有意安排小逸寻访科学家袁隆平爷爷，走进袁爷爷的一生，了解科学研究必需的淡然与坚守。

在寻访分享会上，小逸动情讲述：当他还是一个乡村教师的时候，已经具有颠覆世界权威的胆识；当他名满天下的时候，却仍然只是专注于田畴。淡泊名利，一介农夫，播撒智慧，收获富足……小小的眸子中闪亮着灵动而坚毅的光。她主动要求重新打卡，语气坚决有力量！

这次，她笃定踏实了很多，将袁爷爷的颁奖词贴在自己的书桌上，不断提醒自己要有宏伟的理想并执着追求。终于，21 天结束了，小逸的打卡一天不落，我们也迎来了复课，当我告诉她张老师的大奖是将她推荐进入我校科创团队时，她蹦跳着连呼三声“万岁！”

冲破黑暗，远航啦

转眼两年间，小逸慢慢地变化着，为了跟上科技发展的脚步，小逸自主报名了校园编程学习社，对于数学的学习更加追根究底了。得知目前还有很多科技前沿的优势在国外，研究英文说明书的同时小逸对于英语的学习更刻苦了。在一次写作中，小逸还说到了自己的梦想，通过中国科技宣传中国文化，她对语文学习的热情也自不必说。从外力驱使变成了内在激发，从多方助力找支点变成了自我内驱求进步，她挥舞着双臂，不断挖掘着自己更多的潜能和宝藏。

三年积淀，小逸人生中的第一个小发明——智能补光装置终于诞生，并成功进入全省青少年科技创新大赛答辩环节。但现场问答的赛制要求让小逸打起了退堂鼓。面对强劲的对手，她忐忑；面对陌生的大舞台，她害怕；面对中科院院士们的专业提问，她更是紧张不已。我看出了端倪，决心在她启航之际再用力推她一把。我联系同学们创建舞台，让她充分展示，同学们的点赞帮她找到了信心；我联手专业教师为她真实模拟现场问答的场景，教练们的指引帮她明确了方向。一次次的上台，一次次的练习，她愈战愈勇，而我是她最忠实的粉丝，为她鼓劲；一次次的反思，一次次的改进，她冲破瓶颈，而我是她最坚实的后盾，为她护航。舞台上的小逸对答如流，她眼里有光，身后有翼，此刻，我知道，她已经度过了艰难的爬升阶段，成功启航，而在这个过程中产生的内生力会成为她受益一生的永动机。这些能力都将成为她自己有力的引擎，让她在理想的天空尽情翱翔。

臧克家提到："不用扬鞭自奋蹄。"内驱力是学生受益一生的精神动力。兴趣特长是支点，光环加持是发力，树立志向是内生。班主任就像一个掘金者，每个孩子都可以是宝藏男孩、女孩。亚里士多德曾经说过："给我一个支点，我能撬起整个地球。"找准教育的支点，又有什么是学生的内驱力撬不动的呢？支点可以是兴趣，支点可以是责任，支点也可以是理想……不仅如此，生发内驱力的孩子们在未来便可以成为自己的"掘金者"，充满自信，向下挖掘，向上飞升，在碰到困境时，也可以找到自己心灵的支点，寻求新的出路，怀着正能量一直前进。

从“很讨厌”到“牛教练”

2018年9月，我回到了初一，迎接我的新一届学生。当我点名喊到小王同学时，他怪异地应了一声：“到了呀——”我循声看向角落：他个子不高，头发蓬乱，一双大眼睛看着窗外，一副很拽的样子。

我不动声色，暗暗关注他：小王成绩优异，思维敏捷，却不爱表达。因为他的冷言冷语以及很拽的眼神，许多任课老师也提醒我对小王要多加留意。还有，他的攻击性很强，不到一个月，已经三次动手打人了。

“很讨厌——他又打人了！”

国庆长假后，班长气喘吁吁地跑到办公室找我：“老师，他真的很讨厌——又打人了！”

“是谁？”

“就是全班同学都讨厌的王××。”

我赶到教室，看到眼前的情景，惊呆了：小王满脸通红，双拳紧握，右脚上白色的袜子分外醒目。那个被他打的女生，是道德与法治（以下简称“道法”）课代表，一脸茫然地站着，委屈的泪花还在眼眶中打转。横在他们中间的，是一只黑色运动鞋——小王攻击别人的“武器”。

我深吸一口气，静静地把两人带到教学楼走廊的尽头，一个相对人少的地方，让他们讲述事情的经过。起初，小王拒不认错，他认为道法考试是开卷考试，平时的作业答案，直接写上页码就可以了，他觉得课代表是在多管闲事。此时，我耐心引导小王换位思考，让他认识到工作责任和学习效率是两种不同的思考角度。最后，当我蹲下来把小王的鞋带系好后，小王呆了一下，弱弱地向被他打的女生说：“是我对你太凶了，对不起。”

打架事件看似过去了，可我知道，这只是解决了一时的问题，要从根本上改变小王，必须更深入地了解他。

我首先约了家访。和小王妈妈的沟通看似顺畅，但他妈妈话里话外表达了这样的意思：小王平时喜欢和弟弟打闹，男孩子调皮很正常。如果实在调皮，让爸爸揍一顿就老实了。云淡风轻的妈妈，以暴制暴的爸爸，惹人生厌的小王……这些都是摆在我面前的问题。

于是，我进一步对他加深了解，从课堂到课间，从食堂到操场……经过观察和分析，我开始知道，延时服务时，小王打乱别人跳长绳，只是想加入其中；我慢慢知道，他有时很拽的眼神，甚至令人讨厌的表情，只是他为自己构筑的一道心理防线……我明白了，其实小王犯错时，就是他最需要帮助的时候。

“他是我们的‘牛教练’”

我私下找来几个班干部，希望他们一起来帮帮小王。在我的引导下，大家表示，愿意和小王互帮互助。当然，仅有这些远远不够，浇花要浇根，育人要育心。我还要发现和放大小王身上的闪光点，增强他的集体认同感和归属感。我了解到，小王曾获市五子棋比赛第二名。延时服务时，何不让他当教练，每周三教大家下棋呢？一次，我当着全班同学的面，向小王挑战五子棋，结果我“光荣”地输了。同学们笑了，都向小王竖起了大拇指，戏称他是“最牛的教练”，他羞涩地笑了。我抓准机会，鼓励“最牛的教练”教出最牛的团队。慢慢地，小王的话越来越多了，朋友也越来越多了，那种很拽的眼神再也看不到了……

每当发现小王有变化，我都会通过文字、图片以及视频分享给他父母。比如，教同学们下五子棋，积极参加辩论赛，热情周到地分酸奶……虽然，我的分享经常“有去无回”，但我坚信我所做的一切，一定会引起小王父母的变化。

2019 年 5 月 23 日，我们班众志成城、齐心协力，在“红旗飘飘·童心向党”合唱比赛中荣获特等奖和最佳创意奖。

颁奖仪式结束后，“牛教练”拿着奖状，神秘兮兮地对我说：“老师，您看看这里，这是什么？”

“19 啊！”

“老师，您把奖状旋转 180 度，再看看是什么？”

“嗯？61？”

“对呀老师，六一儿童节马上到了。我们想集体过一次六一，可以吗？”看着“牛教练”和周围孩子渴望的眼神，我们 19 班的庆祝六一活动排上了日程。

“牛教练”的六一

5 月 24 日，我联系家委会。家委会立马心领神会，迅速行动起来。此时的“牛教练”又变成了“牛策划”和“牛导演”，忙碌的身影、欢乐的声音飘荡在教室的每个角落，我发现很多家长和学生都自觉加入六一的策划中来，班里多了很多“牛演员”“牛编剧”“牛主持人”。一个比一个牛！我表面不动声色，心里却乐开了花。

5 月 31 日，庆祝六一活动如期开展。第一个节目就是“牛教练”提议的：通过 PPT，让每名学生出示一张小时候的照片和一张现在的照片，节目的名字叫“华丽转身”，孩子们在幼稚和青涩中笑颜如花！

好吃的蛋糕必不可少。蛋糕上写满每个孩子的名字，中间还有一个大大的“19”。面对好吃的蛋糕，“牛演员”“牛编剧”“牛主持人”们纷纷登场。最让我感动的是，家长们给孩子们写的一封封亲笔信，特别是“牛教练”的妈妈，我从朋友圈看到，她熬夜写信，写到夜里 12 点。

活动那天，孩子们露出了满足的笑容，流下了感动的泪水……家长们纷纷点赞，孩子们幸福满满。

六一后，我接到了班级好几位家长的电话，他们纷纷表示，想加入校交通岗志愿团队，想参与班级公众号推送的值班工作。我当即表示感谢和欢迎！挂完电话，我沉默了许久，是喜悦，是欣慰，是感动……其实我知道，身教重于言传，蹲下来把小王的鞋带系好，是我和他改善关系的切入点；通过观察，找准问题，放大优点，让小王产生自我成长的动力，是小王转变的突破点；及时联系家长，报忧更报喜，让家长看到孩子的转变，为小王搭建协调一致的教育平台，是小王转变的支撑点；尊重孩子的想法，采纳小王庆祝六一活动的建议，让他一起策划活动，是小王找回集体归属感的关键点。后来，班级越来越多任课老师和我交流，说小王变化挺大的，还有老师说，整个班级都充满了活力和正能量，在我们班里上课的感觉挺好。我笑在脸上，也甜在心里……我想，这应该就是集体中“一朵云”推动“一片片云”的改变吧。

2022 年 9 月，又是金秋。凉爽的风吹在静谧的操场上，我躺在操场的一角，思绪仍在飞翔：无论是小王的成长，还是整个班集体的进步，我作为班主任渐渐懂得了晓之以理、动之以情，持之以恒、导之以行，我们完全可以在个别教育中放大对学生的教育功能，并由点到面地开展教育，每位学生的健康成长都可以在集体教育中渗透个别教育，都可以通过适合他们的教育节点来唤醒，来激发，来浸润……

“毛孩子”的舒适圈

迎着九月的和风，第 39 个教师节如约而至，我分享着我的教坛故事。“毕业时，小毛送给我一幅画。这个天赋异禀的孩子，用画表达着他的热爱，他钟爱的磁动机，他痴迷的化学……当然，漫溯进我心灵的更有那颗颗星星，1、2、3……，细细数来，不多不少，恰恰是 37 颗，这个三年来我们最最亲密的数字。行星班的 37 个同学，他都点点珍藏。或许，时光可以浅浅地从心间流过，但那束束星光，却恒久地照亮了每一张笑脸……”

那晚，青灯一盏，每一页日志都能激起层层波澜，搭乘时光列车，我穿越回了三年前的初见。

“我就不要你管!”“毛孩子”一把掐住了小乔的脖子，眼中的愤怒喷涌而出，指间的皮肤紧绷着，似乎每一寸都在爆发。霎时间，只见小乔脖子上出现一道道醒目刺眼的血痕，惊心又可怕……与此同时，班委们义愤填膺，“举报”他“胡作非为”，根本不配做我们班的一分子。所有同学都退避三舍，“这个人惹不起……”“毛孩子”却一脸不屑……

我小心翼翼地处理小乔的伤口，也在安抚情绪的过程中渐渐了解了事发缘由。随后，我带着“毛孩子”来到揽月亭，准备来一场心与心的沟通。那时，他依然情绪激动，依然紧攥拳头，身体都在颤抖。我轻拍他的背，也努力让自己平静，“我理解你的感受，有时我也会感到愤怒，我会尝试用‘捏捏乐’来宣泄，你要不要试下?”他一边揉捏着，一边嘶吼着，似乎要把埋在心底的委屈倾泻而出。“没有人信我……没有人爱我……”他哭诉着，原来，愤怒退去后，是无尽的悲伤。

走进“舒适圈”

小毛的哭声让我久久不能平静，站在揽月亭里，我思考良久。小毛为何这么容易与同伴起冲突？一遇冲突的他为什么次次启动“战斗”机制？他究竟为何这么没有安全感？为何这么容易情绪失控？带着疑惑，我决定去家访。

谈及孩子的一些表现，小毛妈妈充满歉意，又很无奈，“张老师，对不起，刚开学，孩子就惹了这么多麻烦。这孩子从幼儿园起表现就很‘怪异’，我一个人带他，工作上也忙，哎……”一声叹息道尽生活的辛酸。

那时，我刚当妈妈，听到小毛妈妈用“怪异”形容自己儿子的时候，心一揪。一方面，这说明小毛的成长过程确实给妈妈带来了很多困扰；另一方面，作为孩子生命中最重要的人，妈妈对他是否定的。我还了解到，小毛妈妈是一位单亲妈妈，家中没有老人帮衬。她带高三毕业班双班语文，要强上进的她是教学领域的佼佼者。但早出晚归的工作性质常常让她来不及做早饭和晚饭，只能带着孩子在食堂解决。同时，我能感受到，妈妈所带的学生特别优秀，完美化的标准也会从工作迁移到家庭中，这也就让她不能理解“毛孩子”为什么这也做不好那也做不好。

但作为小毛的班主任，我深信，每个孩子都是一颗特别的星星。我愿做一座小桥，传递小毛与妈妈之间的爱意；我愿做家庭的“合伙人”，与妈妈一起，弥补小毛缺失的爱。

于是，我去图书馆找寻资料，学习关于单亲父母心理、情感、子女教育方面的知识。“没有哪个家庭是破碎的，无论你的家庭是什么形式，你都能帮助你的家人感到最好、做到最好。”读到这句话，我豁然开朗，我们能够给予孩子最好的礼物，就是无论所处环境如何，都能拥有向阳花开的勇气，骄傲绽放！

当妈妈抱怨孩子动作慢效率低时，我运用赋能式沟通方法，和她分享小毛的点滴进步，用一条条短信坚定她的信心，渐渐地，妈妈开始“看见”小毛了！同时，我设身处地为小毛想，增强他的安全感。小毛来不及吃早饭，饿着肚子，我总是多准备一份早餐，放进他的桌肚里，用那餐餐余温融化他的心结；他受欺负失落时谁都不想理，豆大的泪珠簌簌落下，我拿出信纸，写下我想对他说的心里话，用笔笔墨香与他沟通。

扩展“舒适圈”

渐渐地，小毛的眉头松弛了些，目光也变得柔和起来。只是，每天放学时，他总是迟迟不肯回家，要围绕在我的周围。这又让我若有所思。或许我竭尽所能的关怀让他觉得离开了我就会有些焦虑，如果他不能体验到在这个班级的归属感，他将感受不到更充盈的被爱，也无法走得更远。

扩展“舒适圈”，让他融入班集体，是我迫切要做的事情。我召开班干部会议，与孩子们一起，开展“小行星帮扶计划”。如果小毛午睡不配合，班委们多一点耐心，拍拍他的肩膀提醒他；如果小毛情绪崩溃，班级里的“应急小组”第一时间通报、干预；如果小毛背不出单词，他的“小师父”们展开奇思妙想，通过“你画我猜”帮助小毛攻克单词。慢慢地，小毛在这个集体中感受到了更充盈的被爱，这颗特别的星星已经逐步回归到了集体的轨道，而在这一帮一扶间，行星班的孩子们也似乎长大了。原来，班集体不仅是教育的对象，更蕴藏着巨大的教育力量！

走出“舒适圈”

学了化学之后，小毛似乎打开了一个新世界的大门。他对我说：“老师，我……我可以申请做化学课代表吗？我知道我不够优秀，但我真的很喜欢化学。”我笑着对他说：“人生真的有很多种可能。只要你想，你就有无数个创造奇迹的机会。老师支持你参加竞选！加油！”

我意识到，这个想做课代表又略有担忧的他，已经选择了挑战自我，遇见更优秀的自己。而我要做的就是当他遇到失败时宽慰他，鼓励他勇敢尝试。

通过民主竞选成功当选化学课代表的他，像坐了火箭一般动力十足。在“创新小达人”主题班会上，他展示了“尿素热解制氨装置”，密密麻麻的设计图纸让同学们叹为观止。付出换来的成长让他更加自信。

那些天，我因为是否要参加学科比赛而有些犹豫，小毛和我说：人永远都无法知道自己该要什么，因为人只能活一次，既不能拿它与前世相比，也不能在来生加以修正。我瞬间泪目了，我原本让他感受“舒适圈”，而他甚至已经在教我跳出“舒适圈”。生命如一颗明亮的种子，在暴风疾雨后变得更光亮、更可爱。

三年了，我常想，孩子本就是高山。我愿成为川流，用水的灵动，为他浇灌出丰饶的智慧；我愿成为疾风，用风的凛冽，为他塑造出坚毅的性格；我愿成为广袤的高原，用大地的广博，为他奠定坚实的基础。是孩子，让我修炼水的智慧、风的勇敢、地的广博。

“小毛，其实你、我，还有妈妈，都本是高山。有一天，你也将成为这水、这风，成为山之所以为山的一切，去承担更多的使命，塑造更多的精彩人生！”

携星辰　赴行程

这是一个我与路星辰相交十年的故事……

十年里，他读高中，读大学，再读高中，又读大学。

十年间，我的星辰灿烂，晦暗，再升起，进而漫天星光。

相遇：我要我的星辰，你要你的行程

十年前，路星辰刚上高二。新学期，我接手了他们班的地理课。我从办公室几个班主任的谈话中得知，“路星辰是区外招生的第一名，不知怎么搞的，一年过去，成绩竟然在班级垫底。现在自己决定要练体育，考体育专业，还要转到文科班就读”。孩子陆续找了几个文科班班主任，请求收留，都被拒绝。原因是以他现在的成绩，会拖班级后腿。

我开始关注路星辰，看到了他写在作业本扉页上自勉的话——眼中有光，脚下有路，走出低谷，坚持向前。尤其是那一手清正秀丽的行楷，比我教过的任何一个学生的字都要好看。我感受到了路星辰的积极和不服输，突然想收他至麾下。我心想，我这样一个新手班主任，路星辰是我证明自己能力的好机会。调教好路星辰，他便是照亮我前程的星辰。

我找到路星辰，跟他谈我看到了他写在作业本扉页上的那句话，欣赏他努力向前、不服输的态度。他忧郁的脸上有了笑容，眼里闪现出光彩。我问他为什么不来找我，转到我的班里。他跟我说，还没来得及。其实我知道，论资排辈，我是高二年级所有班主任里最弱的那一个。在他看来，我是他最后的选择。

这次谈话后，路星辰转到了我的班里。我劝他专心搞文化课，他打消了考体育专业的念头。我把路星辰当成宝，路星辰也格外努力，特别听我的话。我教他利用好同学资源，借文科年级第一的笔记来补习，补文科落下的课。他照做，一个月内补完了政史地三科的笔记。第一次月考，他的成绩便在班里遥遥领先。

一个孩子被贴上了不好的标签，便越来越难有变好的机会。反之，贴在孩子身上的好标签，则有让孩子变好的魔力。我开始给路星辰贴好标签，树立他为“班级标杆”。将他用一个月时间写就的三本可做字帖的笔记在班里传阅，号召全班同学学习路星辰的拼劲，培养“不服输”的班级精神，喊出了“我本优秀、我将优秀、我必优秀”的口号。

路星辰天生是领头雁，只要他努力向前，我们的班级就不断进步。我告诉路星辰，好的学习方法就藏在好学生的脑袋里，不要只借鉴年级第一的笔记，要学他的方法。我教路星辰和年级第一做朋友，路星辰真就做到了，每天下晚自习绕道几百米和稳居年级第一的好友回家。那孩子带给他的不只有方法，还有心气，他的心态变了，已不是简单的“不服输”，他要——站到山巅。

和路星辰告别，是他来取北京化工大学的录取通知书，感谢我在他最无助的时候给了他信心，鼓励他奔赴他想要的行程。

路星辰的成功让我喜悦，我觉得我们彼此成就，一起描绘了一段教育佳话。尽管我和路星辰断了联系，但路星辰的故事成了我激励学生的鲜活案例。在我一遍遍的描绘中，路星辰成了我新一届学生心中的耀眼星辰。

再会：你的行程中断，我的星辰晦暗

路星辰上大三那年，我带着新一届的学生进入了高三。我和他再次见面，是他父亲打电话给我，说路星辰挂科很多，连体育课都挂，被大学劝退了，想来复读重新考大学。我顿时觉得我的教育佳话变成了一个笑话。收留他，我如何自处？我如何给班上的孩子们解释他退学的原因？

从和他相识起，五年来路星辰这三个字就没有离开过我的生活，我终是舍不得他。我去校门口见了他，他不说话，我也不说话，他那佝偻着背的父亲讪讪地赔着笑。我带他办手续，领他进班。我不知道如何给孩子们介绍他，只说来了新同学，大家欢迎。他依旧没说话，默默地走到角落里坐下来。

我回到办公室生闷气，等着他来给我解释。等了三天，不见他来。已经有同学来问我教室里新来的那个路星辰是不是我给他们讲的那个路星辰。问题必须要解决，我想好了：路星辰能回来复读，说明他心气还在，只要路星辰还能接着拼，一切都好解决。我找他谈话，说我能收留他，就表明了我还信他能行，我要他向同学们坦白他被退学的原因，放下包袱，重塑自我。他依旧听我的话，我说的他都照做。

回到教室，路星辰走上讲台，讲他退学的往事。当他流着泪讲到在大学，他交不到朋友，同学们不喜欢他，说他太功利。他的生活只剩下孤单，再遇到他根本不喜欢的专业和课程，学习味如嚼蜡，成绩红灯高挂，信心一点点被蚕食，他连学习也不会了……

猛然间，我意识到我才是罪魁祸首。眼里只有成绩的我，教出来的学生只会读书和考试。功利的我自以为提振了孩子们的心气，实际上是一颗功利心激发了一堆功利心。所谓目标始终如一，实际上是不会做判断，不会做选择，自然不能选择适合自己的路。不懂得教孩子做生涯规划的老师终是误了孩子的前程。

星辰的回归，重塑了我的教育价值观。我向孩子们承认了自己的错误，坦白自己的无知与无能。我的眼里不再只有成绩，我组织活动引导孩子们表达、交流。我们全班一起湿地徒步、果园烧烤，一起在操场上撒欢……

“松紧适宜，全人发展”的备考氛围更能促进孩子的成长。我期望路星辰做自己，不再只是模仿别人。高考后，星辰自己做了选择，第一志愿填报了四川师范大学的地理教育专业，并如愿录取。

又聚：我眼里有漫天星辰，你脚下有山川河海

星辰再次上大学的四年里一直和我保持联系。他写信给我说：“回想曾经走过的路，最幸运的事只有一件，那就是做您的学生，并且是两次。我大概是花光了一生的运气，才得到了这两次机会。”是啊，我们都是何其幸运，两次陪伴，一起成长。我跟他回信说：“感谢你和同学们的宽容，给了一个普普通通的老师三年的时光，用一个个有趣的问题，一次次真诚的倾听，陪我成长为你们喜欢的样子，也是我自己喜欢的样子。”

本科毕业后，星辰回到了离市区 60 里的县城高中教地理。我和他再次见面是在教学研讨会上，他说要再次拜我为师，让我教他教书。我说，星辰啊，其实是你教会了我应该怎样教书。

眼里有多少星辰，就能凝聚多少光芒。教师要看到教室里的每一个人和每一个人的闪光点。我明白了，当我眼里尽是星辰，便能照亮孩子们的行程。做教师，就是携满目星辰，赴行程如歌。

风藏凌云知所起　穿越山海拥抱你

班徽予期待，大鹏暖归属

九月的一个午后，我在办公室第一次见到了大鹏。瘦瘦小小的他浑身紧绷，微微颤抖，低头站在我办公桌边上，一言不发。而站在一旁的妈妈，帮他背着书包，拎着水杯，尴尬地笑着。

在他来之前，教务处的老师就告诉我，这个孩子曾经成绩名列前茅，却因为疫情防控期间线上学习没能做好自我管理，返校后成绩一落千丈，从此一蹶不振，不愿上学。他的父母带他看了心理医生，确诊了重度抑郁，不得已让他休学一年在家治疗和调整。现在一年期满，但情况似乎不容乐观。家长苦口婆心做了很多工作，他才勉强同意来上学，并且每天只愿意来半天。

我感受到了他的紧张和不安，没多说什么，便起身从他妈妈手里接过书包和水杯，一把搂住他的肩膀，带他向教室走去。走到班级门口，我从口袋里掏出了一枚班徽递给他，说："你看，我们中国人向来讲究缘分。大鹏一日同风起，扶摇直上至凌云。你叫大鹏，我们班叫"凌云 16 班"，我们班徽上也有一只大鹏，这是多么大的缘分啊！这枚班徽送给你，有了它的陪伴，你一定会一飞冲天的。"

向陌生的未来迈出第一步，是需要极大勇气的。积极心理学认为，回首过去是阻碍我们前进的陷阱，有所期待才是打开未来大门的钥匙，而积极暗示则是应对未知恐惧的武器。所以，进班前，我握住大鹏的手，是希望他感到有所归属，平定那颗恐惧失措的心；给他那枚班徽，是希望他的精神有所寄托，安抚那颗脆弱敏感的心；而给班徽时说出的话，更是希望他对新的班级有所期待，放下那颗迷茫不安的心。

我始终相信集体的力量，坚持在集体中育人。那个月，我将大鹏的座位安排在了性格热情开朗的程程旁边，希望程程的乐观和幽默能够感染他；在每周的班会课“我要夸夸你”环节中，班里的同学也会很“偶然”地抽中并朗读夸赞大鹏温柔、细腻的纸条……看到大鹏课间和同学们说笑的身影，我一颗悬着的心慢慢放下了。

练习予方法，亲子慧沟通

一个月之后，大鹏已经能够坚持在学校上完一整天的课了，不过偶尔也会因为情绪问题请假在家休息一两天。正当我以为大鹏已经顺利度过了适应期，可以稍稍松一口气时，我忽然接到了大鹏妈妈的电话。

“张老师，实在抱歉。我知道现在已经很晚了，但我实在不知道该怎么办了。今天他爸爸突然回家，进门看到他在玩手机，问都没问，就直接把手机夺过去砸了。现在父子俩吵得厉害，孩子说要退学。能不能麻烦您来劝劝他，我们家就在学校隔壁。”

正好我当天在学校值晚班，便答应了。刚到他家门口准备敲门，就听到一个男人在怒吼：“你不想读书，那就给我滚出去。你也是，都是你惯的。要请假就请假，要买手机就买手机，晚自习他说不上就不上……”

听到敲门声，里面的争吵戛然而止。大鹏的妈妈给我开了门，硝烟弥漫的战场映入了我的眼帘：一个西装革履的中年男人坐在沙发上抽着烟，烟雾氤氲着恨铁不成钢的模样。一部手机静静地躺在地上，屏幕已摔得粉碎。一个男孩站在角落里，梗着脖子，满脸的倔强与愤怒，看到我来，他眼中闪过一丝惊讶。

我深知，在这样的状况面前，一切沟通都是徒劳的。尤其对大鹏这样一个敏感而又脆弱的男孩子来说，让老师看到了如此糟糕的场面，如果处理不好，他可能真的就再也不愿意去上学了。

我向他爸爸点点头，便赶忙上前，一把搂住了大鹏的肩膀，拍了拍他的后背对他说：“不管什么原因，你受了这么大委屈，还能控制住自己的情绪，老师觉得你真是了不起。依我这段时间对你的了解，这件事情肯定存在着很多误会。你愿不愿意先和妈妈回房间，让老师跟你爸爸聊聊，看看能不能让这个问题变得简单一些？”

他没有说话，虽然有些不情愿，但还是和他妈妈一起回了房间，“砰”的一声关上了门。他爸爸尴尬地朝我笑了笑，便向我诉苦了起来。原来大鹏父亲兄弟三个都是农村出生的孩子，通过高考改变了自己的命运。大鹏原本是他们家族下一代的希望，但因为妈妈的溺爱变成了如今不学无术的样子。今天孩子爸爸临时有事回家，一进门就看到了儿子在玩手机，情绪就一下子涌了上来。

了解了事情的原委，我便向他介绍了大鹏在学校的表现，肯定了大鹏的进步和改变，并向他展示了我 QQ 上各科老师对大鹏的评价。我告诉他，大鹏现在的问题，不是哪一个人造成的，也不是短时间就能解决的，需要孩子、家长以及学校合力应对。而为人父母的他们，遇到问题首先要了解清楚事实，更要有智慧、有方法地处理问题。我向他介绍了非暴力沟通的要点，并与他现场练习了起来。在我的鼓励下，这个中年男人终于鼓起了勇气，敲响了儿子的房门，也敲开了孩子的心门。

悦己予自省，扶摇至凌云

渐渐地，大鹏请假在家的次数越来越少。他父亲兴奋地给我发来了消息，说大鹏最近每天晚上都会认真完成作业。他似乎铆足了劲，开始和自己"死磕"。作业中遇到了难题，他宁可不睡觉也要解出来。而我却不免担心起来——难怪有老师跟我反馈，大鹏最近上课打起了瞌睡。

正当我准备找大鹏聊一聊的时候，他主动出现在了我的办公室。看到他欲言又止的样子，我又一次搂住了他的肩膀，带他来到了操场。空旷的地方总是容易让人打开心扉，缓慢的脚步也会帮助人理清思路，他的话匣子也就由此打开。他说，自己下定决心迎头赶上，却不知道为什么怎么努力都不见效果，感觉自己的抑郁症又要犯了。他说，他这两天又开始玩起了游戏，好像只有在虚拟的游戏世界里，他才能感受到自己真实的存在。他说，他忽然觉得他爸说得对，自己就是个废物……说着说着，他竟然哭了起来。我没有打断他，只是默默地拍着他的肩膀，静静地听着。倾诉往往是排解情绪的最好方法，而倾听则是支持他人的最佳途径。

等他的情绪平复之后，我指了指他胸口的班徽说道："如果班徽给你带来了好运，让你所有的困难都迎刃而解，那样的你会和现在有何不同呢?"他想了想说："每天作业我都能顺利完成，期末考试考到班级前十。"我拍了拍他的肩膀继续问："那最近，你哪些作业完成得比较顺利呢？你又是怎么做到的呢?"他挠了挠头说："这么一说，我最近物理作业好像是好了一些。前两天我还因为花了一晚上把最难的一题解出来，被物理老师夸奖了。"我朝他笑笑："你的付出，是不是有回报了？剩下的，就交给时间吧。现在，你知道该怎么做了吧?"大鹏听完后，恍然大悟，情绪也激昂了起来。

心理学中的焦点解决短期治疗法（短焦疗法）认为，每个人都有自身解决问题的能力，也都可以从自己过去的经验里汲取力量。我利用这个方法帮助大鹏制定目标，从过去的成功里总结经验，并为当下制订了详细的计划。我也和其他任课老师约定好，督促大鹏完成计划，及时给他正面的反馈。

从集体环境的影响暗示，到父母老师的资源支持，再到自我探索的成长感悟，大鹏不再是那个惧怕未来、怀疑自我的男孩了，他已成了一名充满希望、积极向上、自信的少年。他不断积蓄力量，静待扶摇直上至凌云的那一天。学期结束的休业式上，当我把“进步之星”的奖状递给他的那一刻，他上前紧紧地搂住了我。

而我，也更加坚定了班主任专业化发展的道路。在这条路上，我们需要教育智慧、专业知识、育人艺术。更重要的是，我们要守着一颗初心，拥抱每一个需要力量的学生，温暖每一个不安、脆弱的灵魂。

带班育人方略

带班育人方略是班主任根据所带班级具体情况，围绕班级发展目标，在一定的育人理念指导下所构建的班级建设与学生成长指导的方针策略，是点面结合地对班主任带班工作体系进行的理性且系统的描述。针对不同年段和学生特点，提出建设性的带班育人方略是十分必要的。

具体来说，带班育人方略包括以下几个方面。

班情分析。对班级学生的基本情况、班级特点以及班级存在的一些问题现状等进行分析，是制定育人措施的重要依据。班主任需要全面了解班级学生的家庭背景、学习情况、个性特点等方面的信息，以便更好地指导学生的学习和成长。带班育人方略的具体实践措施要跟班级的具体情况对应。

育人理念。作为立德树人的骨干力量，班主任需要确立正确的、科学的、先进的带班育人理念。育人理念是引领班主任实现班级奋斗目标的指导思想，是班主任在班级管理和教育实践中所秉持的教育价值观，它决定了班主任的工作方向和思路，影响着班级管理和教育活动的开展。班主任需要对自己的教育理念进行理性解读，并且整个带班育人方略的文案要能始终体现班主任的育人理念。

班级发展目标。一个组织的发展必然需要共同的目标和愿景，班主任在具体带班过程中可以充分发挥民主性，与学生一起描绘发展愿景。班级发展目标是班主任在育人过程中希望实现的具体目标，包括班级建设目标、学生发展目标等方面，可以分为总目标和分级目标。这些目标应该具有可操作性和可达成性，能够通过具体的措施和行动来实现。

实践做法。可以围绕《中小学班主任工作规定》中的职责和任务展开，从学生发展指导、班集体建设、班级活动、学生评价和合力育人等方面展开，阐述方法和策略，这些方法和策略应该具有针对性和实效性，能够有效地解决班级管理和教育中的问题。具体呈现时需组织化和结构化这些具体的方法和策略，以体现措施的系统性。

特色和成效。提炼带班育人特色可以帮助班主任审视自己的带班理念、带班策略等，特色或跟班主任自身的优势相关，或跟学科特点相连，又或是某个带班抓手引领下的系统描绘，是个性带班的充分体现；成效可以凝练成小点来写，从学生成长、班级发展以及影响辐射力等方面展开，这是带班育人方略价值的佐证呈现，也可以作为班主任对自己的带班育人工作的评价和反思，有利于班级和班主任自身的长远发展。

上述这些方面的内容相互关联、相互支持，构成了完整的带班育人方略体系。通过不断优化和完善这些内容，班主任可以更好实现专业提升，努力承担学生人生导师的角色责任。

以阅读培育全面发展的书香少年

——“悦阅班”带班育人方略

班情分析

本班男生 25 人，女生 24 人。学生开朗活泼，待人有礼，能够积极参与丰富多彩的活动。建班初期，学生调皮活泼，但我发现他们读书的时候都能安静下来，阅读对这个集体有着特别的吸引力。于是我尝试以阅读为抓手，开展丰富多彩的阅读润心活动，并给班级起名为“悦阅 6 班”。

从班级情况看，存在以下具体问题：

1. 学生喜爱听故事，但自主阅读不足；学生由于年龄段特点，在阅读中欠缺主动探索精神，缺少沉浸式阅读，阅读思考缺乏深度。

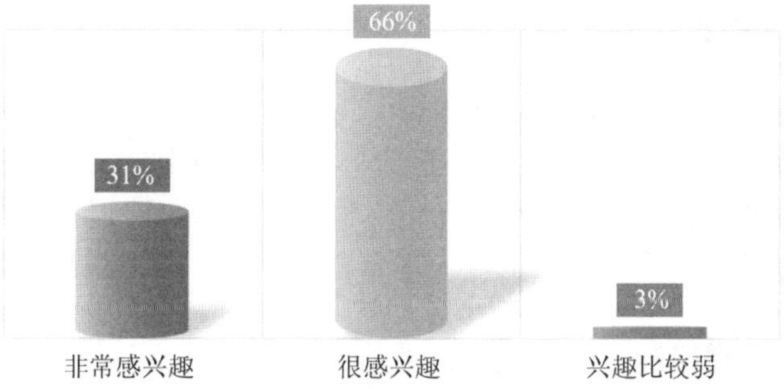

阅读兴趣统计

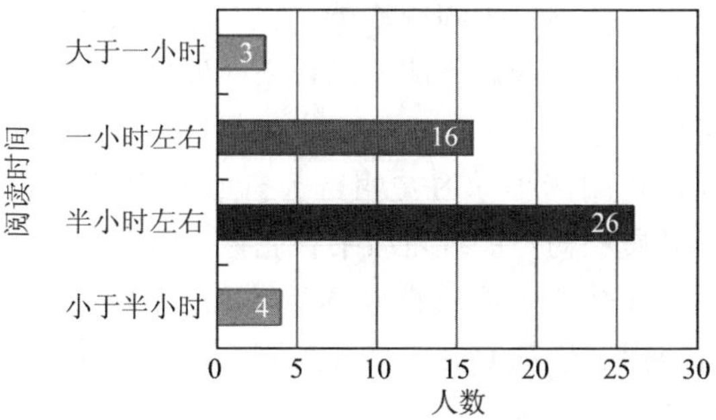

每日亲子共读、自主阅读时间统计

2. 学生大多生活条件较好，但有些以自我为中心。个体认识不足，对自己评价不够全面。对自己要求不高，遇到困难容易灰心，习惯培养有待提高。责任意识和能力较显薄弱，凝聚力不强，缺乏集体荣誉感。

3. 家长受教育程度较高，本科以上 51 人，研究生 8 人。在平时家校沟通中，父母参与程度高，愿意配合学校的教育。但部分家庭缺少科学的育人方法，家庭书香氛围不浓。

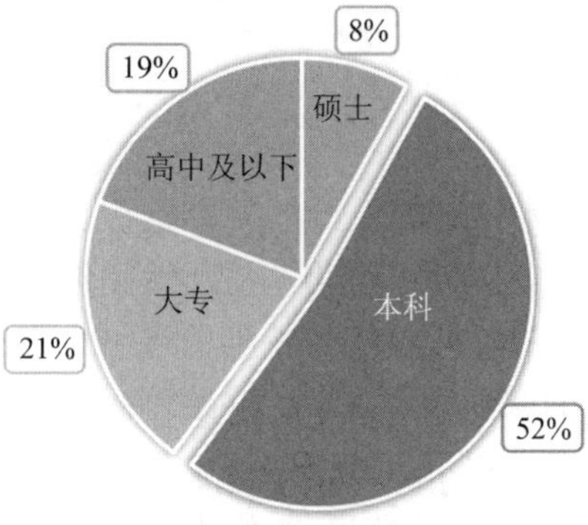

家长学历情况

育人理念

阅读是人类获取知识、启智增慧、培养道德的重要途径。阅读能净化思想、陶冶情操、培养品德、坚定“四个自信”，因此，阅读即育人！

针对班级管理实际，着眼于六年完整周期的培养计划，提出“以阅读培育全面发展的书香少年”的育人理念，为党育人，为国育才！

班级发展目标

一、总体目标

以阅读为抓手，擦亮班级阅读特色品牌，厚植书香底色，致力于打造一个充满书香、阳光向上的班集体，涵育全面发展的书香少年。

二、具体目标

低年级目标：在阅读中学习文明行为，形成积极向上、诚实、勇敢、有责任心等良好品质；初步展现班级书香底色，构建文明友爱班集体。

中年级目标：在阅读中养成良好的生活和行为习惯，形成诚实守信、友爱宽容、自尊自律、乐观向上等良好品质；建设凝聚力强的班集体，构建书香和谐班集体。

高年级目标：在阅读中实现自我教育，循序实现知行合一，具备奉献精神和保护生态环境意识，树立家国志向；持续建设积极向上书香班集体。

实践做法

一、文化引领，享阅读

制定了“悦阅”带班育人方略，用“悦阅6班”来命名班级，以阅读引领班级建设，从《三字经》《笠翁对韵》《千字文》等传统经典中提炼出《班规德育绘本》，学生在阅读中明辨是非，规范言行，养成良好品行。

“悦阅6班”《班规德育绘本》

征集“阅”意班徽，选用学生拥抱书籍、手摘星辰的创意，意为让阅读浸润童年、逐梦前行、成就梦想。创作“阅”意班歌，让学生在歌声中增加认同感，弘扬精神。编撰“阅”意班刊，鼓励学生发挥写作、绘画、排版等个性特长，记录精彩瞬间，并将其整理成《悦阅班刊》，提高协作能力。

“悦阅6班”班徽

阅读促进了儿童文化思维的形成，提高了班级科学管理的水平，增强了班级自我管理执行力。

"悦阅 6 班"班歌

《悦阅班刊》

二、环境建设，乐阅读

班级环境文化布置对儿童的身心发展都具有重要的影响，教室环境文化是一种隐性课程。我班通过创设充满书香的环境文化，让环境追随教育目标，浸润学生心灵，滋养个体。

（一）"硬环境"：合作设计，激发兴趣

布置"育心场""图书奇幻漂流吧""阳光阅读区""班级心平气和阅读角"等阅读区域；在班级的书柜中，书籍按文学类、探秘类、科学类等不同类别放置，创建"悦"意环境，让阅读随处发生，旨在潜移默化中育人。

手绘墙：学生亲自布置文化墙，发挥自己的优势，设计图报以及墙画，反映班级精神。班级板报围绕每月主题进行布置，展示学生阅读感悟。

诗意课桌：学生用诗句、成语为课桌取名，以展现个性，激励自我。如"勤能补拙桌""乘风破浪桌"，还有的学生学习鲁迅先生，在课桌上写个"早"字等。这样的活动不仅美化了环境，更塑造了学生的品行。

（二）"软实力"：提档升级，享受乐趣

课前三分钟诵读经典，读书栏目摘录古诗、名言，营造阅读氛围，让学生享受阅读乐趣。每月围绕一个主题，分组开展晨间诵读、午间选读、暮时省读，让阅读渗透习惯养成、品格提升的方方面面。（表 2-1）

晨间诵读：聚焦经典美文，旨在让学生在朗读中走近文学经典。

午间选读：采取"共读一本书"的方式，进行小组讨论，让学生在合作学习中共赏文学之美。

暮时省读：以课后服务为契机，按照喜好自主分组进行“书香集”的好词佳句摘抄记录，厚积文学底蕴。

表 2-1 “悦阅 6 班”诵读内容、环境布置安排

小组	诵读内容、环境布置安排		
	1—2 月	3—4 月	5—6 月
寻梦组	强国有我，请党放心	我是文明好少年	平安伴我在校园
追梦组	老师，您好	光盘行动我能行	垃圾分类从我做起
筑梦组	在享读中成长	廉洁文化进校园	健康防疫我知道
圆梦组	做个守法小公民	“八礼四仪”记心间	核心价值观我践行

（三）“融媒体”：互动体验，培养志趣

每周带学生参加“互动空间+图书室阅读+朗读亭”阅读体验，在朗读亭创设一个展示自我的大舞台，让每个学生的朗读都可以被记录下来。阅读互动空间还专门打造了丰富多彩的阅读闯关活动，培养学生爱学、乐学的志趣。

立体的“悦”意环境渐渐形成，班级发展的文化底蕴得以构建，在无形中影响着每一个学生，学生在熏陶感染中沉浸阅读，在阅读中弘扬德善，博言雅行。

三、课程打造，慧阅读

通过社团趣味课程、全科阅读课程、研学拓展课程、品格提升课程、志愿服务课程等活动方式，延伸阅读的宽度、广度和深度，让学生全面发展，在实践活动中培养成才关键能力。

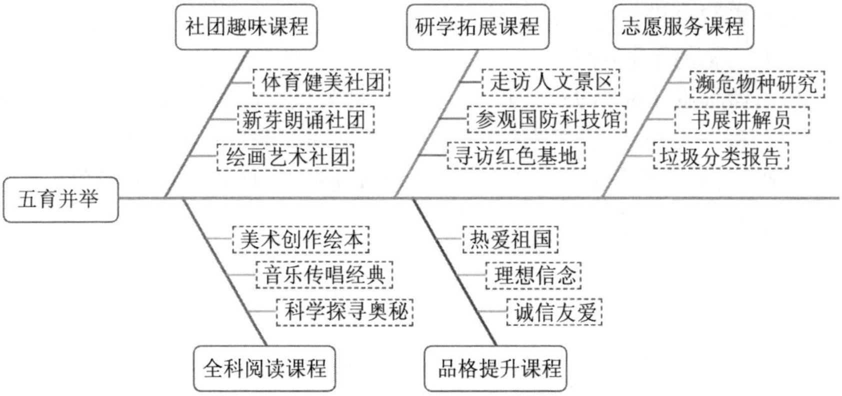

五育并举课程打造

（一）社团趣味课程

围绕传统节日开展阅读，并组织民俗活动。例如，端午节前，体育健美社团表演《龙舟操》，锻炼和加强身体素质，陶冶情操；新芽朗诵社团作诗吟诵纪念屈原等，借助大舞台，展示小内心，体会朗诵的韵律美；绘画艺术社团进行屈原诗作配画主题活动，提高审美能力。

（二）全科阅读课程

联动班级任课老师，进行“全学科阅读”。多学科联动，关注人的生命成长，提高融合运用知识的能力，增长智慧。如在组织学生开展《鲁滨孙漂流记》阅读时，设计跨学科阅读活动，进行不同主题的探究。

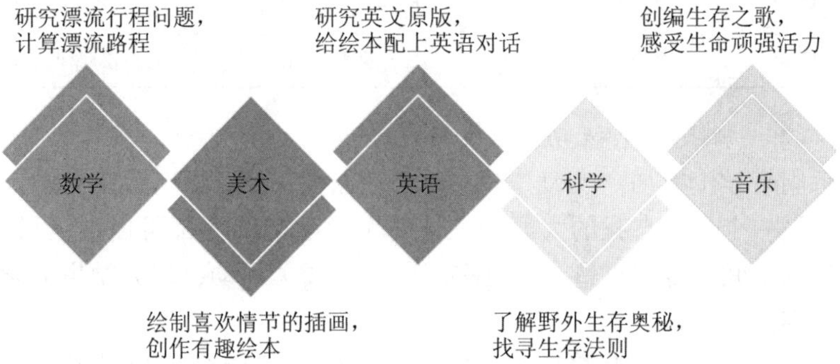

全科阅读：以《鲁滨孙漂流记》为例

（三）研学拓展课程

跟着课本去旅行，行走阅读，阅历人生。例如，学习《山行》，引导学生走访人文景区，爬山赏枫，锻炼身体，欣赏书中描述的美景，激发学生热爱家乡的自豪感；阅读《金色的鱼钩》，组织学生传承红色基因，赓续红色血脉，徒步一小时到达烈士纪念园，汲取革命力量，铭记历史故事，培养勇毅奋进少年，强健体魄。

（四）品格提升课程

班本课程围绕品格关键词，以主打读物为核心，创设了“四个一”阅读工程：每一天，享受“三读”时光；每一周，邀请同伴享读；每一月，开展班级阅读分享；每一季，举行多彩书香展演。把阅读和道德价值观的培养相结合，以读导行，涵养品德。

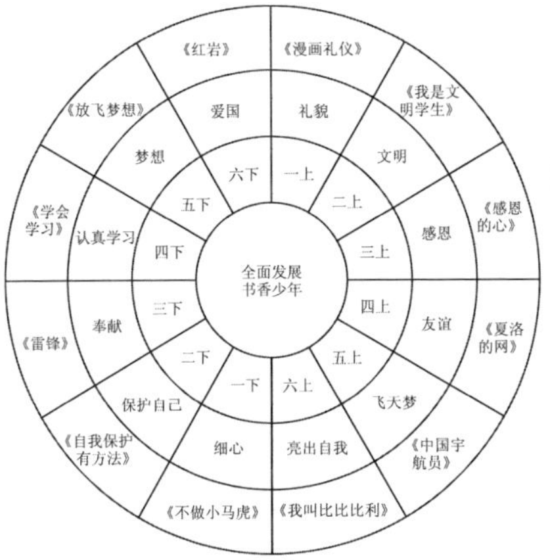

每学期品格关键词及推荐书目

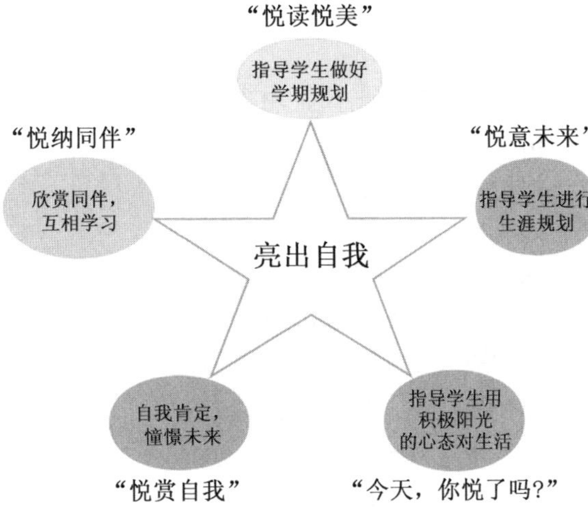

六上“亮出自我”主题系列活动

（五）志愿服务课程

班级“新蕾小记者”们自愿报名参加江苏省书展，成为红领巾书展志愿者。书展的布置有他们稚嫩的身影，书展的讲解也有他们清脆的嗓音，他们在服务过程中感受美、传播美。学生们走进社区，开展书香社会人人爱阅读宣讲活动。学生利用假期观察、对比每个年龄段的每日阅读情况，对社区居民进行采访，撰写调查报告。编创童谣诗歌，宣传书香社会，共建惬意栖居。引导学生树立大局意识，通过阅读让学生树立高远理想，懂得中国少年使命担当。

四、岗位设置，助阅读

（一）班干阅读引航制，发挥带头模范作用

通过精选《怎样当好班干部》《轻松当好班干部》《班干部应该这样当》等书目，组成班干合作阅读团队，班干共读一本书。读后开展学习讨论，定制属于我班的管理方案。在合作阅读中增强了班干的团队协作力，提高了班级管理能力。同时用班干的示范阅读，引领全班阅读氛围，树立榜样模范。

（二）悦阅岗位竞聘制，培养自信、自强

发布“悦阅岗位竞聘表”，鼓励学生自主竞聘，共设“书目审核员”“好书推荐官”“悦读宣讲标兵”“悦读打卡记录者”等50多个岗位。竞聘上岗中的一次次自我推荐，是学生对自己的深刻剖析，也是树立自信的过程。

（三）小组阅刊争先制，发挥个性特长

以小组为单位，组织竞聘精彩记录组、插图绘画组、照片拍摄组、排版设计组等，发挥写作、绘图、拍摄、排版、制作特长，记录班级趣事，组织学生将班级共同的重要回忆整理成《精彩故事阅刊》，发挥个性特长，培养协作能力。

学生结合自己的文学偏好，自发形成阅读圈，自主竞选圈长与副圈长，积极招募圈员，定期组织活动。自由商定相应活动形式、成员结构和阅读圈规则。从主观引导到逐渐放手，让学生自主运营社团活动，形成长久的拓展阅读习惯和阅读爱好，管理能力和班级凝聚力在无形中增长。

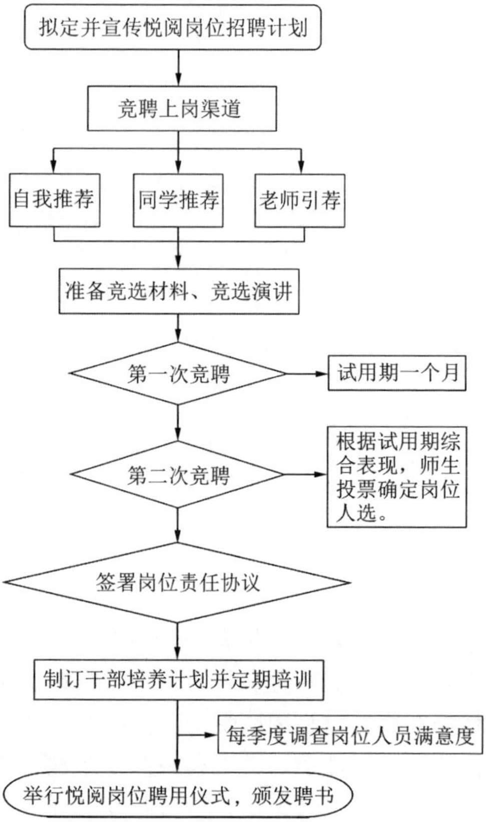

悦阅岗位竞聘流程

五、多维评价，见阅读

只有能够激发学生去进行自我教育的教育，才是真正的教育。学生在集体内生的系统中成长，需要及时评价反馈，对学生的评价应该是多元的，从不同角度以不同方式多方面地对学生进行评价，帮助学生实现自我教育，获取继续向前的动力，从而实现“人”的成长，培养积极向上的阳光少年。

（一）全要素横向评价面面观

1.“吾悦评”：促自我反思力

设计定制“阅读日思银行卡”，对每日阅读情况进行反馈，根据完成情况积分，每读10页积1分，完成1次读书心得积1分，完成1次阅读手抄报积1分等；设置积分兑换“合影兑换券”“抱抱兑换券”“一日同桌券”等，帮助学生学会坚持，培养毅力。引导学生对自我产生正确的认识和美好的期望，充分发挥学生的主观能动性，这也是帮助学生进行自我调节的有效渠道。

阅读日思银行卡

姓　名		兴趣爱好		照　片
性　别		开户日期		
年　龄		开户机构		
最喜欢的作家		最喜欢的一本书		

阅读银行开卡宣言：

本人愿意自本存折启用之日起，保证每天抽出______分钟阅读。

承诺人：

日期	阅读书目（作者）	存入	支取	余额	操作员

阅读日思银行卡

合影兑换券

抱抱兑换券

一日同桌券

2. “伴悦评”：增同伴感染力

“在阅读中寻找主人公”：阅读时根据书中主人公优秀的个性特点，寻找班内有这样特点的学生，以同伴的角度发现优点并互赞，从兴趣特长乃至身体素质，深挖每个学生的闪光点，增长自信。

“同伴共读养成记录”：以同伴互评行动为契机，阅读与习惯培养共成长。以 21 天为一个周期，一个周期围绕一个品德主题，坚持阅读相关主题书目，培养良好的习惯、品行、素养，同伴间互相督促，在互评中进行思考、对比、总结，增强了判断能力和集体观念。

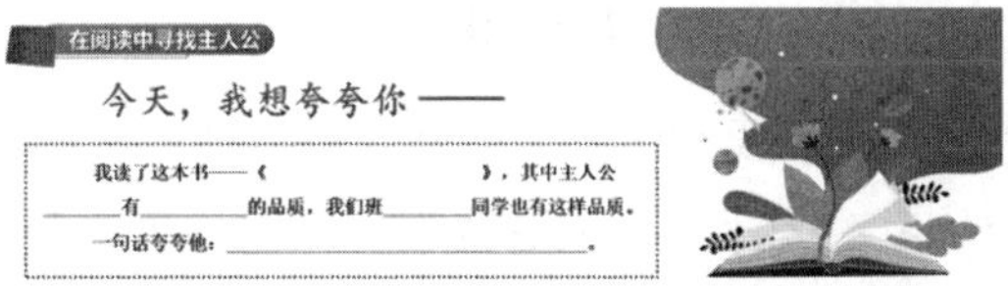
在阅读中寻找主人公

今天，我想夸夸你——

我读了这本书——《　　　　　　　　》，其中主人公______有__________的品质，我们班________同学也有这样品质。

一句话夸夸他：______________________________。

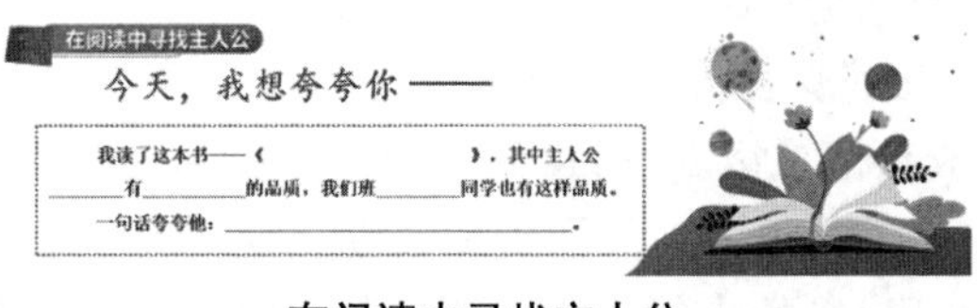
在阅读中寻找主人公

今天，我想夸夸你——

我读了这本书——《　　　　　　　　》，其中主人公______有__________的品质，我们班________同学也有这样品质。

一句话夸夸他：______________________________。

在阅读中寻找主人公

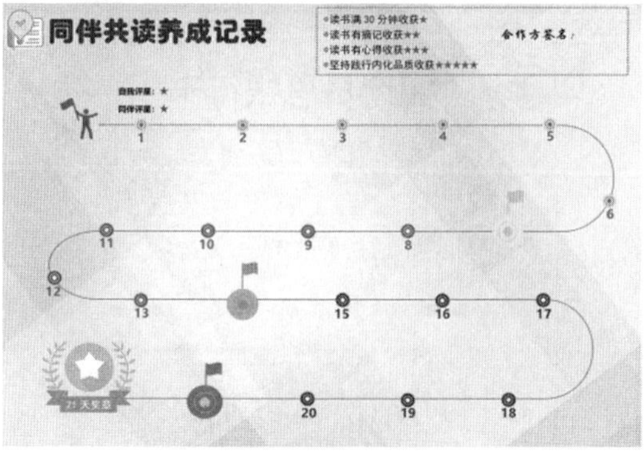

同伴共读养成记录

3. “班悦评”：强班级恒动力

把奖章与学生喜欢的阅读作品中的形象联系起来，开展“书香少年争章夺星”活动。如阅读主题为“勤奋刻苦”，推荐阅读书目是《勤劳的蜜蜂》，通过老师、家长、同伴共同评价，选出班级中符合“蜜蜂奖”的学生。

例如，二年级设立了八个不同的争章评比奖项。

蜜蜂奖	伶燕奖	小虎奖	勤牛奖
勤奋刻苦 成绩优良	活泼可爱 文明守纪	运动出众 敢于拼搏	热爱劳动 勤劳踏实
百灵奖	白鸽奖	金鲤奖	灵猴奖
热情欢快 多才多艺	心有他人 团结友爱	知难勇进 进步明显	头脑灵活 富有创新

争章评比奖项

（二）全过程纵向评价步步高

横向评价让学生对彼此的认识更客观，纵向评价则是书香少年们的加油站。

1. 成长袋，强进步自信心

“书香少年成长记录袋”：每逢学生生日，我都会根据学生当年的表现和取得的进步，亲笔写下对他的评价和鼓励。他们看到了自己的进步，逐步树立信心，迈开追赶的步伐，向自己的目标前进，而我也在记录袋日渐饱满的过程中见证学生的成长。

2. 进阶战，激向上积极性

在班级设置书香少年征集赛、书香少年进阶战、书香少年光荣榜等趣味纵向评价方式。书香少年由日常学习生活中的自评、互评和师评产生，并获得书香奖章，再通过征集到的书香奖章获得进阶，以此激发学生的内生动力。

"各美其美 美美与共"书香少年成长记录袋

姓名		学号		性别		年级		班主任生日祝福
我的优点								
我的不足								
日常学习情况记录								
类别	主要内容			自评 ★★★	互评 ★★★	师评 ★★★		
学习表现	遵守课堂纪律						同学留言	
	参与听课、讨论等课堂学习活动							
	完成书面、实践和课后作业							
学习能力	收集整理资料						家长留言	
	发现和分析问题							
	交流与探讨问题及结果							
实践能力	参与课后学习实践活动							
	参与社会调查、社会服务等实践活动						自我小结	
	参与校园志愿者实践活动							
出勤情况	按时上下课							
	不迟到早退							
	不无故请假、旷课							

书香少年成长记录袋

书香少年光荣榜

通过横向和纵向评价，学生看到自己成长的足迹，悦纳他人个性差异、发掘他人优点，创建阳光奋进班集体。

六、多元延伸，展阅读

促进学生多元、长远发展，只依靠班主任是不够的，还应该联结各方，围绕"多方为了孩子的健康成长，为了孩子的多方健康成长"，以阅读为契机，倡导多方共育，全面培养。

（一）家庭小书房，增进感情

家庭阅读我践行

一个家庭中没有书籍，等于一间房子没有窗子。——约翰森

书籍作为一个家庭中必不可少的营养成分，培养孩子读书，养成良好的阅读习惯，也变得尤为重要。浓厚的文化氛围很关键，作为家庭成员，我们都要成为"参与者"，坚持陪同孩子读书，交流心得。用自己无声的行动去影响孩子，营造一个良好的家庭读书氛围。根据家中藏书，配合学校的教学活动，特制定以下读书计划：

阅读计划

1. 周一到周五 20:00-20:30，家庭共同阅读时间。
2. 周六晚 20:00-21:00 为亲子共读时间，周日全天空闲时间即阅读时间，自由安排。
3. 每月安排时间和孩子逛书店，由孩子挑选自己喜欢的书籍进行购买。
4. 每周定期和孩子交流阅读收获，引导孩子从不同的角度去思考问题，拓展思维的深度与广度。

家庭阅读我践行

班级创设家庭阅读制度，以家庭小书房为阵地，鼓励和推广亲子阅读，让家庭浸润在浓浓书香中。开展"最美小书房布置""家庭阅读陪伴打卡""亲子阅读微电影""优秀亲子阅读经验分享会"系列活动，让阅读唤醒美好家庭氛围，增进亲子感情。

（二）神秘大嘉宾，丰富资源

我们班诚邀对教育事业热心的社会力量走进课堂，成为班级"神秘嘉宾"。他们发挥自身职业优势，给学生带来不一样的课堂体验，为学生成长注入鲜活元素。例如，图书馆工作者分享乐读故事，“五老进课堂”分享红军时代读书故事，还有集邮文化小常识、法治知识护童年、曲艺文学进课堂、情绪调节书籍多……

（三）社区小书馆，协力成长

带学生走进社区小书馆，参加系列讲座、主题展览、护书计划、专家大讲堂等，借助社会资源，多方协作，优势互补，多位一体，多方共育，为书香少年的长远发展，建立一条长期、有效的教育途径，促进学生可持续发展。

特色与成效

一、特色

从学校、家庭到社会，阅读像一条美丽而灵动的纽带，在校内外的活动中展现了班级积极进取的精神面貌，滋养了个体内驱力，润养了班级凝聚力，怡养了成才关键力，涵养了共长续航力。

多形式、多场域、多媒介的阅读，在充分挖掘文本的内在价值和外在价值的过程中，涵养学生品格，打造书香底蕴足、凝聚力强的班级。在主题目标的指引下，打破学科壁垒，多学科联动，让各有所长的学生都爱上阅读，培养满怀自信、才气满满的学生。多元化、多样态的校园阅读活动，提高班级凝聚力。多主题的家庭阅读活动，唤醒美好的家庭氛围，涵养家长和学生共生共长的正气。行走研学促进实践力，树立高远理想，懂得使命担当，让学生成为有底气、有才气、有志气的社会主义接班人。

二、成效

在班级悦读文化的浸润下，形成了积极向上、团结互助、和谐友爱的班级风貌，学生德、智、体、美、劳全面发展，培养了既有温度又有色彩的书香少年。

（一）“悦”享自我，梦想领航关键力

学生通过各项阅读活动，成长、成才并全面发展，在国家省、市、区各类竞赛中均有一、二、三等奖的获得者，如翁梦菲获2021年度鲁迅少年文学奖全国优秀奖；潘蔼凌2022年获第二十九届世界青少年奥林匹克数学竞赛（中国区）选拔赛全国总决赛五年级组金奖；五人在市、区运动会中获一、二、三等奖；徐昕菱获市级“最美童声”一等奖……展示出了班级独特的“悦”读特征。

（二）“悦”润集体，荣誉强化凝聚力

在“悦”读的滋养下，充满活力积极向上的“悦”读班级逐渐形成。

我们班多次被评为市、区级书香班级、阳光班级，优秀少先队集体，每学期均获校级“文明素质示范班”，班级中队角被评为“区级优秀中队角”。我撰写的多篇德育论文刊登在省市级刊物上，我也被评为“2023 年省级优秀团员”“2023 年市级教坛新秀”“2022 年度区级优秀班主任”“2019 年度区级最美少先队辅导员”……

（三）“悦”意社会，创新筑梦续航力

在“悦”读的滋养下，班级同学关注热点，放眼未来。姜禹阳同学发明“自助扫描登记仪”，并申请专利。曹怿凡协同组员制作“垃圾自动分拣机”，致力于减轻社会垃圾分类压力。贾卓弋同学热心公益服务，参加“小童志议事会”，参与福利院志愿服务，立志无偿献血，成为“三献”人员。班级同学热爱祖国，心系家园，聚焦时事，胸怀天下，以实现中国梦为己任。

教育是引领学生幸福成长的艺术，我们都为“悦阅 6 班”而自豪，我将继续厚植书香底色，五育并举，用阅读涵育全面发展的向上少年。让书香氤氲伴成长，立德树人润童心，为中华民族伟大复兴积蓄力量！

种一片儿童友好的花田

——建立友好型班级生态圈

班情分析

一、学生情况

（一）班级人数情况及性格类型

班级共有男生29人，女生21人。由学生调查问卷（附件一）结果分析可知，外地学生占大多数，这类学生幼儿时期随祖辈生活，小学阶段回到父母身边。生活环境的突然改变以及家长不恰当的教养方式让学生始终处于紧张、压抑的生活状态，环境适应、人际交往、自我意识、社会融合问题令人担忧。这导致学生的性格以封闭、敏感、固执为主，背后折射出学生有强烈的社交需求、尊重需求。

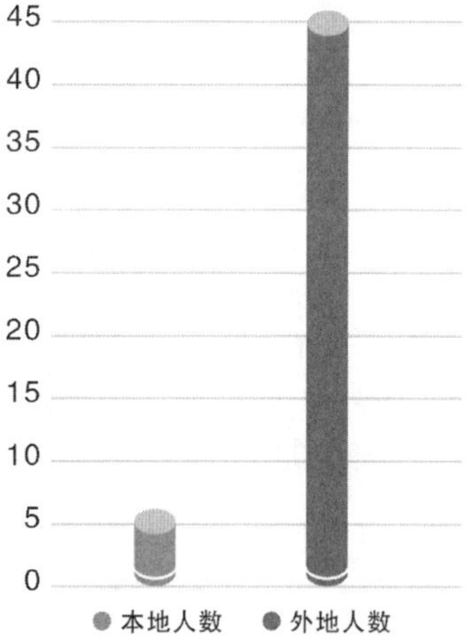

学生户籍情况

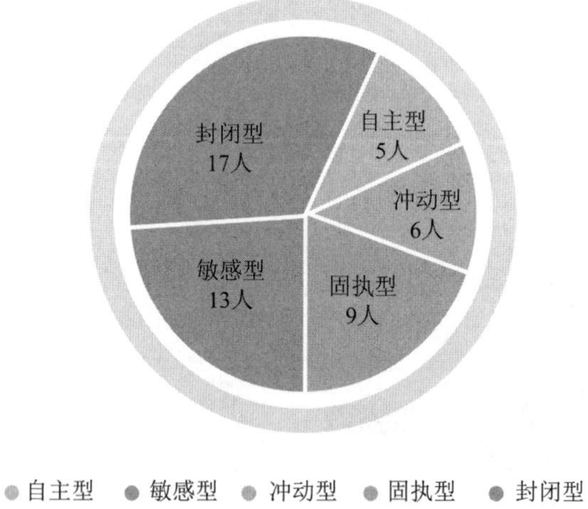

学生特点类型

二、家长情况

（一）家长受教育程度对比图

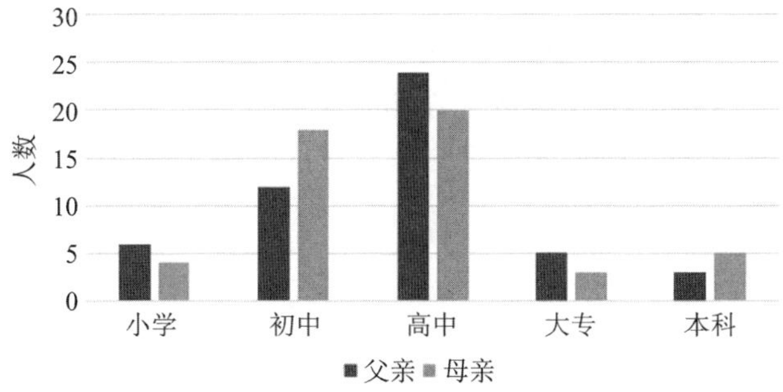

家长受教育程度

（二）每周末陪伴孩子有效时间

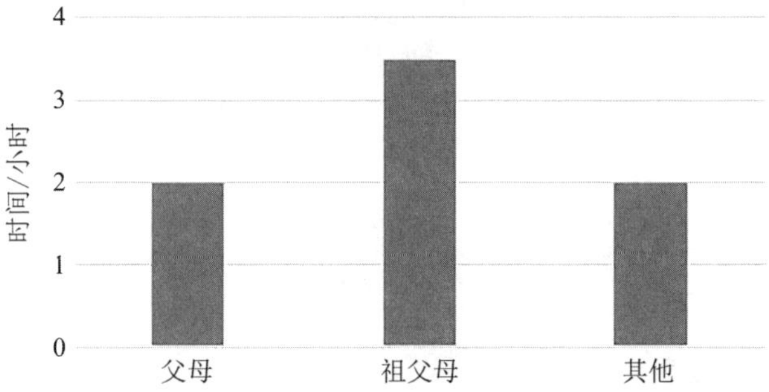

每周末陪伴孩子有效时间

（三）家长重点关注点

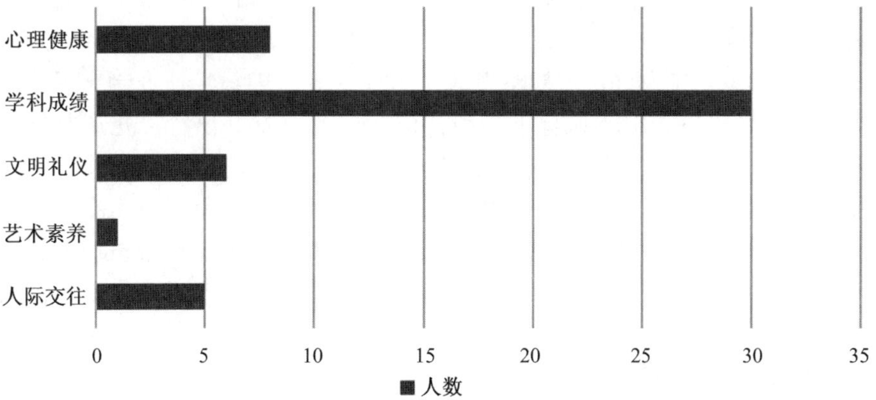

家长重点关注点

(四) 家长教养方式

由家长调查问卷(附件二)结果分析可知，本班本科及以上学历的家长有 9 人，大多数家长对孩子的文化教育能做的比较少；繁重的工作导致家长陪伴孩子的时间较少，孩子缺乏家庭的关爱；家长的家庭教育理念有差异，大部分家长对孩子心理健康和人际交往等方面的关注度偏低，片面追求成绩。但是家长普遍重视孩子的管理，愿意配合老师的各项工作。

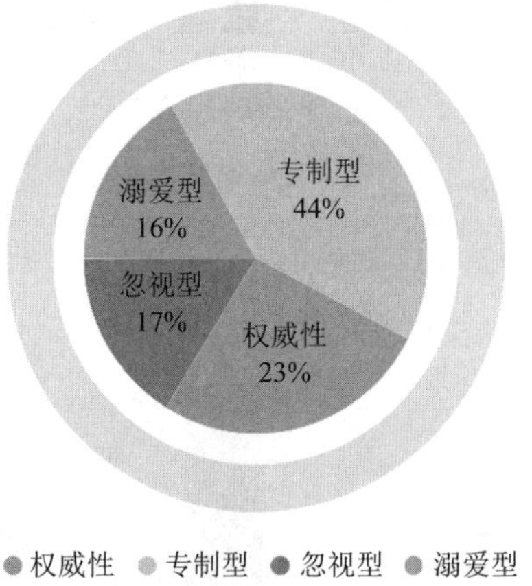

家长教养方式

育人理念

卢梭认为："在万物的秩序中，人类有它的地位；在人生的秩序中，童年有它的地位。应当把成人看作成人，把孩子看作孩子。"2021 年，国家"十四五"规划纲要首次提出建设"儿童友好城市"，明确了未来 5 年要在 100 个城市示范推进儿童友好城市建设。苏州市政府办公室印发的《苏州市建设儿童友好城市战略规划(2021—2035 年)》研究制定了苏州市儿童友好建设相关领域标准指引，包括"儿童友好出行、儿童友好社区、儿童友好学校、儿童友好医院"等。2022 年，我校将"友善"这一品格纳入"学校品格公社"。我的育人理念由此生发，重视童年在人的一生中的重要地位，匹配学生在小学阶段的特殊身心机制，结合班级随迁子女较多的特殊现状，确定了我的带班理念：满足儿童需要，尊重儿童天性，关注儿童体验，努力构建儿童友好型班级生态圈，让每个孩子与善为友、与爱为友、与仁为友。

班级发展目标

一、总体目标

构建生生互爱、师生互敬、家校互助的儿童友好型班级生态圈。

二、具体目标

低年级目标：塑行立规，培植友善，奠定儿童友好班级新样态。

中年级目标：友好交往，赋能友爱，形成儿童友好班级同心圆。

高年级目标：协同成长，助力友仁，建立儿童友好班级生态圈。

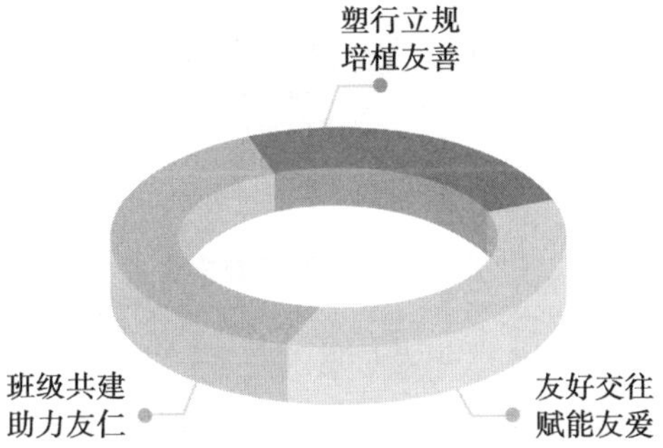

班级建设目标

实践做法

实践做法

一、“儿童友好”的场域文化

“儿童友好”既表现为成长环境呈现给儿童的友好态势，也体现儿童之间呈现的友好关系，还包含着儿童对其周围世界表现出的友好情绪反应。设计班级场域文化时，只有当教育目标被儿童以自己的方式理解、接纳，对儿童道德发展的期待才会得到积极回应。因此，我关注儿童在校生活中遇到的问题，采用儿童喜爱的方式，构建适合儿童的场域文化。为儿童搭建台阶，解决困难，传递儿童友好型班级生态圈的文化价值。

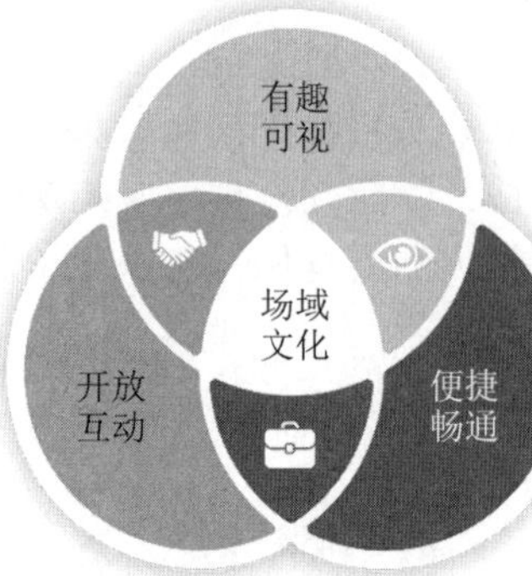

“儿童友好”的场域文化

（一）趣味规则墙：塑儿童友好行为

依据中年级学生的发展特点，我用儿童看得懂的方式关注儿童需要，将下课十分钟应该完成的事情以“图片+文字”的方式贴在墙上，将行为规范可视化，给学生立规矩，帮助他们养成良好的习惯，体现儿童友好。

（二）冲突解决角：建儿童友好关系

我设置专门场所用来解决儿童与同伴发生的冲突。场所设有情绪色卡、发言计时器、“生气”收纳袋等物品，同时将冲突解决步骤张贴出来，帮助孩子解决冲突，构建儿童与同伴的友好环境。儿童场域文化的设置充分尊重儿童天性，具有开放性、互动性；关注儿童真实生活，帮助儿童解决真实的问题，体现其实用性。

（三）情绪调节区：育儿童良好情绪

设计“心语便利贴”，用不同颜色代表儿童遇到的不同情绪，如红色代表愤怒的情绪，黄色代表沮丧的情绪等。学生只要在便利贴上写上自己的名字，投入信箱中，我就会来到他们的身边，与他们沟通，帮助他们培育向内的良好情绪。

二、“儿童友好”的多元课程

儿童的成长需要在真实的、丰富的情景中去体验和探索，因此我设计了多元化的班本课程，利用本土丰富的文化资源、学校的课程资源，重构“儿童友好”的课堂文化，保障儿童自主探索的权利，改变儿童品格养成方式，树立儿童民主意识，凸显儿童主体自觉，促进每一位儿童的健康、全面发展。以“儿童友好”的方式帮助儿童获得个性化经验，收获快乐。

（一）乡土文化课程

班级学生随父母从全国各地而来，陌生的环境、语言的隔阂会让学生产生焦虑、恐惧等情绪。为了满足学生的安全感、归属感需求，我实施了儿童友好的乡土文化课程，在这一课程中，学生品尝当地美食、领略传统文化、感受人文气息，增强对本土文化的了解和认同。我带领学生乐游鹿城：品奥灶面，捏青团子，游亭林园，赏《牡丹亭》，登马鞍山，临娄江水，访手艺人，走进与自己生活密切相连的本土文化。学生们在课程中感受到本地文化的友好，感受到身边人的友好，促进了自身心理的健康发展。

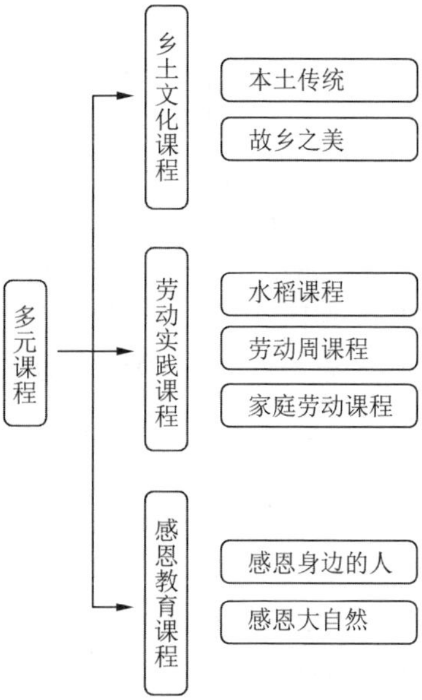

多元课程

（二）劳动实践课程

儿童真实的成长源自对生活最真切的体验，班级的劳动实践课程基于儿童的真实体验，结合我校劳动教育的特色，以多维度的劳动实践，呼应儿童的积极成长。

尊重儿童渴望自主的天性，我开设以“校园岗位我发现”“服务岗位我竞选”“服务岗位我参与”“志愿服务我能行”为主题的系列班会课程。学生寻找校园中能为学校同伴提供服务的岗位，可以是校园清洁员、食堂打饭员、教室桌椅调节员等，并对所选岗位进行难度、时长、安全性等方面的评价，结合自己的劳动能力、水平积极竞标服务岗，在校劳动周期间进行为期一周的劳动体验，为全校师生尽一份自己的力量。

依托学校“半塘田园”中的班级菜场，我设计了红薯课程。6 月份，每个学生在班级农场上种下一棵红薯秧苗，通过 4 个月的精心照料，在金秋十月迎来收获。经过小心翼翼地挖掘，一个个红薯冒了出来，大家通过分工协作，搬运、称重，选出班级的“红薯王”。接着，学生来到食堂，经过去皮、切块、蒸熟、搓圆子、煮圆子等步骤，吃到了自己种的、自己收的、自己做的红薯美食，这时，学生能够感受到劳动不仅仅只有汗水，更有收获和成就。

（三）感恩教育课程

感恩是提升幸福感的重要方式，学生在成长中学会感恩尤为重要。为提升儿童幸福感，我设计了系列感恩课程。

1. 感恩父母——一份“我能行”家务契约书

很多父母出于对孩子的关爱，习惯于向孩子付出自己的爱，却忽略了教会孩子如何爱他人。于是我和家长约定，提供一些让孩子做简单家务的机会，让孩子学会去爱。学生与家长共同签署“我能行”家务契约书，在擦、洗、理、倒、叠的劳动实践中，锻炼自己的劳动能力，知道自己的事情应该自己做，学着做家务事，以实际行动感恩父母。

2. 感恩同伴——一封“我记得”暖心感谢信

本班学生大多是独生子女，他们往往考虑自己较多，考虑别人较少，在生活中有时会忽略朋友对他们的帮助。通过一封“我记得”暖心感谢信，让学生学着整理自己的心情，把美好的情感从记忆中提取出来，真诚地向给自己提供帮助的同伴说声谢谢。学生通过活动明白什么是真正的友谊，懂得朋友之间需要理解、尊重、信任、互助。拥有一颗感恩朋友的心，才会对生活、对人生充满希望，才会理智地面对人生旅程中的挫折与不幸。善待了他人，也快乐了自己

3. 感恩身边人——一幅“您真美”真诚答谢画

部分学生受到家庭及社会的影响，对一些行业的劳动者产生了不正确的认识，这对他们正确的人生观、世界观的形成是很不利的。我带领学生到食堂里观察叔叔阿姨们备餐的过程，到校园里观察环卫工人为校园带来的改变，学生们体会到在校园的每一处角落，总有一群人默默守护着他们。最后学生们精心准备了一份礼物——一幅“您真美”的画，将这份感恩送到了这群默默奉献的人们手中。

4. 感恩自然——一纸“陪伴你”种子的约定

对许多学生而言，获得是一件轻而易举的事，学生习惯了物质充裕的生活，却不知要珍惜这样的生活。如果用传统忆苦思甜的教育方式，往往只能起到说教的效果，学生无法得到切身的体会，因此我设计了感恩自然系列课程。在课程中，学生从寻找一颗种子出发，陪伴这颗种子长成一株植物，陪伴它开花、结果，再用种植出的果实或花朵制作美食或创作作品，从而感受身边一粥一饭、半丝半缕的来之不易，学会珍惜。

寻找	在大自然中寻找五类种子
播撒	选择合适的时间、地点播撒种子
责任	照顾种子并做好观察记录
收获	收获花朵或果实
分享	利用收获到的果实或者花朵进行美食制作或作品创作

在经历了植物从种子变为美食或作品的过程后，学生与种子立下五个约定。

“陪伴你”——与种子的约定

约定一：节约每一度电，做到随手关灯，人走电器关；天气不热时，不要开空调。

约定二：节约每一滴水，水龙头用后及时关闭。

约定三：节约每一粒粮，坚持光盘，不浪费。

约定四：节约每一张纸，不乱撕本子，草稿纸要用两面。

约定五：节约每一元钱，不该花的钱不花，有了的东西不要再买。

“种子陪伴者”签名：

三、“儿童友好”的创意活动

学生进入新的年级，学习内容的变化、学习难度的增加会让学生出现焦虑、畏惧等情况。为更好地帮助学生适应，我开展了一系列“儿童友好”活动。

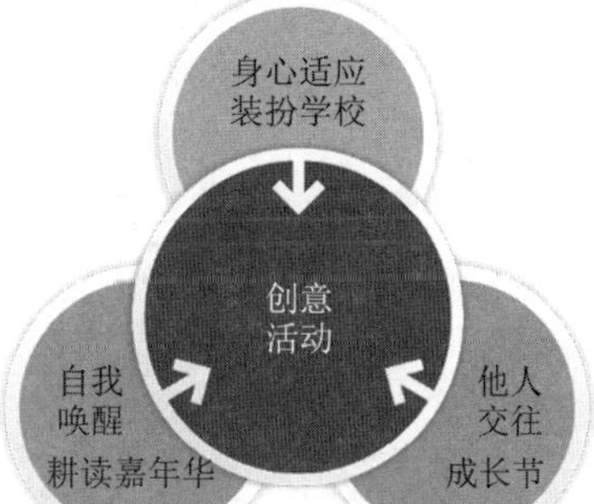

“儿童友好”的创意活动

（一）我的花田我做主

每一年秋季开学，我们都会换一间新的教室。为了适应儿童的身心发展，带给他们归属感，我会在教室的走廊上布置一面会“说话”的墙。在这面墙上，学生可以展示自己的照片，可以是上学期自己的精彩瞬间，也可以是暑期旅游的照片。在这面墙上，学生可以写一写新教室的变化，比如，这里的窗外，可以看到怎样不同的风景，可以听到怎样不同的声音。当然，也可以展示自己的优秀绘画、手工作品，通过这种形式让学生们熟悉教室。实践表明在熟悉、安全的环境中进行学习，更有利于儿童产生积极的情绪，提高学习效率。

（二）书香雅韵读书会

为唤醒儿童的内驱力，班级从一年级开始就成立了书香雅韵读书会，它就像班级的第二课堂，利用周末的时间带领学生以小组为单位多读书，读好书，读整本书，培养良好的阅读习惯，以此丰富文化底蕴。学生通过“图书推荐会”共同确定班级共读的书目；再通过“书香沙龙”分享自己的阅读感言；通过“家有书香”展现全家总动员的亲子读书活动。班级读书会扩大了学生展现自己的平台，提升了学生自信。此外，读书会还经常开展诵读比赛、英语课本剧表演、趣味运动会、巧手小制作等一系列活动，为学生提供展示与参与的舞台，助力学生自我认知的形成。

（三）自主策划成长节

成长节对于班级学生来说，是一年一度的庆典。在成长节期间，全体学生共同参与，协同完成各项工作。在此过程中增加了学生与同龄人交际交流的机会，锻炼了他们的表达能力，提升了他们的社会交往能力。学生一起策划活动项目，如拍一张集体照，共同绘制一张画，一起学唱一首歌，一起演出一幕剧，邀请爸爸妈妈到校来参加活动等，为每一年留下值得珍藏的美好记忆。当活动项目确定好之后，学生将分为材料组、导演组、表演组等完成后续实施工作，在真实的任务情景中培养与他人交往的能力。

四、“儿童友好”的协作模式

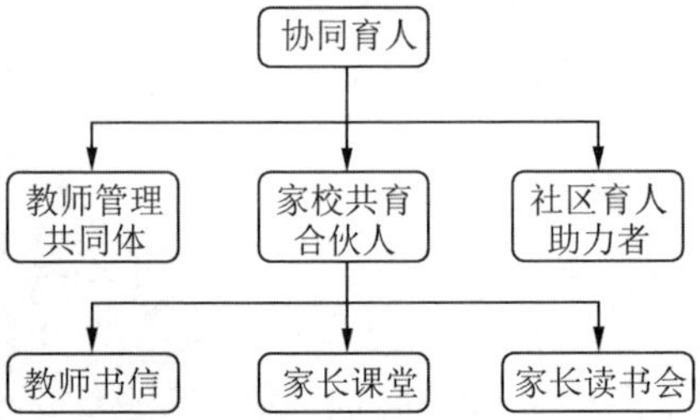

“儿童友好”的协作模式

（一）教师管理共同体

班级的成长除了班主任、副班主任以外，离不开每一位任课老师的支持和协作。因此我建立了班级任课老师联系群，随时随地加强与任课老师的交流和沟通，了解班级情况；定期开展任课老师联系会，讨论交流班级事务，有针对性地解决班级问题，让每一位任课老师都参与班级管理。

（二）家校共育合伙人

家校关系是教育合力能否有效凝聚的关键一环。教师和家长，是教育链条上不可或缺的角色，是助力儿童友好成长的共同体，应该紧紧地靠拢，并肩作战，一起发力，共同助力儿童成长和进步。作为班主任，我真诚地向家长借力，设立班级家委会，并对各委员的工作进行明确分工，设立会长、采购部、组织部、宣传部、活动部、财务部等职能部门，让他们成为班级事务的策划者和参与者，为班级管理赋能。

1. 纸短情长：构筑家校同心桥

开学第一天，我用一封信消除了家长对学生迈入人生第一个学习阶段的焦虑，同时也开启了纸短情长书信交流。最开始，我每日一信，告知家长学生的在校变化。慢慢地变成每周一信，或是对班级事务的通报，或是教育方法的指导以及教育理念的灌输。一个学期，我用 23 封书信，传递正能量，赢得班级家长的认可。现在，我依旧定期给家长写信，在家校沟通上建立起一座沟通的同心桥。

2. 别样课堂：建起家长榜样力

依托班级的家长资源，让家长们将自己专业领域的知识带入班级，开设“数数零食配料表”“讲讲祖国好河山”等课程，给班级每个学生普及课外知识，既扩大学生的知识面，也拉近家校之间的距离。

3. 家长沙龙：塑造父母教育力

我设计家长读书打卡任务，家长坚持打卡后可以来班级参加家长沙龙活动。在活动中，家长分享自己的读书收获，并通过情景演绎、现场互动、案例讨论等环节将所学变为所用。在情景演绎中，家长扮演孩子，以多重视角探讨了孩子在成长中的烦恼和应对技巧，学会从儿童的视角与孩子共情，并逐渐意识到只有控制情绪、理性交流才能建立和谐的亲子关系。

（三）社区育人助力者

依托社区力量，我邀请社区昆曲老师进班为学生讲授昆曲知识，传授昆曲技艺，并组织本班学生参观昆曲博物馆。学生认真倾听，仔细记录，详细了解中国戏曲发展史上各时期的重要事件，沉浸式感受中国戏曲的艺术魅力和时代风采。在寻访过程中，学生感受到中国戏曲艺术的丰富多彩，体会戏曲中蕴含的中华优秀传统文化，找寻文化归属，提升文化自信。

五、“儿童友好”的评价机制

（一）评价手册

以学校的“学生综合评价细则”为指导，每周我都会利用班级评价手册对学生进行自我、同伴、家长、教师评价于一体的多元评价，做到每周一评价，每月一评选，用儿童喜欢的方式激励他们进步。

1. 巧用积分卡，构建友好的岗位机制

在班级中，每个学生都能明确自己的友好责任岗，共同参与班级管理。我实行每周一总结，每月一轮换，同时实行班级岗位积分卡，进行积分统计，并颁发“最佳友好岗位奖”，让每位学生都在自己的岗位上奉献自己力所能及的力量，构建友好的岗位机制。学生的认真付出也同样获得了回报，可爱的奖状上，老师们工工整整地写上学生的名字，这是对学生每天积分的认可，也是对学生无声的赞扬。

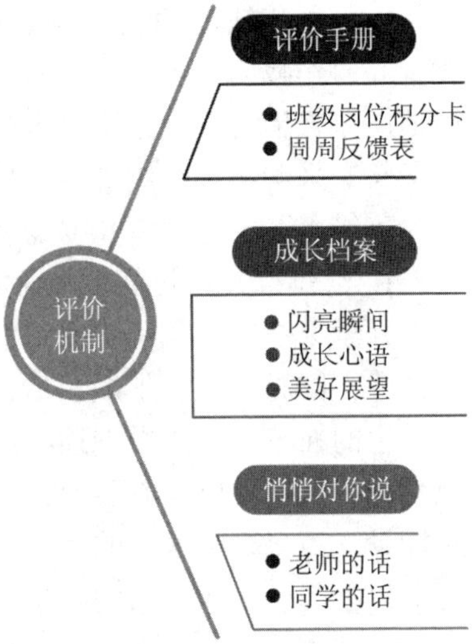

“儿童友好”的评价机制

2. 周周反馈表，实施友好的管理机制

儿童友好意味着充分保护儿童的参与权，吸纳儿童参与班级事务，鼓励儿童参与规则制定，拓宽儿童自由表达途径，扩展儿童信息获取渠道。因此，我开展值周班委制、小组承包制，制作“周周反馈表”和“打分记录卡”进行自评和互评，让学生拥有管理的空间，在集体中进行自我管理，实施友好的自我管理机制。

（二）成长档案

我给班级每一个学生发了一个成长档案，并将其命名为“成长的足迹”，让他们发挥各自的聪明才智，设计封面。学生很喜欢这项活动，把最漂亮的照片粘贴在上面。在成长档案内，学生可以记录自己点点滴滴的进步，即使是最微小的成果，也可以骄傲地将其记录在其中。在期末召开家长会时，我通过档案让家长们看到学生的成长。如今成长档案已经成为班级文化中的一道风景，它为学生提供了展现才华的舞台，创设了自我发展的空间，满足了不同学生展示自我才能的心愿，并成为他们挖掘自身潜力的动力和源泉。

（三）悄悄对你说

每学期学生都会进行总结性评价，我采用一种全新的方式——师生共评。每逢期末来临，不仅我要给学生写一份评语，还要组织学生通过写“悄悄话”的方式互评。学生在互相评价的过程中，往往能够关注到老师看不到的地方。收到同学中肯的评价，也更有利于学生全面地认识自己，同时评价他人的过程也是学生自我反省、自我完善的过程。经过多次的指导，学生的评语写得越来越客观，也能够帮助更多的学生看到真实的自己。最后，学生会对伙伴提出下学期的希望和建议，这给被评价的学生不小的鼓励。

特色与成效

在班级这个生态圈里的学生、家长、教师共同的价值追求是让学生过上幸福完整的教育生活。作为一名小学班主任，面对的是 6~12 岁的儿童，我的带班育人方略立足儿童的真实处境和生活体验，给予儿童自由表达的机会。

一、平等赋权，开放互动

营造平等、开放、赋权的班级空间，让儿童成为教室的主人；建构倾听、对话、合作的班本课程，让儿童成为生活的主人；塑造家庭、学校、社会共育的合作愿景，让儿童成为未来的主人。为每个儿童的健康成长构建平等、友好、可持续保障的教育环境，促进每一位儿童的健康、全面发展。

二、自我友好，互助互爱

在儿童友好的班级生态圈内，我班学生能在场域文化中找到自己喜爱的交互活动，在符合自身发展的多元课程和活动中收获积极向上的力量，在多维的评价中形成良好的品格。学生能在日常行为中以仁爱之心、友善之行对待身边的人和事，形成了团结友爱的班级氛围。班级的学生也在友好的氛围中学会了将友善的力量传递给他人。最令人欣喜的是，来自五湖四海的学生能彼此接纳，彼此包容，友好相处。班级多次被评为“优秀班级”“书香班级”“爱心班级”“优秀红领巾中队”。

三、家校共育，协同成长

学生幸福的童年时光，也是家长幸福的育儿时光。因此，我引导家长积极参与儿童友好班级建设，用教育学知识帮助家长更新教育理念，获得科学的教育方法。学生家庭的亲子关系得以重构，祖孙关系得以改善；家庭统一了教育观念，形成了教育合力。在此过程中，家长之间通过彼此沟通分享，改善了教养方式，获得了自身的成长。班级的书香雅韵读书会被评为“优秀亲子读书会”。

附件一：

学生调查问卷

一、基本信息

1. 姓名：

2. 性别：

3. 年龄：

4. 户籍地址：

二、性格特点

1. 你认为自己性格中最明显的特点是什么？

2. 你在日常生活中表现出的情绪主要有哪些？（如：快乐、悲伤、愤怒、焦虑等）

3. 你在面对困难时，会选择怎样的应对方式？（如：坚持、寻求帮助、放弃等）

4. 你在与他人交往中的态度如何？（如：主动、被动、害羞等）

三、学习态度与习惯

1. 你对待学习的态度是怎样的？（如：积极、消极、一般等）

2. 你是否有良好的学习习惯？（如：按时完成作业、提前预习、复习等）

3. 你在学习过程中遇到问题时会如何处理？（如：请教老师、独立思考、放弃等）

4. 你是如何安排自己的课余时间的？（如：学习、娱乐、锻炼等）

四、人际关系

1. 你在班级的人际关系如何？（如：融洽、一般、较差等）

2. 你是如何处理与同学之间的矛盾和纠纷的？（如：沟通、回避、争吵等）

附件二：

家长调查问卷

一、基本信息

1. 家长姓名：

2. 孩子姓名：

3. 您的学历：

二、家庭教育观念

1. 您认为家庭教育的核心是什么？

2. 您如何看待孩子的学习成绩？

3. 您对孩子未来的期望是什么？

4. 您在家庭教育中更注重哪方面？（例如：品德培养、学习能力、兴趣爱好、社交能力等）

三、家庭教育方法

1. 您平时如何与孩子沟通？

2. 您如何处理孩子之间的矛盾和纠纷？

3. 您如何引导孩子养成良好的学习习惯？

4. 您如何帮助孩子规划学业？

四、家庭教育资源

1. 您家庭的教育资源主要包括哪些？（例如：书籍、电子产品、课外辅导等）

2. 您周末陪伴孩子的时长大约是多久？

3. 您觉得哪些教育资源对您的孩子帮助最大？

五、家庭教育困惑和需求

1. 您在家庭教育中遇到的最大困惑是什么？

2. 您希望获得哪些方面的家庭教育指导？

3. 您对家庭教育有哪些建议和意见？

三阶四步　培育时代红少年

——“红脚印”班级带班育人方略

班情分析

一、学生情况

“红脚印”班级一共42人，男生20人，女生22人。通过日常细致的观察记录和问卷调查，我发现学生具体情况如下。

行为规范：“红脚印”们大多是独生子女，或者隔代抚养，过着众星捧月的生活。近六成学生劳动意识淡薄，对家长的依赖性较强，习惯性地以自我为中心，对于规则，以及团队、集体的认知都有待加强。

他人交往：“红脚印”们一直在呵护中长大，他们没有机会去体验与感受挫折带给自己的心理变化。近八成学生具有较强的道德感，但只知对错，不太会接受不同意见，易积累矛盾。

责任担当：有可能是由于家长对于学业成绩的过度关注，“红脚印”们呈现出“两耳不闻窗外事，一心只读圣贤书”的状态。特别是到了高年级，缺少对“家事国事天下事”的关心。近五成学生曾参与社会生活，但参与方式单一，主动性不强，缺少了少年应有的担当意识和公益精神。

二、家长情况

“红脚印”班级的家长拥有丰富的红色资源，其中有不少党员同志，且老一辈中的“五老”人员众多。家长们对孩子的教育比较重视，大部分家长对学校、教师的信任度高，十分愿意配合学校、班级的活动。但是部分家长过于干预子女成长，过度看重学业成绩，包揽孩子其他一切事务。

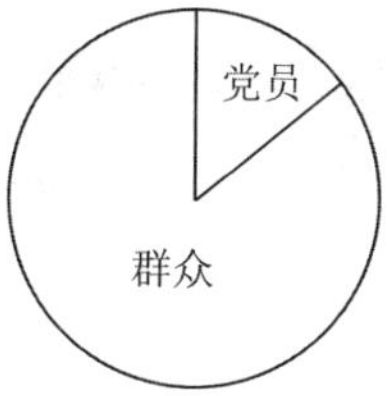

"红脚印"班级家长政治面貌

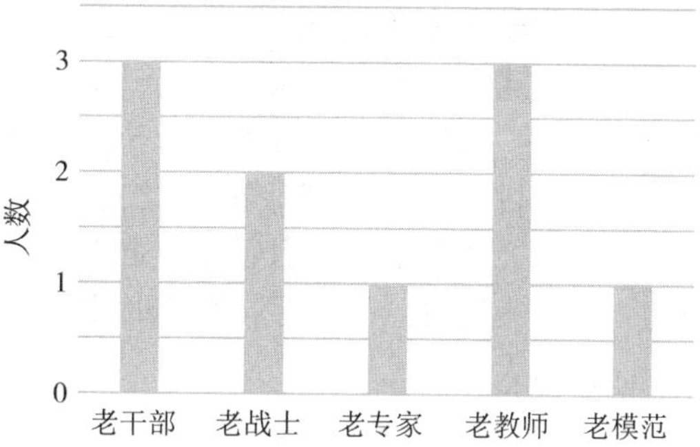

"红脚印"班级家长"五老"人员调查情况

"红脚印"班级家长情况

育人理念

《新时代爱国主义教育实施纲要》明确指出："要把青少年作为爱国主义教育的重中之重，将爱国主义精神贯穿于学校教育全过程。"我们要在学生心中根植永不褪色的红色爱党爱国情谊，引导他们传承革命文化、厚植家国情怀、培养理想信念。以《中小学德育工作指南》为指导，真正实践三全育人理念，确立"三阶四步，培育时代红少年"为我的育人理念。

本班以红色文化浸润为根底，以红色精神为导向，以主题活动为抓手，以特色评价为牵引，多层次、全维度培育爱国主义情怀，塑造有红色基因的时代新人，将红色精神一代代传承下去。

班级发展目标

一、总体目标

以"让那一抹红成为学生精神的底色"为目标，着眼培养担当民族复兴大任的时代新人，始终高扬爱国主义旗帜，着力培养爱国之情、砥砺强国之志、实践报国之行，使爱国主义成为"红脚印"们的坚定信念、精神力量和自觉行动。

二、具体目标

第一阶段（低段）：培养爱国之情

通过创设体验感强的活动、树立榜样等形式，学生初步了解有关祖国的知识，引导学生养成基本的文明行为习惯，培育和发展爱国主义情感。

第二阶段（中段）：砥砺强国之志

着力创建一系列班本课程，进一步了解党的光荣革命传统，开展丰富的团队活动，引导学生在集体中培养团队合作精神，传承红色精神。

第三阶段（高段）：实践报国之行

提供社会实践平台，引导学生走出校园，走向社会，引导学生以主人翁的姿态去表达自己的想法，激扬时代精神，努力成为能担当民族复兴大任的时代新人。

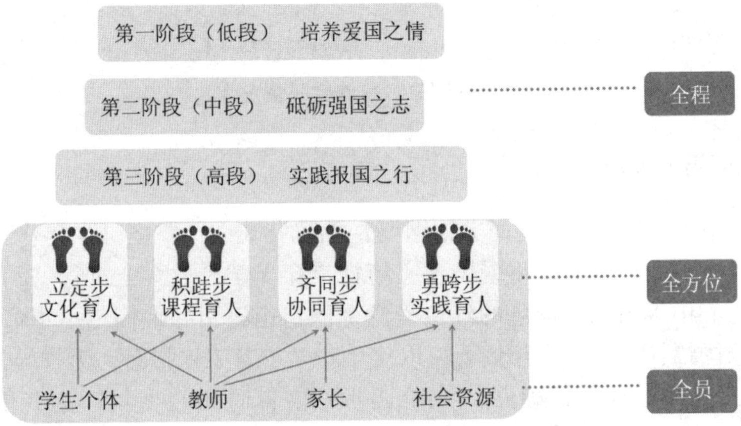

"红脚印"班级发展目标

实践做法

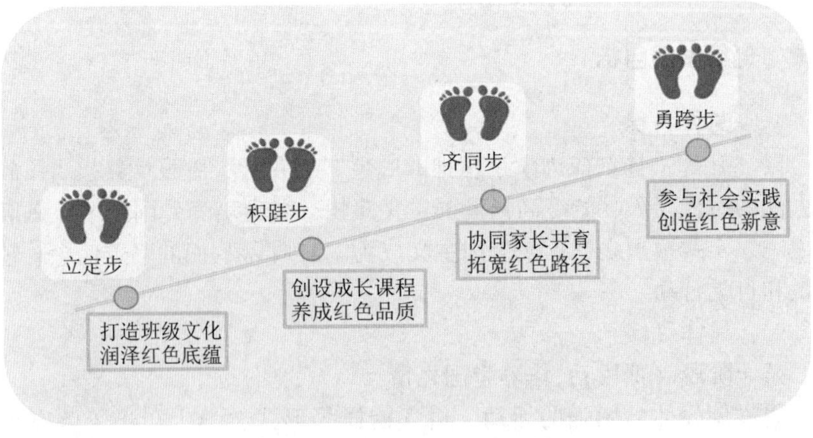

"红脚印"班级具体做法

一、立定步：打造班级文化，润泽红色底蕴

（一）以“红脚印”元素创设班级硬文化

教室环境的布置，我充分尊重“红脚印”的意愿，大家共同商议各版块内容，以“红脚印”为主题，使环境文化发挥“润物细无声”的教育作用，让学生在班级文化的熏陶中发现自身优势。（表 2-2）

表 2-2 “红脚印”班级红色文化展区

红色文化展区	红色文化解析
“红脚印”长征路	结合学校一日常规评比，在学生之间发起长征挑战，每周更新一次挑战结果，在活动和竞赛中激起学生积极向上的心态
“红脚印”排排队	展示团队每学期的目标、规划和总结，形成学习共同体，发挥团队力量
“红脚印”先锋榜	展示英雄模范和特长学生
“红脚印”馨语屋	学生有不愿意说的话，可以写信倾诉，然后将信放进信箱
“红脚印”的足迹	展示全班作品，看到每个人的成长
“红脚印”图书角	展示红色经典阅读书目，定期从学校图书馆更换书籍

（二）以“红脚印”元素打造班级软文化

1. 班级红色标识设计——标识红、寓意红、精神红

班徽寓意在红色革命教育之下，每个学生一步一个脚印，走出最好的自己，走出最精彩的自己。班级吉祥物叫“红点点”，是一个红色的玩偶，契合脚印的形象。“红”象征红色革命精神，是中华民族的代表色。“点点”寓意点点滴滴的进步。

“红脚印”班级班徽和吉祥物

2. 班级红色管理制度——全员红、竞聘红、轮岗红

“红脚印”团队是班级管理的细胞，为激发学生的责任意识，引导学生根据个人兴趣和特点制定目标，选择合适岗位，自主竞聘，充分体现学生的主人翁地位。在自主管理中树立规则意识，帮助学生养成良好的行为习惯。（表 2-3）

表 2-3 “红脚印”班级红色管理方式

红色管理方式	形式	具体操作
岗位设置	刚性+弹性，淡化层级	将班级日常运行中需要学生参与、自主管理的内容整合列出，按工作内容设置岗位
岗前培训	竞聘+评聘，目标导向	通过“招聘会”，由学生自由竞聘，最后共同确定最优人选
岗位练兵	履职+轮岗，过程引导	通过“私教课”与“工作清单”，指导“小当家”自我提升和完善，后期申请轮岗，定期向“红脚印”们述职，接受考评
岗位评价	自评+他评，激励成长	通过自评、他评、阶段性分层评比，结合质性评价与量化评价，为每个“红脚印”搭建历练平台，在体验中涵养自身品质

3. 班级红色评价制度——路径红、评价红、成长红

基于个体和班集体发展目标设置“五育红树林”综合评价体系，关注学生德、智、体、美、劳各个方面，动态追踪学生成长趋势，全面评估学生表现，实现“路径红、评价红、成长红”的动态发展评价目标。(表 2-4)

表 2-4 “红脚印”班级红色评价制度

<table>
<tr><td colspan="4">“五育红树林”</td></tr>
<tr><td>“五育红树林”</td><td>评价方式</td><td>具体操作</td><td>图示</td></tr>
<tr><td>
</td><td>奖章评价</td><td>五育红榜：依托红色奖章，评价学生学习习惯、行为品德、体艺特长、劳动品质</td><td><table>
<tr><td>种类</td><td>章目类别</td><td>具体奖章</td></tr>
<tr><td rowspan="12">基础章</td><td rowspan="4">红星章</td><td>向阳章</td></tr>
<tr><td>传承章</td></tr>
<tr><td>立德章</td></tr>
<tr><td>立志章</td></tr>
<tr><td rowspan="4">红旗章</td><td>梦想章</td></tr>
<tr><td>小主人章</td></tr>
<tr><td>团结章</td></tr>
<tr><td>健体章</td></tr>
<tr><td rowspan="4">火炬章</td><td>奉献章</td></tr>
<tr><td>劳动章</td></tr>
<tr><td>勇敢章</td></tr>
<tr><td>节约章</td></tr>
<tr><td>特色章</td><td>/</td><td>红色小灯塔章</td></tr>
<tr><td rowspan="10">星级章</td><td rowspan="5">个人章</td><td>一星章</td></tr>
<tr><td>二星章</td></tr>
<tr><td>三星章</td></tr>
<tr><td>四星章</td></tr>
<tr><td>五星章</td></tr>
<tr><td rowspan="5">集体章</td><td>一星章</td></tr>
<tr><td>二星章</td></tr>
<tr><td>三星章</td></tr>
<tr><td>四星章</td></tr>
<tr><td>五星章</td></tr>
</table></td></tr>
</table>

续表

"五育红树林"			
"五育红树林"	评价方式	具体操作	图示
	数字化评价	五育红网：借助班级优化大师，将阶段性评价、过程性评价，分项目做好对应等级或分数记录	
	五星评价	五育红评：通过自评、同学评、家长评、老师评四个维度，以五星的方式评价学生的德、智、体、美、劳发展情况	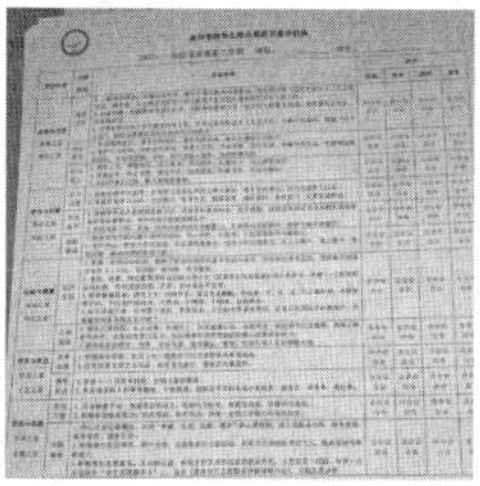

二、积跬步：创设成长课程，养成红色品质

以红色文化浸润为根底，以红色精神为导向，以主题活动为抓手，以特色评价为牵引，创设成长课程。大力开展爱国主义教育读书活动，广泛组织开展爱国主义实践活动，全方位落实学生红色品质养成，把成长的体验还给学生，在实践体验中统一认知、情感与行动，让他们从中汲取成长力量，养成良好的行为习惯，磨炼美好的红色品质。根据学生的身心发展特点，每年聚焦一个核心品质的养成目标，塑造有红色基因的时代新人，将红色精神一代代传承下去。（表 2-5）

表 2-5 "红脚印"班级成长课程体系

成长营	习惯红训练营		品质红熏陶营		责任红成长营	
年段	一年级	二年级	三年级	四年级	五年级	六年级
红色品质	文明	勤劳	坚毅	团结	民主	担当
特色评价	文明奖章	劳动银行	长征行动	团队摘星	规则擂台	责任清单
体验活动	习惯训练营	劳动微秀场	重走长征路	红色寻访	班级辩论赛	红色宣传团
主题班会	倾听习惯 言行习惯 学习习惯 交往习惯	自理能力 班级值日 校园大扫除 帮忙做家务	学会坚持 克服困难 不怕挫折 勇敢拼搏	热情待人 真诚付出 互助合作 和而不同	学会协商 民主表决 友好辩论 反思实践	对自己负责 对他人负责 对集体负责 对社会负责
红色阅读	"红脚印"故事屋		"红脚印"书友会		"红脚印"大讲坛	

（一）习惯红训练营：关注自我

低段学生关注自我。顺应学生的特点，这个时期应重点聚焦习惯养成。因此，我以“讲文明”和“爱劳动”为抓手，开展趣味横生的“文明奖章”和“劳动银行”特色评价方式，创设“习惯训练营”和“劳动微秀场”体验活动，让主题班会的内容从课堂拓展到常态行动。同时结合低段“红色小脚印”的兴趣点和接受习惯，每月开展“红脚印故事屋”红色阅读活动，以喜闻乐见的阅读形式，大力开展爱国主义教育读书活动。

（二）品质红熏陶营：关注他人

中段学生关注他人，渴望融入集体，得到同伴的肯定。因此，我以“坚毅”和“团结”为抓手，以“长征行动”和“团队摘星”特色评价学生成长，开展丰富多彩的红色寻访活动，借助班会提供不同的相处策略，引领学生学会合作、学会互助、学会坚强。同时每月举办“‘红脚印’书友会”，在教育灌输和潜移默化中，引导学生树立和坚持正确的历史观、民族观、国家观、文化观。

（三）责任红成长营：关注社会

高段学生思考问题将更深入，对于未来充满期待。因此，我从“民主”和“担当”的角度创设一系列关注校园、关注社会的体验活动，启发学生思考自我与校园、与社会之间的关系。引导学生关注班级内热门且存在争议的话题，召开听证会，制定班级公约，让民主意识生根发芽。在“红色宣传团”中明确对自己、对他人、对集体、对社会的责任。同时在“红脚印大讲坛”中，引导学生不断增强对中华民族的归属感和认同感。

三、齐同步：协同家长共育，拓宽红色路径

家长是“红脚印”成长的助力，也是全员育人的合力。构建新型的家校共育体系，不仅让学生成长更有资源，更是让父母也成为红色成长的对象。（表 2-6）

表 2-6　“红脚印”班级家校共育

阶段	低段	中段	高段
	红色小脚印	红色中脚印	红色大脚印
目标	同心	同行	同育
载体	梦想红	寻访红	家风红

续表

	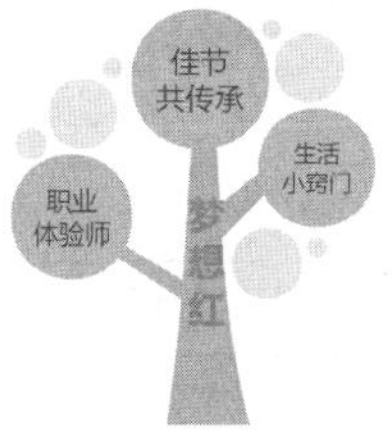		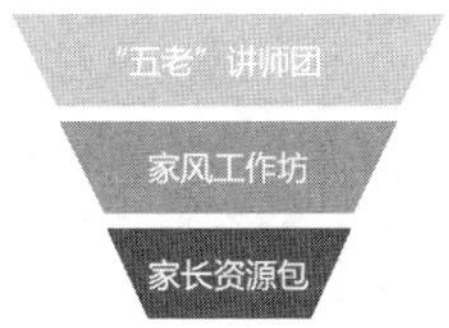

（一）红色小脚印：同心，梦想红

鉴于班级内家长不同的职业，特开设家长课堂，为“红脚印”们打开新的路径。家长课堂有职业体验师、佳节共传承、生活小窍门三个主题，充分发挥家长特质，让学生从不同视角习得新知、收获成长，自觉延续文化基因，增强民族自尊心、自信心和自豪感。

（二）红色中脚印：同行，寻访红

各级各类爱国主义教育基地，是激发爱国热情、凝聚人民力量、培育民族精神的重要场所。为了把“陪伴”做到高效又充实，寻访前和父母一起策划行程安排，寻访时和父母一起参观家乡的红色革命教育基地，寻访后和父母一起制作丰富的寻访成果。在寻访中孕育学生的社会责任感、创新精神和实践能力。

（三）红色大脚印：同育，家风红

由于在教养方式上存在差异，家长也需踏上成长之路。班级开设家风养育坊，分为三阶：一阶入格，开设家长资源包，帮助家长解决养育难点；二阶出格，开设家风工作坊，借助班级内优秀家长资源，传递优秀家风；三阶风格，开设“五老”讲师团，组织和动员家长中的老干部、老战士、老专家、老教师、老模范等人物，讲述亲身经历，弘扬爱国传统，多层次、全维度培育爱国主义情怀。

四、勇跨步：参与社会实践，创造红色新意

红色革命教育的步伐不是停留在班级，而是要走向社会，走向新时代。通过组织学生参观纪念馆、展览馆、博物馆、烈士纪念设施，参加军事训练、冬令营夏令营、学雷锋志愿服务、公益活动等活动，在有趣而充实的社会实践中凸显“实践育人”的功能，进一步培养学生社会责任感，让他们成为学校和社会的重要参与者，引导学生更好地了解国情民情，强化责任担当。（表 2-7）

表 2-7 "红脚印"班级社会实践活动体系

阶段	低段	中段	高段
	红色小脚印	红色中脚印	红色大脚印
目标	服务红	策划红	议事红
载体	参与社区环保活动	策划社会公益活动	助力儿童友好城市建设

（一）低段：敢于实践，服务红

低段学生的社会实践活动难度不大，以参与为主，培养敢于实践的意识。以学习雷锋精神为主，把奉献精神付诸行动，如"清扫社区垃圾"。社区环保活动虽然是力所能及的小事，但是这样的实践活动既体现了自身的文明素养，又体现了关注社会环境、公民道德的素养。

（二）中段：善于实践，策划红

习近平总书记在党的二十大报告中强调要守正创新。中段学生已有较多的实践经验，可以策划实践方案，在实践中培养创新意识。学生从社区走向更广大的社会，并自主策划丰富的公益活动，促进学生成为一个胸怀国家、有担当的人。

（三）高段：乐于实践，议事红

高段学生的社会实践能力与创新思维能力逐步提升，以提案的形式关注社会中的好事和坏事，以小公民的身份参与社会中的大事和小事，成为城市治理品质的重要评价因子。江苏省"十四五"妇女儿童发展规划，首次提出了全域建设儿童友好城市。作为城市的小主人，对于苏州市创建儿童友好城市，"红脚印"们也有很多自己的想法，他们讨论并撰写了提案，为新时代城市建设提供更多的创意。

特色与成效

一、坚持儿童立场，绘出红色成长路线

"红脚印"班级育人方略，充分尊重儿童立场。根据学生成长的自然规律，设计富有针对性和进阶性的班级德育活动，绘制出适应学生发展的红色成长线。以红色革命教育为主题，从"红色小脚印"到"红色中脚印"，再到"红色大脚印"的进阶，清晰、可视化地展示成长路径，既体现了不同学段的主题侧重，又体现了整体推进，具有系统性。

学生在校内外革命文化教育资源的教育场中，将革命文化传承、习得、体验、外显及内化，实现了正成长。以红领巾假日小队、夏令营等形式开展了几十次的爱国主义主题研学活动，班级优秀学生共计 80 人次，在国、省、区、市各个平台上获得了大奖。

二、立足班级建设，形成红色育人途径

“红脚印”班级育人途径丰富，有文化育人、课程育人、协同育人、实践育人等，从不同角度全员、全程、全方位促进学生动态发展，使红色革命教育成为每一个学生的文化底蕴。同时，所有的育人途径基于学情，又高于学情，学生的发展是向上的、前进的。

与此同时，班级的活动成果更是得到多家媒体的关注，多次在“全国少工委”、“中国红领巾”、“红领巾集结号”等权威公众号和《中国少年报》等权威报纸杂志上发表。通过媒体的力量，我们的活动得到了更多人的支持和参与。

三、面向时代未来，创新红色发展维度

“红脚印”班级育人方略，注重整合家庭、学校、社会各方面的教育资源，创造出全方位、多维度的育人体系。这与习近平总书记在全国教育大会上的重要讲话精神、《中华人民共和国家庭教育促进法》的文件精神都是不谋而合的。

一系列的活动经过全体学生的共同努力，充分发挥了红色基因教育铸魂育人的积极作用，弘扬了新时代的雷锋精神，培养了学生的奉献精神，引导了少年儿童传承红色文化，做担当民族复兴大任的时代新人，广泛宣传了习近平总书记对少年儿童的希望要求，营造了红色文化宣传氛围，厚植了爱党爱国情感，深刻挖掘了红色资源，打造了“红脚印”班级独特的“三阶四步”红色品牌。

礼德育人　让生命之花幸福绽放

——明礼崇德班集体构建方略

班情分析

一、学生基本概况

班级共有学生 50 人，男生 25 人，女生 25 人，来自全国十多个省份。大部分学生都天真活泼，个性鲜明。每学期初我都会进行班情动态调查，了解学生的情况。最新的班集体调查显示：学习态度方面，多数学生都认为学习是件有意义的事情，学习态度端正。健康成长方面，学生中佩戴眼镜的有 6 人，占比 12%，近视率控制处于优秀水平；班级学生的身高，整体处于青少年发展的中上水平。阅读图书方面，家有图书超过百本的有 46 人，占比 92%。

二、家庭情况分析

学生家庭中二胎家庭有 13 个，占比 26%；单亲家庭 1 个，占比 2%。关于家庭父母的文化水平，学历为研究生及以上的有 6 人，占比 6%；学历为本科的有 18 人，占比 18%；学历为中专及大专的有 36 人，占比 36%；学历为高中及以下的有 40 人，占比 40%。由此可见，班级的部分家长学历并不高，从事的工作也比较繁忙。

三、礼德教育情况调查分析

对礼德教育进行的调查中，班级学生掌握倾听之礼的有 12 人，占比 24%；掌握进餐之礼的有 8 人，占比 16%；掌握仪式之礼的有 11 人，占比 22%；掌握乘车之礼的有 18 人，占比 36%；掌握问候之礼的有 17 人，占比 34%。由此可见，学生对基本的礼仪规范较为欠缺。家庭教育方面，生活中有意识进行礼德教育的家庭仅为 8 个，占比 16%，同时调查显示所有的父母都赞同加强礼德教育，因此无论从学生的实际情况着手，还是从家长的迫切需求出发，开展礼德教育都非常有必要。

育人理念

党的二十大报告指出：育人的根本在于立德。习近平总书记强调，人无德不立，品德是为人之本。止于至善，是中华民族始终不变的人格追求。

人而无德，行之不远。没有良好的道德品质和思想修养，即使有丰富的知识、高深的学问，也难成大器。

近年来，社会生活飞速发展，社会生活场景愈发多样，中华传统礼仪文化需要传承和发展。新时代的少年儿童只有不断地提升自身的道德水平，继承中华优秀的礼仪文化，才能更好地为自己成长、为社会发展、为国家富强贡献力量。

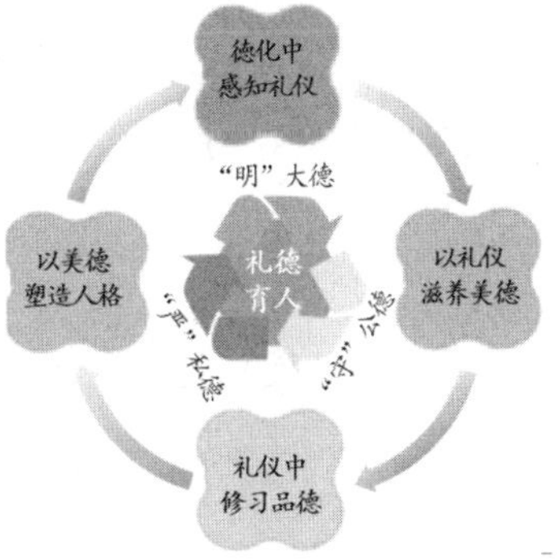

育人理念

新时代礼德教育的重要任务是引导青少年学礼明德、崇德修身，大德需要“明”，学习与践行社会主义核心价值观，厚植爱国主义情怀；公德重在“守”，倡导公共精神，遵守公共道德规范；私德落在“严”，严于律己，慎独慎微，时刻以较高的道德水准来要求自己。在班级的建设中探索在德化中感知礼仪，在礼仪中修习品德，以礼仪滋养美德，以美德塑造人格的教育理念，形成具有特色的“礼德育人”新模式，打造明礼崇德班集体，培养有德讲礼好少年。

班级发展目标

一、总目标

班级不仅是学生学习的场所，更是他们共同生活、成长、发展的场域，因此我以班级学生缺乏相应的礼仪教育的现实情况为基础，结合新时代礼德教育的重要意义，确立了开展礼德教育主思路，设置了构建明礼崇德班集体的总目标，开展礼德教育，构建明礼崇德班集体。以礼养德，旨在让班级的每一位学生，在共生、共情、共享、共长、共悟的班集体建设中继承中华传统美德，弘扬社会主义道德，崇德向善，见贤思齐，让生命之花幸福绽放。

班级发展总目标

二、阶段目标

低段：熟知日常生活礼仪，区分在不同生活场景中的不同礼仪。

中段：掌握各项基本礼仪，在日常生活中有意识地践行。

高段：全面掌握日常生活礼仪、传统礼仪、新时代网络礼仪。将礼仪规范内化为良好的礼仪习惯，在礼仪中修习品德，以礼仪滋养美德，形成良好的人格。

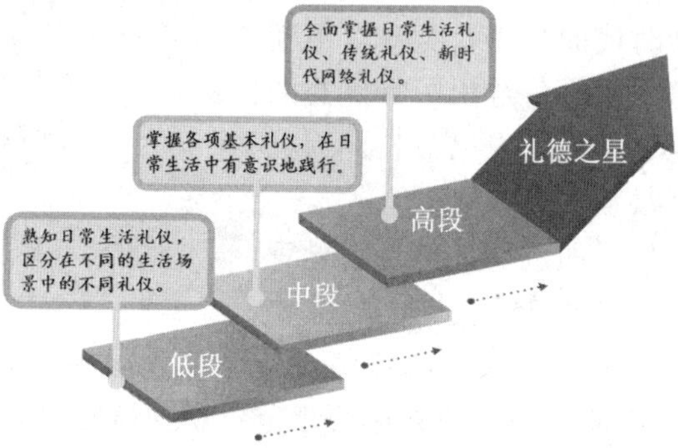

班级发展阶段目标

班级建设实践

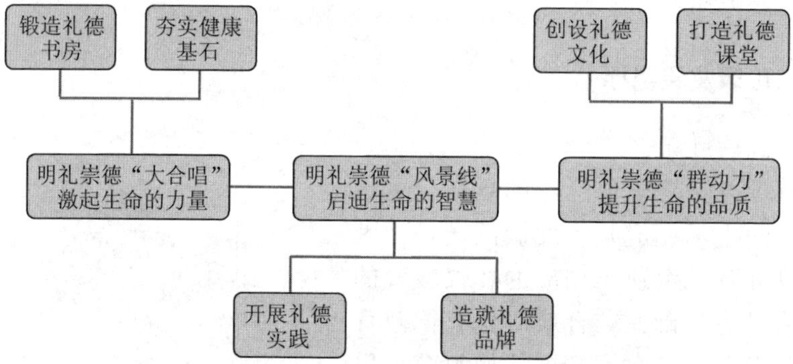

班级建设实践

一、唱响明礼崇德的“大合唱”，激起每一个生命的力量

明礼崇德追求的是让每一朵生命之花可以幸福绽放，以阅读作为养料，以健康素养的提升作为保障，积蓄成长的内在力量。优秀的书籍就如蒙蒙春雨，将爱国主义、传统美德、革命理想、道德情操无声无息地飘洒入学生的心田，在他们的心中生根、发芽。设立“海容阅读日”，建设小小读书吧，开设午间听读课，参加学校阅读节，充分利用学校阅读馆，开

辟班级阅读角，设立班级阅读周，以阅读滋养礼仪，浸润道德养成。

（一）落实学生主体，锻造“腹有诗书气自华”的礼德阅读

1. “礼德书房”

德性的养成除了行为习惯的外铄，还应考虑内在的修炼，而阅读就是这样的内练过程。2023 年全国教育工作会议指出，“要把开展读书活动作为一件大事来抓”。打造“礼德书房”，在班级和家庭两大场景中打造全景阅读场，用阅读浸润学生德性的养成。

2. “海容阅读日”

设立“海容阅读日”，晨起朝诵，午间听读，幕间静阅，全天候时时阅读。设立班级阅读周，阅读打卡互相激励。种植小小阅读树，点滴积累，茁壮成长。以学校阅读节、名著配音展、课本剧展演、亲子共读坊等形式，滋养礼仪，浸润学生道德的养成。

（二）提升健康素养，夯实“鹘似身轻蝶似狂”的健康基石

好的教育应不牺牲孩子的健康发展，竭尽所能挖掘每一个孩子的潜能，让每个孩子找到适合自己的道路并对未来充满信心。我在班级中开设了澄馨家心灵驿站，开展班级全员运动会，开展爱眼护眼小行动。让孩子在澄澈、自由的天空下，在温馨、暖暖的关怀下，崇德向善，活出真实、健康的自我。

1. 澄馨家心灵驿站

开设澄馨家心灵驿站，以个案帮助、团体辅导、心理剧场等方式，构筑学生心理健康网。习近平总书记提出“健康第一”的理念，促进学生的身心健康发展始终是我带班遵循的根本理念。

2. 健康成长套餐

个性设置健康成长套餐，开展班级全员运动会，人人掌握一项体育技能，提升学生的健康素养。

3. 爱眼护眼小行动

开展爱眼护眼小行动，做好班级近视防控工作，呵护学生的明眸慧眼，为学生打造一个健康、快乐的班级安全网。

二、激发明礼崇德的“文化动力”，提升每一个生命的品质

“礼”既追求善，也追求美。班级建设中我把“以美化礼”作为礼德教育的重要策略，将“美”浸润到礼德教育的全过程，将认知美、感受美、创造美与“礼”文化有机结合，在班级内创设美的环境，打造美的课堂。

（一）创设美的环境，打造“秋水共长天一色”的礼德文化

1. 礼德文化空间

道德教育不仅要重视显性教育，还要注重隐性教育，充分发挥文化环境潜移默化、润物无声的育人作用，在良好的文化氛围中发展道德自觉。班级是儿童学习和生活的地方，是他们心灵交汇、道德生长、人格完善的场所，也是他们学习礼仪章约、践行礼仪规范的主要空间。班级建设要充分挖掘环境教育资源，让一砖一瓦彰显礼德教育的灵动创意，让一花一草可寻礼德教育的文化脉络。明礼崇德文化场景的设计中，我以学生为主体，由学生自主设计、合作布置班级环境，让整个班级形成浓厚的班级主题文化氛围，让学生在良好的礼德氛围中发展道德自觉。

2. 礼德创意手作

学生自主设计，进行创意手作，在创作中了解礼仪文化，形成浓厚的班级主题文化氛围，浸润成长。班级定期开展手作展，以版画、印染、服装设计等多种形式展示，集戏曲、雕刻、书法等多种元素于一体，传统与现代并行，让学生的个性飞扬，舞动美好。

学生作品展示

（二）立足课堂阵地，打造“柳暗花明又一村”的礼德课堂

1. 礼德课程

贝德纳认为，礼仪教育的本身就是教育应有的样子。学科教学的最高境界也是一场“学科的礼仪教育”，而课程是育人的主媒介。因此，我全面深入地梳理、讨论、制定了本班的礼德课程，每天的德育晨会有主题，每周的主题班会有内容，每月的德育作业有反馈，促进儿童主动发展、和谐发展、全面发展，锤炼儿童明礼崇德的品格。班会课是班主任的重要阵地，班会课不是单纯的“演绎”，而是更加注重精彩的课堂生成，从个人与集体两大场景维度整体系统构建习礼班会课程。课程分为三大层次，第一层次为礼仪常识，包括学习礼仪、进餐礼仪、形象礼仪、交往礼仪、仪式礼仪等；第二层次为情智培养，包括自我意识、情绪管理、自我激励等；第三层次为人格修炼，包括理想教育、责任担当、家国情怀等。礼德课堂的内容丰富，从日常的生活礼仪、勾连传统的文化礼仪再到连接时代

发展的如网络礼仪，不仅提升了学生的礼仪修养，还能够激发学生的情感共鸣，增强学生对现实生活的理解力，实现德礼化人、知行合一，在层层递进中锤炼儿童明礼崇德的品格。

2. 礼德作业

精心设计每月的礼德课程作业包，以互动性、体验性、成长性为设计标准，以提升学生的礼仪修养，激发学生的情感共鸣，增强学生对现实生活的理解力为目标，以读、写、画、拍、演、览等多种学生喜闻乐见的方式推进，有评价、有展示、有反思、有收获，让德育作业生发成长的力量。

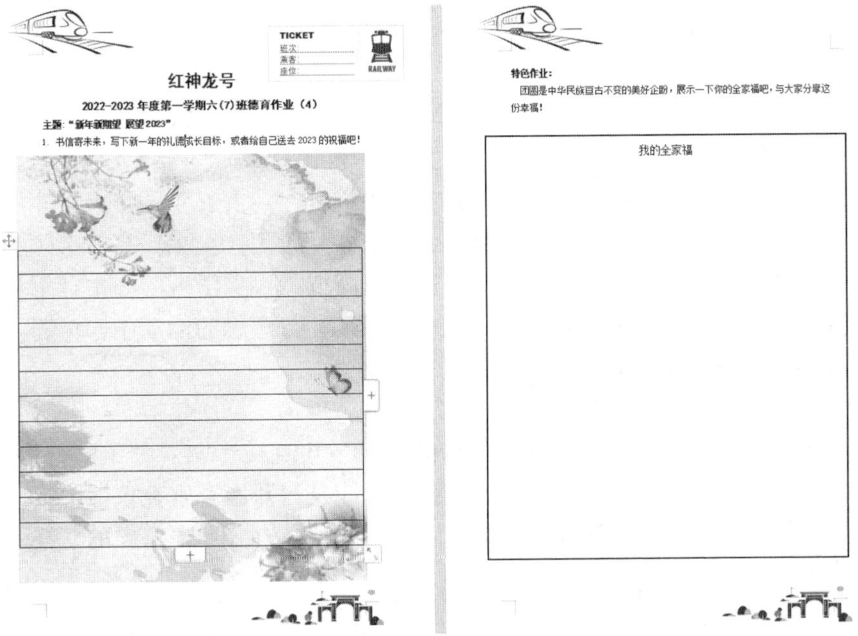

德育作业

三、打造明礼崇德的实践品牌，启迪每一个生命的智慧

丰富多彩的实践活动，为学生的礼仪修习提供了充足的养分，丰富了道德教育的内涵，为其道德发展提供了动力和方向。

（一）具化德育载体，开展“万紫千红总是春”的礼德实践

1. “一月一仪”礼德实践

立足小学生学校生活的重大节日，紧扣“八礼四仪”的实施标准，对照《中小学生日常行为规范》，并结合班情、学情、地域特色等要素，我班形成富有特色的“一月一仪”明礼崇德系列活动，将主题鲜明、形

式多样、内容丰富的仪式教育，涵育并内化为学生良好的礼仪和美好的品格。

2. “花开四季”礼德实践

自然是最好的老师，以自然为背景，与自然万物发生连接，以节气农历为依托，开设了春起、夏承、秋收、冬合为主题的“花开四季”礼德活动。每年五月的“铃兰花开”成长活动，开设“护蛋知感恩”“成长足迹展”“见字如面——一封家书”等活动；每年六月的“栀子飘香”休业活动，搭建学生舞台，珍视学生的点滴进步；每年十月的“桂花飘香”礼赞活动，激发学生热爱祖国、祝福祖国的情感，让人人成为那一抹亮丽的“中国红”。“花开四季”礼德主题实践，激发学生的情感共鸣，使其养成良好的礼仪习惯，培养学生热爱学校、热爱集体、明礼守规、乐学自信的品格。

（二）贯通德育资源，造就“天工人巧日争新”的礼德品牌

1. 行走思政课礼德品牌

习近平总书记指出，中华民族伟大复兴终将在广大青年的接力奋斗中变为现实。打造行走思政课礼德品牌，将小课堂搬到社会大舞台。带领学生寻访红色场馆、看望革命老兵、走进科研高校……在学生的心中种下从小听党话、长大跟党走的红色种子，在有意义、有意思的活动中，培养心中有信仰，脚下有力量的时代新人。

2. 家庭礼仪课礼德品牌

父母是孩子的第一任老师，父母的言行举止直接影响着孩子的行为，在班级建设中积极利用家长资源，开设礼德沙龙，开展家庭礼仪课，提升家长的礼德素养，在汇聚开放多元的育人资源中，充分发挥家长的榜样示范作用。

3. 以劳习礼品牌

劳动有着独特的育人价值，在班级建设中充分发挥劳动的育人功能，以劳习礼，以劳育德。我与班级的学生合作，共同设计了班级劳动“口袋书”，以班级学生为原型，设计劳动卡通代言人“小苏”和“小铁”，加上贴近生活的场景创设和朗朗上口的儿歌指导，实现以劳习礼，以劳育德。

班级卡通代言人

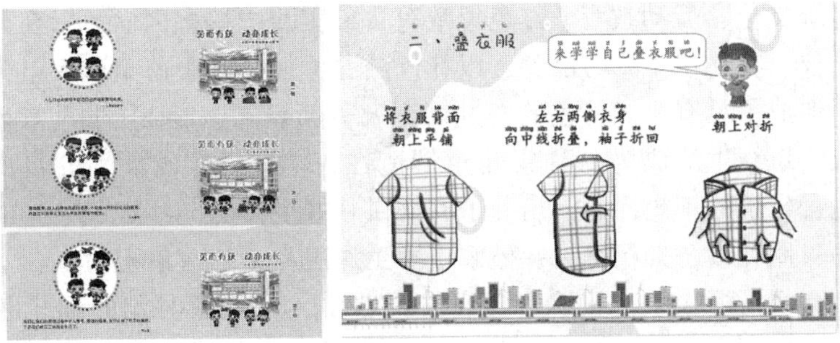

班级劳动“口袋书”

（三）构建多元评价，擘画“自有云霄万里高”的礼德育人同心圆

1. 多元、增值的礼德评价

德育评价在班级建设中发挥着重要的导向、激励和反馈等功能，是促进学生道德发展的重要推动力。我以儿童的全面发展为本，创建了多样性、开放性的评价方法。班级主要采用互动性评价，包括教师评价、学生评价（学生自评和学生互评）、家长评价等，由多方主体参与，能够更加全面评价学生的礼德成长。在此基础上，以增值性评价为指导，全面关注学生道德发展的“增加”部分，从动态、发展的角度关注学生的礼仪掌握情况，激励学生进步。

2. 礼德“银行存折”

班级构建明礼崇德评价体系，我们班的孩子人手一本“银行存折”。每当他们完成一个成长目标，就可以获得 10、20、30 的积分，累积的积分可以在“礼德银行”换取班币，继而在心愿清单上选择自己心仪的奖励。

3. 礼德点赞卡

日常生活中我随身带着礼德点赞卡，随时写下观察到的场景，用激励式评语呈现出来。如“新年新学期，第一个到学校，真不错”“今天秋游，学会垃圾分类投放，真是好习惯”等。当学生收到这些积极鼓励的纸条时，特别欣喜。依托多元、增值评价体系，我们班编制《“礼德”评价手册》，每月开展评选；每个学期结束，班级会举行“礼德之星”颁奖礼，评选班级礼德之星。

特色与成效

以礼德课程体系为依托，以礼德品牌实践为抓手，以礼德多元评价为动力，从个人、班级、家庭三维出发，围绕礼德育人的总目标，从生命健康、传统文化、劳动教育、红色思政等具象实践中挖掘内涵，以在德化中感知礼仪、在礼仪中修习品德、以礼仪滋养美德、以美德塑造人格为教育理念，形成了具有班级特色的“礼德育人”新模式，形成了明礼崇德的良好班风。班级生活成为一种集儿童创造性、体验性、发展性的自由、舒适、适合生长的理想样态，培养了有德讲礼好少年。

一、明礼仪，知标准——破解了学生深度喜爱的流量密码

从真实情境入手，从学生真实需要着手，从点滴时刻的细化教育下手，以学生喜闻乐见的方式推进，为学生量身定制个人礼德成长专属礼包，使学生对基本的礼仪规范有明确、系统的认知。礼德教育，让每一个孩子自由成长，让生命之花自由绽放。

二、深学习，真践行——搭建了学生礼德成长的关键支架

班级礼德育人的开展让学生站在教育的中央，礼德环境的浸润，礼德实践的体验，礼德课程的涵养，为学生架起崇德向善的桥梁。我班的礼德实践活动广受好评，在中国少年先锋队、关心下一代周报等官方平台相继报道。礼德教育，让每一个孩子灵动美好，让生命之花多彩绽放。

三、促内化，成习惯——获取了学生明礼崇德的金钥匙

在良好的班级氛围下，一批批优秀的孩子在茁壮成长着，近几年班级学生获评省市级奖项和荣誉近百次，班级处处生发向美、向善、向上的力量；一位位家长们携手前进着，每学期的礼德沙龙和礼德家访做到班级家庭 100%全覆盖，班级近 1/4 的家长获评优秀好家长称号；而我也在不断地反思着、前进着，共写下 80 多篇教育随笔，这些美好的故事和教育的方法也在《江苏教育》《辽宁教育》《班主任》《中小学班主任》等期刊上发表。从开展礼德育人以来，学生知礼、明礼、行礼，心灵的舒展与礼仪规范的习得、道德品格的涵泳同时发生，实现了孩子们从内心的欢喜到深度的真正参与。

班级是师生共同学习生活的生命场。在未来的班集体建设中我会继续前行，德礼共融，努力点亮每一名学生的生命之灯，当好学生成长的引路人，让生命之花幸福绽放！

时刻准备着：成为具有"螺丝钉"精神的时代新人

——"小螺钉班"带班育人方略

班情分析

2017年与这54位活泼泼的孩子相逢，他们来自54个截然不同的家庭，有着鲜明的个性和不同的行为特征。通过问卷、家访、投票等前期调查，我有以下发现。

一、家长方面

年轻的家长们学历高，工作忙，自我意识强，总担心孩子会在与人相处中"吃亏"，期望老师特殊照顾，多方关注，却不愿为集体和学校多付出。(表2-8)

表2-8　问卷调查结果汇总表

祖辈参与抚育学生人数	45	留守儿童人数	4
家长希望老师关注的问题	1. 生活自理方面：不会系鞋带、收拾物品（80%） 2. 性格方面：内向害羞，胆小，不会友善交往，容易受欺负（60%） 3. 学习方面：缺乏主动性，喜欢拖拉（55%）		
家长本科以上学历人数	19	家长愿意参加志愿服务人数	12

二、学生方面

他们大多才艺广泛，各有长处，却缺乏一个能展示自己的平台，缺少一个能锻炼的岗位，因此缺乏一种自我价值感。

有些同学习惯了作为家中的小明星，却缺少一个认识他人的机会，难以正视自己，难以发现他人的优点和长处，因此缺乏在集体中的协作意识。

受到家长的影响，孩子们鲜有社会实践和志愿服务的机会，容易成为精致的利己主义者，缺乏一种担当大任的社会责任感。

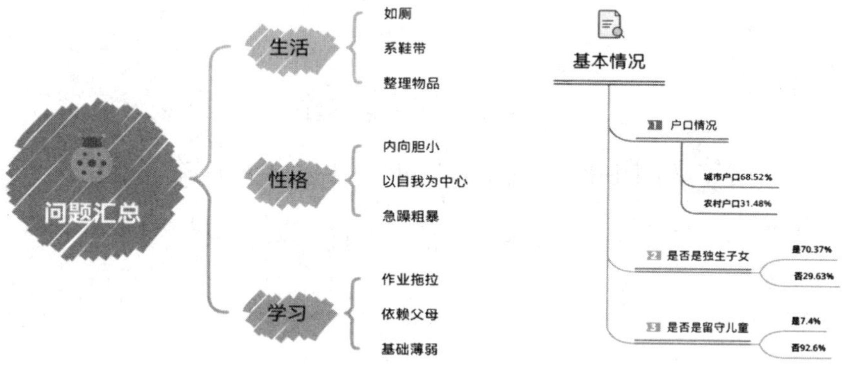

汇总的问题

育人理念

习近平总书记在中国共产党第二十次全国代表大会上的报告指出：深入开展社会主义核心价值观宣传教育，深化爱国主义、集体主义、社会主义教育，着力培养担当民族复兴大任的时代新人。习近平总书记也曾说过，雷锋精神永不过时。

从雷锋同志具备的“螺丝钉精神”出发，我们应当引导孩子学习其“干一行爱一行钻一行”的个体责任意识，学习其“个人服从整体”的集体意识，学习其“为人民服务”的社会奉献意识。我们的孩子应该传承这种永不过时的“螺丝钉”精神，在个体层面拥有自己独特的价值去发现美，在集体层面不可或缺地去创造美，在社会层面继续发扬去传递美。

基于此，我形成了“建设班级共同体，培育拥有自我认同感、集体荣辱感和社会责任感的新时代好少年”育人理念。

班级发展目标

小学低年级（一二年级）：培养孩子的自主意识、自理能力、个人修养，让每个孩子都能发现自己和他人的闪光点并在实践中获得提高。

小学中年级（三四年级）：培养孩子的集体意识、协作能力、道德品质，让班级力量聚沙成塔，迸发无限生机和活力。

小学高年级（五六年级）：培养孩子的社会意识、服务能力，健全学生的人格，让立德树人深入班级的发展，让以民族复兴为己任的理想贯穿孩子的成长。

致力于打造一个凝聚力强、班风优良、学风勤勉、积极向上的“螺丝钉”班级，让班集体在学习、活动、健全人格、志愿服务等多方面都可以迸发青少年的正能量。

以“螺丝钉”精神润泽每个孩子，激发他们的内驱力，让他们成长为有自信、懂协作、讲奉献的“小螺钉”。

实践做法

雷锋曾经说过：“一滴水只有放进大海里才永远不会干涸，一个人只有当他把自己和集体事业融合在一起的时候才能最有力量。”因此，我制定了“小螺钉”带班育人方略，促进儿童在集体中找到自我价值，在完善自我的同时共推集体发展，为将来能投身社会主义事业时刻准备着。

一、“钉”在岗位更自信——个人层面发现美

马克思说：“只有在集体中，个人才能获得全面发展其才能的手段，也就是说，只有在集体中才有可能获得个人自由。”而这种真正意义上的自由来源于他们个人才能的应用和发展。

（一）“显微镜”：发现每位学生的闪光点

根据不同孩子的个性差异、兴趣特长、行为方式乃至身体素质等因素，发掘每个孩子的闪光点，并且帮助其了解自己、培养自信，让这样的微光逐渐变亮、变强。

1. 微光表：从老师的角度发现优点

将每位学生的姓名嵌入空白的“小螺钉”微光表，细细观察。调皮的他却总是热心帮助老师干活，他自己种植了两盆绿油油的吊兰，他总是能早早地到达教室……见微知著，用上显微镜，去发现每颗“小螺钉”的身上都有光可寻。渐渐地，表格填充得饱满了，每颗“小螺钉”都有了自己的闪光点。这也成了上演带班精彩

[illegible]	架子鼓、街舞	马书瑜	歌唱小百灵，合唱团成员
[illegible]	军事达人，精通机械武器	陈晰	明亮的眼睛，擅于发现细节
[illegible]	手抄报、海报设计精良	李煜涵	读书声音响亮，胆大心细
包礼星	跆拳道黄带	王梓萌	精通外语，有4年巴西学习经历
高成昱	种植小能手	赵文希	灵魂人物，绝对的领导大boss
章文博	敢于表达不同意见	孟诗涵	擅于收纳整理
张铭航	萨克斯演奏家	丁伊一	古筝十级，爱交朋友
詹翊凯	擅于自编自唱歌曲	蒋子骏	扫地能手，卫生死角的天敌
刘子睿	漫画高手，热衷画画	吉延熙	拼图高手，1000片拼图一下午完成
梅夏	声音动听，音色优美	吕欣琪	班级威信高，管理能力强
李利濛	组织大扫除的一把好手	李嘉颖	水墨女孩，水墨画水平高
许泽浩	擅于采购，班级采购员	周欣怡	控场王，气氛担当
康新懿	电脑编程大师	王艺霏	小作家，语言优美，描写生动
曹栩丞	幽默风趣，笑话大王	[illegible]	擅于设计各种小游戏
陈浩	团结友善，班级调解员	戴可欣	班级讲解员，语言表达能力强
孙杰	大力士，力大无穷	何苏予	很会照顾人，同学们的大姐姐
徐冕	不计较，吃亏是福	王馨婕	总是很早到校，从不迟到
梁景瑜	不记仇，宽宏大量	赵梓枫	书法小天才，硬笔软笔都擅长
赵俊逸	博学小书生，阅读量极大	吴曦涵	熟练掌握医疗常识
纪嘉辰	数学先锋，解决数学疑难杂症	魏语阳	手艺人，擅于各种手工作品
陈宇凡	百科地图，校园里的地方都认识	刘艺晗	小小舞蹈家，舞姿优美，多才多艺
吴雨	故事大王，讲述生动有趣	陈玥雯	中草药大师，春晖园高级小药师
王文博	计算达人，年级口算第一	张智轩	班级账房先生，计算细致
刘烨	人肉雷达，总是能找到同学	路嘉懿	擦窗能手，在他手下，窗明几净
吴子腾	短跑健将，年级50米第一	倪怡茹	记录又快又好
蔡昊宇	击剑名将，区击剑第一	王文杰	光盘先锋，食堂阿[illegible]的最爱
肖文博	灰尘的宿敌，打扫干净快速		
张瑛浩	人群中的引领者		

“小螺钉”微光表

好戏的基础脚本。

2. 自荐书：从自身的角度了解优点

老师了解还不够，还需要他们自知优势。于是我设置“小螺钉招募令”，引导学生进行自荐。一封封自荐书，是孩子们对自己的深刻剖析，也是他们自知的过程。通过自荐、互荐和师荐，每颗“小螺钉”都有了自己的岗位。

3. 名人堂：从同学的角度认可优点

借助学生的优势，搭建平台，培养自信。在“小螺钉”名人堂中，每周都有一位同学站上讲堂，也许是一次战斗机知识普及，也许是一次古筝基础知识入门，还可能是一次如何把地拖得干净锃亮的分享……在展示历练中，学生们增长见识，增加勇气，增强信心。

“小螺钉”自荐书

我的姓名		应聘岗位	
自荐理由			
缺点自析			
改进措施			
岗位规划			
班级谏言			

“小螺钉”自荐书

（二）“平面镜”：培养每位学生的责任心

“适性扬才”让“小螺钉”们自知、自信，那么用好平面镜，就会让他们富有责任担当意识，变得自强。这就需要让“小螺钉”们在各个岗位上有迹可循，有纪可遵，有记可查。

1. 工作指南

鼓励学生利用自己的特长生发智慧，群策群力，通过请教老师、家长、专业人士，以及在网上搜索资料、查阅书籍等方式，自制一本“小螺钉”工作指南，详细地给“小螺钉”们的后续工作提供专业的指导。在前期架构、中期充盈、后期成册过程中，“小螺钉”们做到了不仅知己，而且知彼。

2. 小管家承包责任制

规范引领之后，同学们对岗位、责任进行了明确、细致的划分，班级设立八大管家和四十六小管家，确保人人有事做，事事有人做。举办小管家承包责任制签署会议，会议庄重严肃，每一颗“小螺钉”都郑重其事签订“小螺钉”承包责任书。孩子们还制作了自己的工作牌和岗位标识，开启了班级承包责任制新时代。让孩子成为自己的管家，共同管理班级。

“小螺钉”工作指南

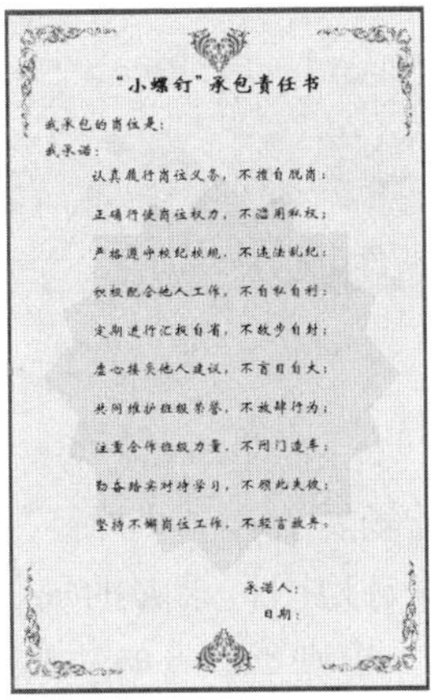

“小螺钉”承包责任书

我承包的岗位是：

我承诺：

认真履行岗位义务，不擅自脱岗；

正确行使岗位权力，不滥用私权；

严格遵守校纪校规，不违法乱纪；

积极配合他人工作，不自私自利；

定期进行汇报自省，不故步自封；

虚心接受他人建议，不盲目自大；

共同维护班级荣誉，不放肆行为；

注重合作班级力量，不闭门造车；

勤奋踏实对待学习，不顾此失彼；

坚持不懈岗位工作，不轻言放弃。

承诺人：

日期：

“小螺钉”承包责任书

3. 漂流日记

在班级责任承包过程中问题难免，引导学生及时反馈提高是关键。同学们借助“小螺钉”漂流日记记录反映当日班情，出勤表现、突发情况、红黑榜都可以成为记录内容，我们通过漂流日记进行每日小结、每周总评、每月集会，让责任担当深入每颗“小螺钉”心中。

在让“小螺钉”们有迹可循、有纪可遵、有记可查的过程中，帮助孩子们由“扶着走”变成“自己走”，自强起来的他们在未来才能“跑得快”。

二、“钉”在班级更强大——集体层面创造美

马卡连柯说：“每当我们给个人一种影响的时候，而这影响必定同时应当是给予集体的一种影响。”各美其美的“小螺钉”们有了属于自己的微光，将这份微光汇集在一起，聚光成阳，这样的班集体才会迸发出巨大的温暖和能量。

（一）“滤镜”：班徽班歌奠定班级环境文化

班级环境文化布置对儿童的身心发展具有重要的影响，教室环境文化是一种隐性课程，对孩子的教育意义是潜移默化的，让环境追随教育目标，方能起到“润物细无声”的作用。

同学们自主设计了一枚班徽，让它成了我们班的文化标志，后期，将其制作为徽章、贴纸、文化衫，它成了五十四个“小螺钉”的骄傲和代言人。

班徽

此外，自主改编的《“小螺钉”之歌》也唱响了孩子们对集体的美好期许。

班风

（二）“追光镜”：螺钉秀场追踪成长进步

螺钉秀场展示着“小螺钉”的优秀事迹，手工坊是螺钉手艺人们的得意之作，螺钉地图记录着的成长足迹，打卡站诠释着孩子们的“念念不忘”，螺钉橱窗则承载着的“必有回响”。

关注儿童发展，关注儿童全身心发展，“小螺钉”心语信箱和“小螺钉”许愿池是孩子们最喜欢的秘密基地，在教育输入的同时，它们也成为孩子们心灵的出口，让他们得以正向循环、向阳而生。

（三）“放大镜”：百米长卷催化班级凝聚力

实践活动能更好地培养儿童的创新思维能力、实践能力和问题解决能力，在集体实践活动中，才能充分发挥个人在团体中“1+1>2”的教育效果。

为庆祝中国共产党建党一百周年，在百米长卷书画活动中，同学们搜集红色故事，寻访英雄人物，绘制红军长征路线图……每个小组负责一项任务，同学们接力完成了这一幅壮观的百米长卷。

每一位同学都倾情奉献和付出，他们在合作、碰撞中获得成长。

（四）“后视镜”：打造多维反思评价体系

系统、客观的阶段性评价，像后视镜一样能够促进学生反观自己的行为，及时对自己的得失进行反思，明确后续前进的方向，获取继续向前的动力。

1. 横向评价观全局

横向评价既是自评、互评、师评三种不同的评价方式，又是着眼于日常学习、交往、品行等不同方面的评价。

“小螺钉”自评表为学生的对照自评提供参照。孔子说，吾日三省吾身，引导学生对自我产生正确的认识和美好的期望，充分发挥学生的主观能动性，也是学生进行自我调节的有效渠道。

“小螺钉”周报引导同学互评，将个体和集体联结、将自己与他人联结，在互评中不自觉地进行思考、对比、总结，潜意识地增强了判断能力和集体观念。

任课老师心语卡让任课老师评价，贯穿了“小螺钉”在校的各个时间和各个方面，对评价客观性和全面性提供了一定的保障，班主任还会在学期末结合学生名字、闪光点进行诗作表彰，让每个学生都能发现自己的点滴成长能被看见。

多角度，多方面的评价，促进学生全方位发展。

2. 纵向评价促发展

横向评价让“小螺钉”对彼此的认识更客观，纵向评价则是“小螺钉”们的加油站。

班级设置螺钉征集赛、螺钉进阶战、螺钉光荣榜等趣味纵向评价方式。螺钉征集赛由日常学习生活中的自评、互评和师评产生，获得螺钉奖章，从各方面规范学生言行。“小螺钉”们通过征集到的螺钉奖章获得进阶，从一开始的塑料钉到铁钉、铜钉、银钉，最终升级为金钉，让“今天你升级了吗?”成为班级流行语，激发学生潜能。而螺钉光荣榜则为阶段性评价提供总结，每日小结、每周总评、每月集会，在班级和家长群对日、周、月冠军进行公开表彰，给予学生及时的激励和肯定，并且给每个学生发放一只“小螺钉”成长记录袋，在记录袋日渐饱满的过程中见证孩子的成长。

这样的评价体系成了“小螺钉”们的后视镜，提醒大家在高歌猛进的同时不要忘记回头审视自己，成为“小螺钉”班级持续发展的永动机。

评价方式

三、“钉”在社会更美好——社会层面传递美

个人层面的“小螺钉”闪烁微光，集体层面的“小螺钉”聚光成阳，但是教育不应止步于此，还应该让这束光照射得更远，让这份热发散得更广。

（一）“凹透镜”：小小义工队发散服务力量

引导学生关注社会发展，投身社会志愿服务，是帮助儿童从自然人发展成为社会人和健全儿童人格的重要途径。因此，积极鼓励“小螺钉”们参与社会志愿服务，方能将这份集体的光通过凹透镜发散出去。

在重阳节来临之际，小小义工队走进社区，带着鲜花和瓜果来到退役独居老兵家中，为老兵爷爷打扫卫生，整理物品，送上精心准备的才艺表演，认真倾听老兵爷爷讲述过去的军营生活，让退役独居老兵也感受到了一份来自青少年的关怀和社会责任感。

正像他们所崇拜的雷锋叔叔一样，“小螺钉”们也热衷于社会志愿服务，街道的小广告逃不过他们稚嫩的小手，博物馆的讲解中也有他们清脆的嗓音。今日，把共建美好社区、美好苏州记在心间，明日定会将建设美好中国作为己任。通过社会志愿服务，“小螺钉”们的光芒发散得更广了。

（二）“望远镜”：实现家校社多方协同共育

促进学生多元、长远发展，依靠班主任是不够的，还应该联结各方，围绕“多方为了孩子的健康成长，为了孩子的多方健康成长”去倡导多方共育。

1. 父母慧课堂：搭建家长学习的平台

为了形成家庭教育的系统力量，提高家庭教育专业化水平。班级开设了“父母慧课堂”，家长们共读育儿书籍，学习育儿观念。

2. 家长圆桌会：创造家校协同的契机

“小螺钉”智慧家长圆桌会，把家长力量凝聚在一起，共商家校合作，共析家庭教育中的难题，有问题一起想，有经验一同享，让每位家长在家

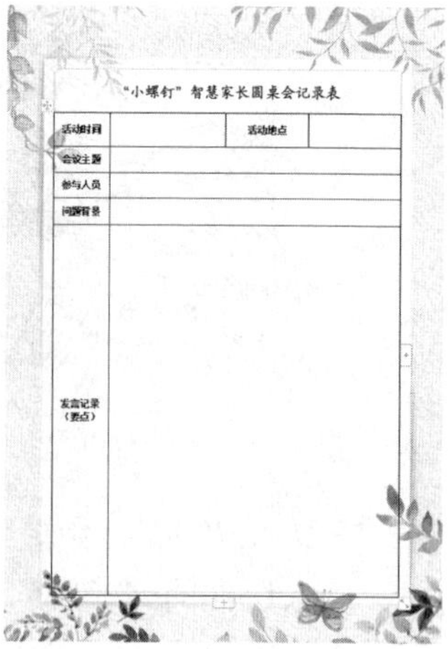

“小螺钉”智慧家长圆桌会记录表

活动时间		活动地点	
会议主题			
参与人员			
问题背景			
发言记录（要点）			

家长圆桌会记录表

庭教育中少走弯路。每学期的亲子共读有 21 天，共打卡，同督促，让亲子关系更和谐，让阅读润泽孩子心灵的同时也在家长的心中泛起涟漪。

3. 螺钉寻访小队：开阔学生的视野

每个孩子最终都会走进社会，利用家长资源和社区资源，和家长一起在班级里开展法制小讲堂、博物馆之约、走进制奶工厂等活动，让孩子们真实地了解各种领域的知识与发展，健全儿童人格。

共同目标，多方协作，优势互补，多位一体，多方共育为“小螺钉”的长远发展架设望远镜，建立一条长期、有效的教育途径，促进学生可持续发展。

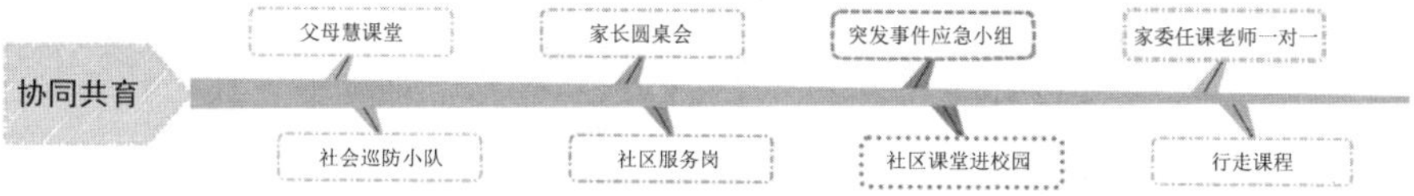

协同共育的途径

特色与成效

一、特色

（一）认识自身价值，发现美

让每一位孩子都站在 C 位，唤醒他们的自我意识，通过自我剖析、自我挖掘和自我促进等方式能够充分地认识自己，肯定自己的闪光点，获取自身价值感。

（二）发挥主体意识，创造美

让每一位孩子都拥有舞台，获得机会展示自己，找寻契机在各类班级活动中、在集体中实现自身的价值，充分发挥主观能动性，为建设集体出一份力。

（三）生发大局观念，传递美

让每一位孩子都能辐射能量，拥有大局观念，不做精致的利己主义者，树立服务他人、服务社会的意识，为将来成为共产主义接班人时刻准备着。

每一颗“螺丝钉”都有舞台，每一颗“螺丝钉”都有力量，他们都站在 C 位，他们都有强有力的支撑，都能在集体中汲取光亮，并有能力将这种光亮发散出去，能获得获益终身的成长动力。

教育家陶行知先生说：集体生活是儿童之自我向社会化道路发展的重要推动力，为儿童心理正常发展的必需。一个不能获得这种正常发展的儿童，可能终其身只是一个悲剧。“小螺钉”班级的育人方略正是基于个体、集体、社会的发展层次，促进学生成为拥有自我认同感、集体荣辱感、社会责任感的新时代好少年。

二、成效

（一）学生发展

五年里，同学们在“小螺钉”班级中人人有岗位，人人有价值，他们同成长，共进步，充分挖掘和进一步发展了个人优势，看到了他人优点，并能够自觉、主动取长补短。他们不仅主观能动性强，学习内驱力强大，更能多元发展，在省市击剑比赛、英语之星大赛、街舞大赛、少儿主持人大赛、新年音乐会等竞赛演出中都有他们靓丽的身姿。更可贵的是，每位学生都慢慢形成了一种为实现中华民族伟大复兴而奋斗的责任和担当。

（二）班级发展

“螺丝钉”精神已根植于班级成员心中，根植于班级发展过程中，成了我们的班级风尚，他们逐渐形成一个凝聚力强、班风优良、积极向上的班集体，曾在运动会开幕式方阵表演中勇夺第一名，在拔河比赛中也是名列前茅，在“六好”文明常规评比中，每学期都能斩获学校“文明班级”称号。班集体在社会实践、志愿服务方面更是迸发出少年儿童的责任与担当，成为学校志愿服务先锋小队。

（三）班主任发展

孩子们和班集体的积极向上、正向发展也带动着我这位班级引领者不断进取，我善于学习：在骨干班主任培训营顺利结业，成功考取家庭教育指导师资格证书，在教育演讲比赛、技能比赛中屡获一等奖。我勤于思考：所撰写的带班分享被“人民教育”公众号采用，撰写的德育论文曾在全国名班主任德育工作暑期创新论坛上交流并荣获一等奖，申报德育课题并成功立项。我乐于奉献：曾荣获“吴中区少先队工作优秀个人”“吴中区优秀少先队辅导员”荣誉称号，并多次主持区级、校级德育活动，获一致好评。

微火成燚 向光而聚

——“火焰班”带班育人方略

班情分析

一、学生基本情况

班级共 47 人。其中男生 22 人，女生 25 人。本班学生整体上进心较强，但缺少合作能力。

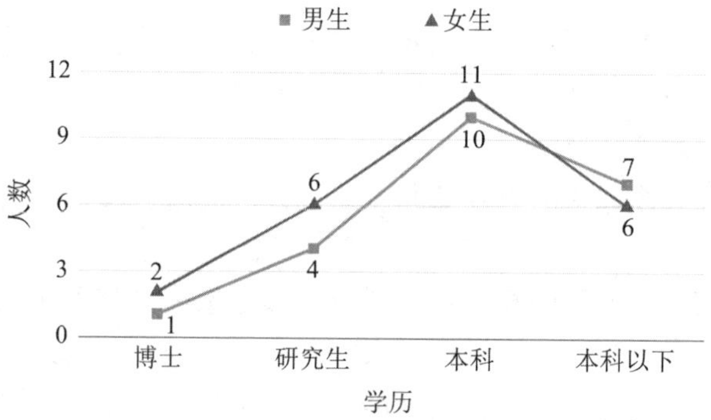

男女生人数及父母学历比例

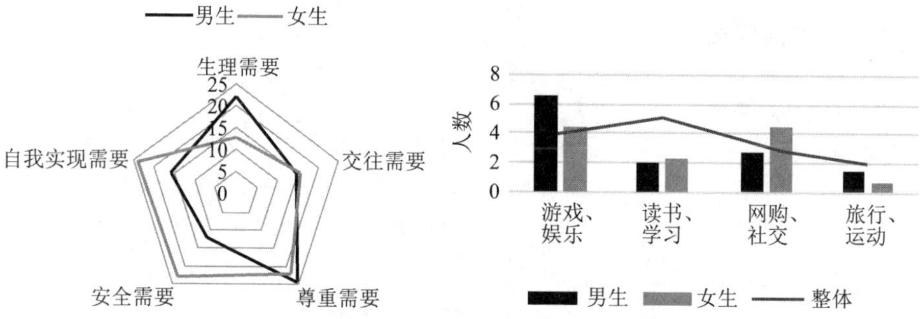

学生发展诉求和课余时间爱好

我校施教区位于中心城区，三分之二的家庭都是知识分子家庭，家长关心孩子成长，但也普遍存在对教育“管不得法”的情况。大部分同学都有自我实现的需求，但缺少合作意识和行动力。学生课余时间用在游戏、娱乐上的时间多于用在读书、学习、运动上的时间。

二、学生适应情况

小部分适应良好，大部分存在畏难情绪。新初一入学后，经过同学们自主设计、民主投选，最终确定本届班名为“火焰班”。旨在让每一名同学都能像小火焰一样，既能发现、发挥自己的个体价值，又能紧密团结起来，和谐相处。最终让班级的集体之炬，照亮每个孩子的青春。

班徽

经过入学一个月的观察和考核，我发现大部分学生不够自信，比较自我，缺少行动力和合作意识。其中，30%的学生存在生活不独立问题，55%的学生存在规则意识淡薄问题，70%的学生存在学习习惯养成问题，60%的学生存在以自我为中心问题。

基于以上几个方面的问题，我在班级的后续建设上更加关注学生个性发展、规则意识、行动能力、换位思考等方面的建设。

三、家庭教养情况

班级呈现橄榄球式的教养情况。通过钉钉问卷、家访等调查方式，我了解到，自评为民主型的家庭较多，但是绝大部分家长会干预学生的自主选择和实践探究。值得注意的是，还有一部分家长与孩子在相处过程中存在亲子矛盾较大、过度宠溺放任、家长一言堂等问题。因此，在后续班级建设中要多通过钉钉电话、实验家话、微型家长会、家访、回访等方式促进家校沟通，动态关注孩子的变化。

育人理念

《中小学德育工作指南》要求落实“立德树人”的根本任务。因此，我努力发掘德育文化的内涵和外延，同时关注初中生“成人感与幼稚感”“独立性与开放性”“闭锁与开放”的心理特征。注重教育多样化，同时将德育渗透在评价机制、学科融合活动、管理方式和文化实践中。外塑火焰班之形，内塑火焰班之魂。

从班级整体发展来说，我要点亮希望与梦想的火焰，引领学生和谐相处，团结向上，主动投身于班级的奋斗之中，为共建“火焰班”凝心聚力，营造共生、共荣、共享、共卓越的班集体。

从学生个体发展来说，我要点亮学生个体的微光之火，让每一个学生认识并发掘自己的个体优势，重塑自信，学会合作，主动作为，以自己的实际行动形成相互联动的火焰效应，成就自己，成就他人。

班级发展目标

一、总体目标

基于以上对班情的分析，践行“微火成燚，向光而聚”的育人理念，我立足集体德育，引导学生学会赞美与反思，学会尊重与合作，学会担当与感恩；着眼家校共育，通过“微火成燚，向光而聚”系列活动做好家校配合；赋能自我教育，发掘学生的个体优势，发挥学生的能量，反哺班级，为整个班级的发展凝心聚力。

二、具体目标

基于不同年龄段学生发展的心理特点，为了进一步在初中三年将发展总目标细化、落实，我制定了具体的年级目标，每个年级目标都有发展的阶段重点，各年级之间的目标又是彼此影响、相互联动的。

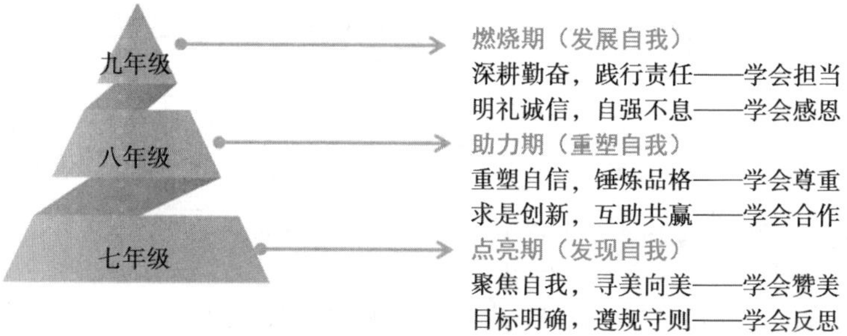

班级发展目标

实践做法

一、塑火焰之魂——“九宫格”小组

班集体是学生们共同学习、生活的地方。班级管理、班级活动、班级实践、班级文化架构起了整个班级的生态环境。共营共护班级，人人有责。我从学生个性和发展实际情况出发，将班级 47 名同学划分为 9 个学习活动小组，并由学生自主设计、拟

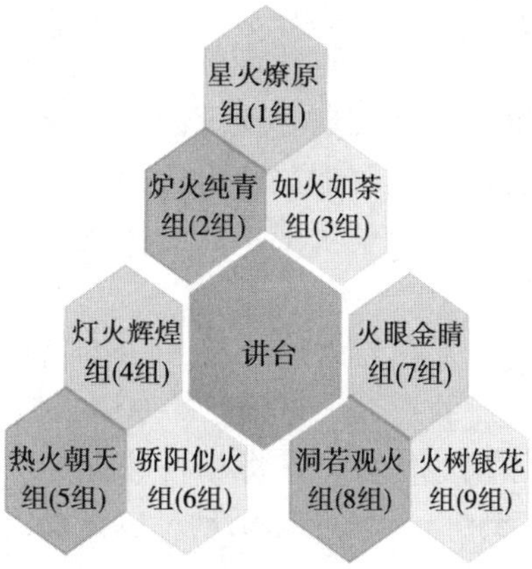

“九宫格”小组

定组名。

以“九宫格”小组牵引班级的各项活动和管理，将“三全”育人思想融入我的班级建设。关注并发掘每个人身上的优点，以优势带动劣势，激发自信，传递正能量，培养德、智、体、美、劳综合发展的学生。为实现我的“火焰班”“微火成燚，向光而聚”的教育初心，我将火焰之形、火焰之色、火焰之光、火焰之炬灵动、活力、光明、稳固的特点进行迁移，融入我的班级建设具体实践，并通过班级学习小组推广、实践。

二、执火焰之炬——“点线面”评价

我遵循尊重信任与严格要求相结合的原则，落实广泛征询、多方协同、多维评价的机制，更利于学生立足自身问题，反思并实践，以评价促行动。

（一）晨会述职“点”评法

我通过“每日晨会述职”的方法，由骨干组长牵头，细化班级每日常规检查点，并按时填写“火焰班工作清单”。第二天早读由组长跟大家分享，并能有针对性地根据前一天的情况提出整改建议和注意事项。

（二）家校相连“线”评法

我通过“每周家校连线”的方法，邀请骨干家委参与“线上开放日”，结合“火焰班工作清单”记录的实际情况，总结班级一周日常“显眼包”问题和“星亮点”进步情况。

（三）班级民主“面”评法

我通过“每月班级测评”的方法，根据本月测评项目、测评标准、测评对象制作调查问卷。我邀请骨干班委一起利用班会课进行民主测评，由大家共同投选出本月班级的“小火焰群星”。

通过“点线面评价制”，学生们在自主监管与评价中体验和感受，能更好地发现并反思问题。家长的协同监督与评价加强了家校沟通，也有助于及时地关注自己孩子的问题。老师和班级同学共同的民主测评引导每一个学生聚焦自身问题，同时也及时树立榜样，有益地辐射和影响大家。

三、绘火焰之形——STEAM 融合

我遵循因材施教的原则，努力挖掘学生之间存在的个体差异性和自身不同的优势。我将学科课程与实践活动相融合，每学年分春秋两季实践“5+5”十大主题活动，以活动促合作。（表 2-9）

表 2-9　“5+5”十大主题活动

	月份	主题	形式	预期目标	融合学科
5^+春季篇	2 月	秀秀我的节	海报、Vlog 视频、配图文案	提升动手能力、劳动意识；学会发现生活之美，有自己的审美自觉；关注传统节日和传统文化	劳技 美术 音乐 语文
	3 月	春天会说话	踏青游戏、临摹绘画、随笔札记、文化墙	激发蓬勃春日里惜时进取的精神，引导学生学会发现生活之美、热爱生活	体育 语文 美术 英语
	4 月	百家话节气	家长课堂、互动游戏	引导学生关注、体验传统文化之博、节气民俗之妙，实现家校共育	地理 语文 历史
	5 月	称一斤母爱	手工贺卡、做拿手菜、写诗、一句话赞美	在活动中让学生体验亲情无形、感恩有形；引导学生学会正视自己、学会感恩	劳技 语文 道法
	6 月	与梦想签约	采访方案、《浪花一朵朵——资源体验卡》、《梦想签约卡》	引导学生以同龄人为榜样，关注行业楷模；沉浸式采访汇报，激发上进心	道法 心理 语文
5^+秋季篇	9 月	百年纪念册	电影视频、知识竞赛、红色故事会、诗词飞花令	引导学生感受爱国要有形，厚植家国情怀；唤醒学生的民族认同感和自豪感	历史 语文
	10 月	舌尖的文明	志愿服务、“餐桌不文明行为观察表”、宣传标语海选、“同伴说”视频	引导学生关注生活中的文明礼仪，提升规则意识	语文 道法
	11 月	触摸时间塔	参观博物馆、每日规划分享会	引导学生学会做好自己的每日规划，学会具体化时间管理，激发惜时奋进精神	历史 语文

续表

	月份	主题	形式	预期目标	融合学科
5⁺秋季篇	12 月	情绪能自救	情景剧、吐槽大会、“情绪平衡轮”	引导学生思辨，为情绪做正确归因，学习如何较好地安抚情绪，并传递正能量给他人	心理 语文 美术
	1 月	诗词与科学	知识竞赛、项目体验卡、自录制讲解音频	引导学生体会汉语文化与物理学、农业学、物候学、化学、生物学等多学科的知识的融合；激发学习兴趣，开拓视野；培养合作意识	语文 地理 生物 物理

通过每学年的 STEAM 融合活动，激发学习兴趣，丰富情感体验，赋能审美情趣，培养合作意识，引导学生关注生活之美、文化之美、劳动之美。在活动的过程中积累自信，学会赞美与合作，实现德、智、体、美、劳全面发展。

四、着火焰之色——“漂流”成长

班级 9 个小组是综合考虑学生不同发展现状和个体差异而建的。我遵循启发性原则，促进组长和组员轮岗流动，组与组之间合作对话，家长与家长、家长与学校共享交流，以对话促成长。

（一）“竞选演讲”与“好组员转身”

自我的发展不是一成不变的。组长要定期轮岗交流，组员也要定期在不同的组轮岗交流。借助“组长竞选演讲”和“好组员转身”两项活动，展示自我，为组长和组员搭建双向奔赴的平台。学生们能在不同的组重新搭档，为小组贡献力量的同时学习他人优点。

（二）“记者站”与“叨叨会”

同伴的互助与合作可以激励，可以唤醒。我借助班级“火焰叨叨会”“火焰记者站”两项活动，为小组之间搭建交流平台，不同组的组员可以围绕共同的主题，计划筹备，合作交流，共享成长中的困惑，分享化解困境的妙招。引导学生自觉合作、自主行动。和同伴一起成长，学生们的心情更加愉悦、心理更加成熟、心态更加平和、心智更加坚定。

（三）“1+1 沟通”与“1+N 共享”

家校的分享与交流可以形成辐射效应。我借助“钉钉电话”“爱心护岗”“家委义卖”等平台加强日常沟通，同时在“实验家话”“家长学堂”

“家长校园体验日”等学校活动中“1+1”（他人问题+自我问题）精细沟通，再根据不同情境和问题，邀请家长代表轮流“1+N”（问题+对策）经验共享。

我通过“成长漂流瓶”的管理方式，为学生组内合作、组间合作以及家校合作搭建平台，充分发挥每一个学生和家长的火焰之光，多方助力学生成长，最终微火成燚，汇聚成闪亮的班级之焰。

五、燃火焰之光——“四美”文化墙

育人的同时，我也十分重视打造优秀的班级文化。我遵循知行合一的原则，在实践的过程中，提升学生的责任感，增强班级的凝聚力，以文化促升华。

（一）“最美打卡点”卫生墙

班级卫生环境直接影响学生的生活和心情，我将责任下放，由各小组长对接并细化，组员对接年级值周生，根据实际情况及时整改每一处卫生细节。我用拍立得相机抓拍班级最美角落，将照片粘贴上墙作为本日班级“最美打卡点”。

（二）“‘微火成燚’约定”纪律墙

经过小组积极商讨、组间交流、班级共商，最终我们制定了具有“火焰班”文化特色的班规。我班的特色是没有大而宽泛的条框，班规琐细，但可操作性强，凝聚了每一个“小火焰”共建班级之炬的心。比如体育课前随手关灯，放学后及时关闭空调和电教设备，每周两操穿班服，升旗穿校服等。

（三）“能量增值指南”艺术墙

多主题的文化实践和沉浸式的体验可以提升学生的认同感和责任感。我设计“能量增值指南”系列活动，如“挫折自救指南”以学生自主设计的“能量福袋”和“每日醒语录”粘贴版面而成，引导学生直面挫折，永不言弃；“情绪互助指南”以“情绪平衡轮”体验卡的绘制，引导学生正视情绪，学会安抚情绪。

（四）“‘言为心声’班刊”健康墙

初中阶段是学生情绪表达比较复杂的心理成长期，有被倾听的愿望。我为班级创建“言为心声”班刊平台（包含“滴水藏海”“风云同窗”“奋进之舟”“人间烟火”“似水流年”等专题），鼓励学生进行金句摘抄、创意写作、随记倾诉，引导学生身心健康的成长。

特色与成效

一、一体四块的运作模式

以点线面评价制为基、以STEAM融合活动为舟、以成长漂流瓶为杆、以四美文化墙为纲的四大板块牵引着我的“火焰班”日常有序运作。而四大板块的实践离不开我班特色组织架构——“九宫格”小组。四大板块的初心是改善班级同学整体不行动、不合作、不自信，以自我为中心，缺少凝聚力的实际情况。

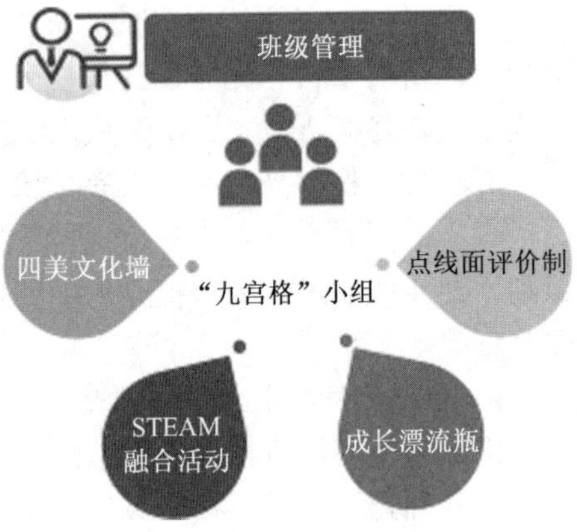

一体四块的运作模式

学生在各项活动的引领下，以“九宫格”小组为活动基地，由组长发动5—6名组员，让各项活动得以合理分工、有效组织。每个组员为了实现小组的共同目标，勤奋努力，不断贡献自己的力量，培养规则意识和合作意识，用自己的实际行动见证自己的改变、小组的进步、班级的发展。

学生在班级活动和小组生活中学会赞美、学会反思、学会尊重、学会合作、学会担当、学会感恩，实现我的班级分级目标。同时我的“火焰班”“微火成燚，向光而聚”的带班理念也在点滴实践中一步一步落实。

二、多方立体的成长效能

（一）日有所获的学生们

“火焰班”的每个学生像一簇“小火焰”，自身学习能力得以提升，特长得以施展，不断展示自我，收获自信，学会合作。在“国际icode编程大赛”、“全国少年科技模型竞赛”、省“中学生与社会”作文大赛中取得了优异成绩。

学生们也不断助力彼此的成长，主动作为，增强集体荣誉感。在过去的两年里，有36名同学分别获得过校级三好生、优秀学生干部、美德少年等称号。

不仅有这些成绩上的进步，学生们的精神面貌也有了很大改变。他们更加阳光开朗，乐于与人分享，参加活动更加积极，自我管理能力和集体荣誉感也与日俱增。

（二）教而得法的家长们

“火焰班”的家长们也在学生们的成长和蜕变中学会换位思考，慢慢走近孩子的心，在陪伴、尊重、聆听、理解和支持孩子的过程中，亲子关系愈加和谐。曾经会引发亲子矛盾的手机、网络等问题，也慢慢被亲子共读、亲子旅行等活动取代。

（三）微火成燚的班集体

学生们和老师们的共同努力让班级凝聚力日渐增强，班级发展也不断收获学生和家长的认可。我班连续两年取得校运会综合成绩第一名，获得校级优秀中队、校级文明班级等荣誉称号。微火终能成燚，相信“火焰班”的学生终有一天会成长为新时代中国好青年！

浸润　打靛　沉淀

——“六 J”带班育人进阶之路

“六 J”带班育人模式下的班级建设始终遵循党的教育方针，谨记“为党育人、为国育才”的教育使命，全面贯彻落实立德树人根本任务。我将以“蓝菁班”为案例，从育人理念、班情分析、班级发展目标、实践做法、特色与成效等方面诠释我的带班育人进阶之路。

班情分析

一、阶段发展特点

初中阶段的学生处于 12~14 岁的年龄段，此阶段是人生观、价值观、世界观树立的“拔节孕穗期”，同时学生又处于青春期，生理和心理处于“半成人”状态，容易受到外界影响，需要精心引导和培养。

二、班情分析

（一）学生基本概况

“蓝菁班”共 49 人，其中男生 28 人，女生 21 人。大部分学生性格活泼开朗，兴趣爱好广泛，多才多艺，个性鲜明。学生参加音乐、绘画、阅读兴趣小组较多，部分学生喜欢手机游戏。多数学生身体状况良好，但不喜欢运动，部分学生体质比较差。在“新生心理测评”中，4 人自我评价较低，2 人容易烦恼和激动，7 人对同伴缺乏信任，2 人过度关注自己形象，1 人有抑郁倾向。

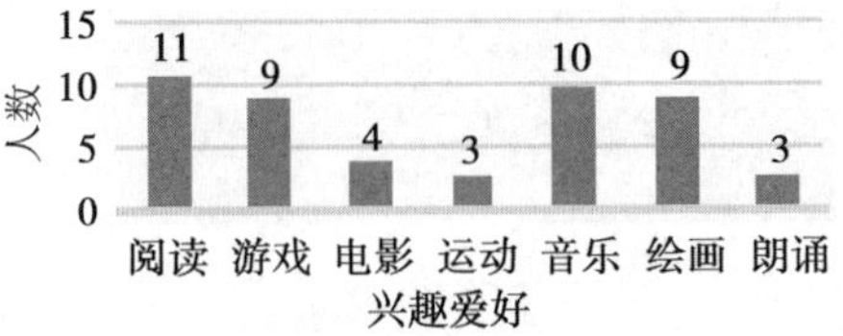

“蓝菁班”兴趣爱好调查

（二）学生融入情况

班级部分学生对自己的表现有要求，但认为班级事务与自己无关，注重自我，缺乏担当，以自我为中心的意识强，责任担当意识较弱；同学间关系不够友善，存在相互辱骂的现象，同学间互助能力弱、团结协作能力差，班级集体凝聚力不强。

（三）家庭情况

班级同学的家庭整体情况复杂。4 人为单亲家庭；从家庭教养方式来看，23 个家庭为权威型，14 个家庭为专制型，8 个家庭为放任型，4 个家庭为忽视型；此外，个别家庭父母与孩子间沟通不畅，亲子关系紧张。

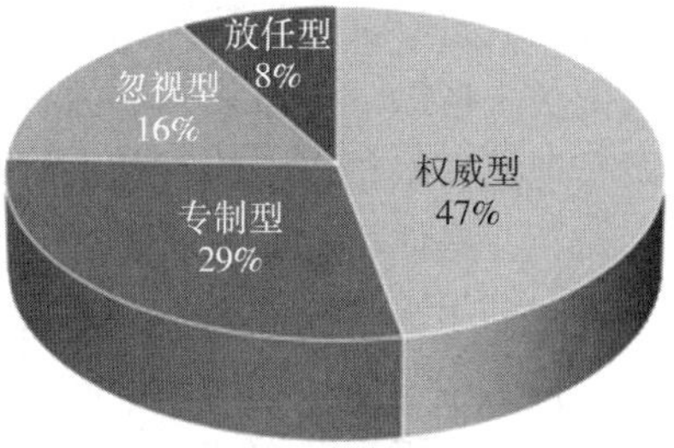

家庭教养方式

（四）发展诉求

班级大部分学生有自我要求，自我发展意识强，也希望考上理想的学校，但也有小部分学生对未来感到十分迷茫；家长注重家校联系，关注学生全面发展，希望孩子能考上心中理想的学校。

育人理念

“青出于蓝，而胜于蓝”出自荀子的《劝学》。这里的“蓝”指蓝草。而靛青这种颜色，是从蓝草中提取出来的。对一个班级发展而言，带班育人如同是在制作靛青扎染中的“浸润——打靛——沉淀”的升华，如同为学生的人生“着色染色”。所以，我将班级取名为“蓝菁班”。

在带班育人的实践过程中，我围绕“六 J”，即“净、静、竞、进、敬、精”，以“浸润——打靛——沉淀”为进阶路径，创新开展德育实践活动和班集体建设活动，引导学生在“浸润——多元润泽”“打靛——自主发展”“沉淀——自强不息”的进阶活动中灵动生长，成长为有理想、敢担当、能吃苦、肯奋斗的新时代好青年。

班徽

育人理念

班级发展目标

一、总体目标

基于以上班情分析以及每个年级学生的身心发展特点，结合中国学生发展六大核心素养。我运用“六 J”育人进阶模式，有步骤地推进育人实践做法，帮助学生激发内驱力，不断完善自我，引导学生内外兼修，立志做有理想、敢担当、能吃苦、肯奋斗的新时代好青年。

二、具体目标

初一年级为浸润期——明德修身，正言立行；

初二年级为打靛期——乐学善思，合作进取；

初三年级为沉淀期——五育融合，开拓创新。

紧紧围绕中国学生发展核心素养要求，开展班级育人活动。

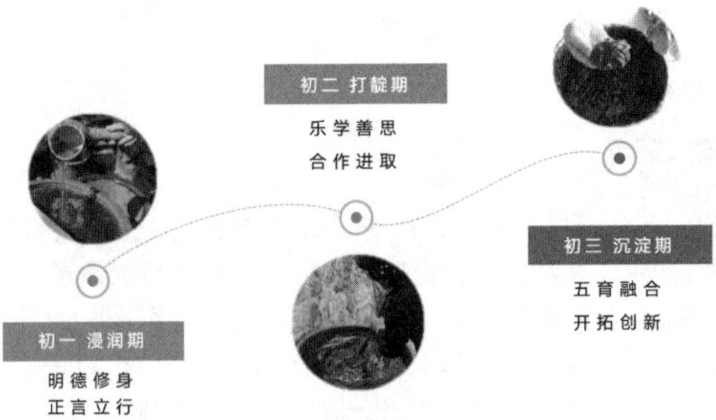

	文化基础 人文底蕴 科学精神	自主发展 学会学习 健康生活	社会参与 责任担当 实践创新
	净	竞	敬
初一浸润	净化环境 发现真美	奔竞不息 学会自律	孝亲敬长 常怀感恩
初二打靛	净化心灵 感知善美	学会竞合 善于反思	敬慕榜样 坚定信念
初三沉淀	文化净心 尽善尽美	科学竞争 追求高效	敬畏生命 敬畏自然
	静	进	精
初一浸润	遵纪守法 处事冷静	珍爱生命 只争朝夕	精诚团结 乐于劳动
初二打靛	批判质疑 静以致学	乐观进取 健全人格	精明强干 善于发现
初三沉淀	静心做事 志存高远	规划人生 自我管理	精益求精 实践创新

班级发展目标

实践做法

创设“六J”的育人进阶模式，通过“进阶育人，育人进阶”的高效育人，最终实现由“他律”到“自律”的转化，落实立德树人的根本任务。

一、浸润进阶模式——多元润泽

初一学生处在起始年级的“浸润期”，运用“六J”育人模式，有步骤地推进班级建设，培养学生的学习兴趣。激发学生团结合作的意识以及热爱集体、积极向上的情感，不断增强班级凝聚力。

（一）润泽进阶——形成班级“敬·精”班级风气

通过定班名、制班徽、创班歌等活动，润泽班级文化内涵，形成班级特有的精神文化。通过家校合作，充分利用“蓝菁班”家委会家校共育的力量，开展劳动教育，培养学生孝亲敬长的责任意识。同时，利用中华优秀传统文化节日在班级实践活动中不断创新，培养学生的责任感。

学生作品展示

（二）润泽进阶——创设班级“净·静”人文环境

在净化环境的同时，充分发挥班级书法浸润的育人功能，形成“写横平竖直的字，做堂堂正正的人”的班级氛围，在洁净的环境中，陶冶学生的美好心灵，使得学生心灵纯净。在“练字先练心”的学习风气中，塑造学生“每临大事有静气”的气质。

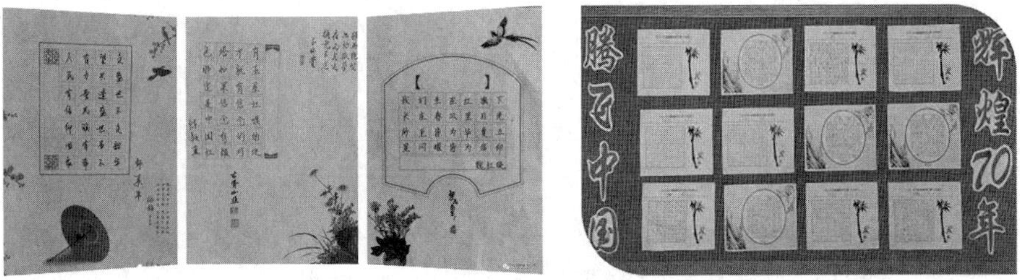

学生作品展示

（三）润泽进阶——关注班级“竞·进”学习风气

构建班级的“润泽文化”，关注班级“竞·进”学习风气的形成，以及形成“拒绝躺平，奔跑起来”的责任担当意识，在学习中引导学生学会自律，培养学生的竞争意识，学会为目标而奋斗不止。帮助学生形成“每天进步一点点”的学习赶超意识，学习伟人只争朝夕的优秀品质，强化生命教育，形成健康生活、珍爱生命的良好班风，争做“新时代好青年”，让“竞·进”的学习风气润泽每个孩子的心田。

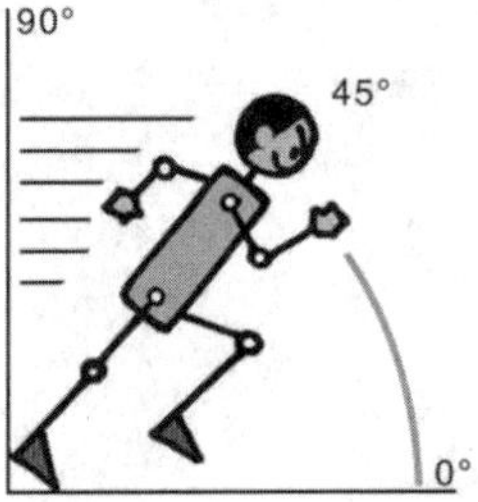

二、打靛进阶模式——自主发展

初二年级是初中三年的过渡期，是学生个性发展的爆发期，同时也是学生身心健康发展的关键期，需要进行打靛进阶教育，通过开展多样活动，创新实践，家校协同，赋打靛之能。帮助学生有效管理自己的学习和生活，认识和发现自我价值，发掘自身潜力，进行自主发展，成就出彩人生。

（一）在打靛中形成班级“敬·精”自主发展新样态

1. 开展“为国所用”爱国主义教育系列活动

积极开展“为国所用”爱国主义教育系列活动，如邀请抗美援朝老英雄施光礼来校上爱国主义教育课，被新华日报、“引力播”等媒体争相报道。“蓝菁班”在江苏省区域基础教育课程课改展示活动中开设省级德育展示公开课“请党放心，强国有我”，反响热烈。同时，为激发学生爱党爱国的情怀，积极培育和践行社会主义核心价值观，扎实开展“请党放心，强国有我”秀实小剧场系列展演活动。

2. 建设“双一流”自主管理学生委员会

为提高学生自我管理能力，班级采用了“双一流”委员会模式。组建两个管理委员会，委员会的“委员长”由班主任提名，再经全体学生选举产生，管理委员会成员由“委员长”选聘，下设“菁宣部”“菁组部”“菁检部”三大部门，分别履行班级宣传、常规检查、自律反馈等职责。两个管理委员会每学期各行使半个学期的管理权，开展日常管理质量评比活动，学期结束时评选出优秀管理委员会，进行表彰和奖励。这种管理方式提高了学生参与班级管理的积极性和班级管理质量、效率。班主任在宏观调控的同时，把管理权下放，由学生自我管理，在学生需要的时候适当为他们献计献策，助一臂之力。

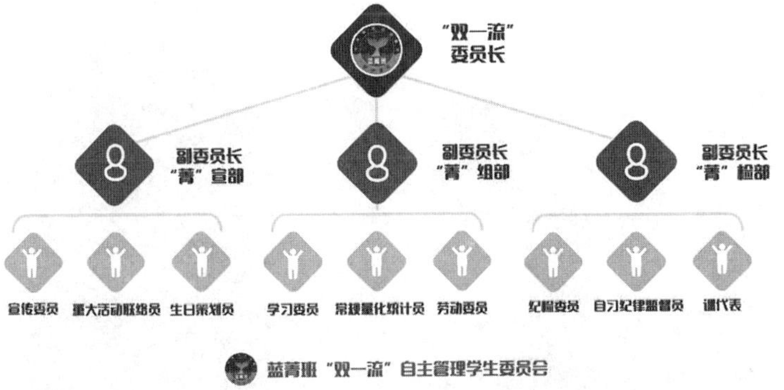

蓝菁班“双一流”自主管理学生委员会

3. 形成“北斗系统”精准家校共育团队

积极倡导建立学习型家庭，让家长们成为学习型家长，组建“北斗系统”高效化的家长团队，充分利用“蓝菁班”家委会的家校共育力量，在家校沟通群里积极转发实用、有效的家庭教育文章或举办公益讲座，让家长们学以致用。通过亲身实践，家长和孩子双赢，同时在无形中增进了亲子关系；通过“一日细反馈，每周微推送”的方法，与家长密切配合，耐心细致地帮助家长改掉孩子的不良学习和生活习惯。

（二）在打靛中形成班级“净·竞”自主发展新样态

1. 开展“读书王 闯天下”的经典共读活动

进入初二年级后，为了让班级的学风更浓郁，我指导学生精心选取至少两本经典书籍深入阅读，撰写读后感，开展读书节、读书会活动，借助“读书王 闯天下”的印章打卡，引领学生从中汲取知识与力量，培育学生以人为本的意识，感知善美，净化心灵，以保心灵健康。同时，鼓励学生在阅读的过程中提出问题，培养学生批判、质疑的精神和问题意识，使学生能独立思考、独立判断，能从多角度、辩证地分析问题。

“读书王　闯天下”印章

2. 开展“绿叶满枝头”的学习竞思主题活动

在班级管理中，学生在良好的学习氛围中，渴望合作和竞争，初步形成具有对自己的学习状态进行审视的意识和习惯，扎实开展“绿叶满枝头”阅读树学习竞思活动，即引导学生在学习中将最近阅读完的书名写在绿叶上，进行“比赶超”，学会竞争，在合作中学会反思，善于总结经验；通过蒲公英之约——“读思结合、书不离手、真心合作、快中求稳、乐于表达”的约定，在学生之间形成直接和间接的竞争形式，并把竞争对手具体化、过程化、系列化，在竞争中寻求合作，在竞争中乐观进取。

“绿叶满枝头”阅读树

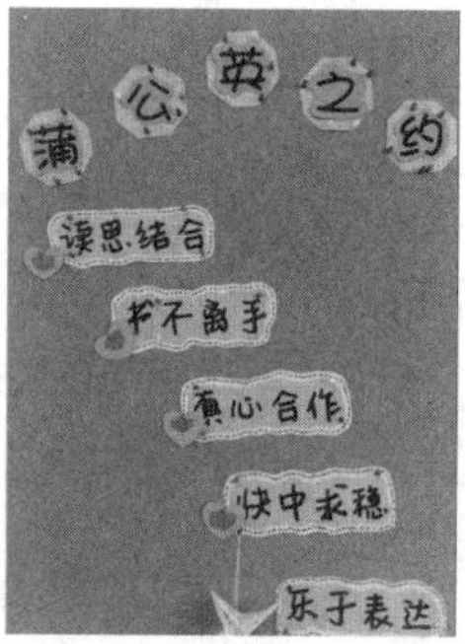

蒲公英之约

（三）在打靛中形成班级“静·进”自主发展新样态

开展“榜样传热能”活动。向班级倡导正确的价值取向，健康的审美情趣、优秀的人格品质，形成一种激励学生向上、向善的正能量。在班级中开展“班级之最”评选活动，评选“阅读之星”“绘画小能手”“礼仪之星”等，帮助学生发现身边学习的榜样，以此鞭策自己坚定信念，努力前行，在真善美的熏染中走向属于自己的美好未来。

三、沉淀进阶模式——自强不息

随着打靛时间的增加，初三年级的沉淀期教育尤为重要。根据习近平总书记提出的“培根铸魂，启智润心”的指导思想，通过班级德育系列活动，铸魂育人，聚焦学生的“底气”“雅气”“骨气”，沉淀自我教育，做到“心中有梦想，脚下有力量，未来有方向”。

(一) 在“净·静”中沉淀，形成常规教育的底气

开展“蓝菁班”常规教育系列活动。一日常规教育是班级管理的底线，立足班级一日常规科学管理，优化“蓝菁班一日常规”制度，督促学生遵纪守法，抓住初中学生具有好奇心和想象力的心理特征，关注学生的核心素养，培养学生勇于探究、坚持不懈的探索精神；大胆尝试，积极寻求有效的问题解决方法，促进学生德、智、体、美、劳全面发展。

(二) 在“竞·进”中沉淀，形成开拓创新的雅气

开展“蓝菁班”细节育人特色活动。随着“双减”政策落实推进，我们班用先进的人物、先进的事迹，用身边的榜样，用真情去发现美、分享美、弘扬美的“雅气”。我们班提出从平凡的小事做起，学会关爱他人、关爱社会、增强社会责任感和使命感，努力营造良好的班风、学风，形成班级竞争机制；以“做最美中学生”为主题，开展“校门风景线 最美中学生”校门口志愿执勤活动，真正培养学生开拓创新的雅气。

(三) 在“敬·精”中沉淀，形成自强不息的骨气

开设“思政班会课”主题教育活动。班主任以时事热点为背景，如以“建党百年”“中美 5G 之争”“中国航天梦”等为主题，定期开展思政班会课，引导学生关注时事，培育全球意识和开放的心态，敬畏生命、敬畏自然。帮助学生树立信息意识，了解人类文明进程和世界发展动态。同时，培养学生的创新精神，以实现中华民族伟大复兴为己任，激发民族自信，精益求精，做到心中有梦想，脚下有力量，未来有方向，真正成为新时代好青年。

特色与成效

“蓝菁班”围绕“六 J”，以“浸润——打靛——沉淀”为进阶路径，促进学生的知行合一，形成“六 J”育人范式，真正实现了三级进阶。

第一阶段的“浸润期——明德修身，正言立行”，形成班级风气，创设人文环境，关注学习风气；第二阶段的“打靛期——乐学善思，合作进取”，形成班级自主发展新样态；第三阶段的“沉淀期——五育融合，开拓创新”，形成常规教育的底气、开拓创新的雅气和自强不息的骨气。以小见大，见微知著，抓浅层，促深层。通过“进阶育人，育人进阶”的高效育人方式，对学生进行养成教育，使之形成习惯，引领学生成长，争做新时代好青年。

特别是开展“为国所用”爱国主义教育系列活动，建设“双一流”自主管理学生委员会，形成“北斗系统”精准家校共育团队等特色管理模

式，已形成了“六 J”育人范式，正在全校和部分区域学校开展并推广。

一、“蓝菁班”——师生共成长的精神家园

经过三年的带班实践，“蓝菁班”班级凝聚力明显增强，班风正，学风浓。在各项活动中，“蓝菁班”均有出色的表现。连续三学年被评为“文明班级”。班主任在班级管理中不断提升育人能力，不断精进个人专业素养，在市班主任基本竞赛中获一等奖，成立区班主任名师工作室，担任班主任专业能力培养导师，为年轻班主任赋能提升，并担任市家庭教育指导师，多篇教育教学论文在省市级刊物上发表与获奖。

二、“蓝菁班”——学生综合素养得到提升

构建“蓝菁班”的过程，也是提升学生综合素养的过程。学生身体素质明显改善，责任担当意识、自主自立意识明显增强，能根据自身实际确立正确的目标和理想，学生主体性得到激发。在校运动会中，多名学生获得个人项目的前六名，1 名学生打破校男子 100 米纪录。2 名学生在 2021 区“请党放心，强国有我”演讲比赛中获二等奖，5 名学生获区“七彩语文”作文大赛一、二等奖，8 名学生获数学报竞赛一、二等奖。经过不断努力，逐渐成长为有理想、敢担当、能吃苦、肯奋斗的新时代好青年。

三、“蓝菁班”——家校共育得到广泛认可

在学校的调查问卷中，“蓝菁班”得到家长好评，特别是“北斗系统”家委会高效化开展，以“六 J”为抓手，引领学生成长，事事有落实，处处有跟进，时时有反馈。通过“蓝菁班”家校共育的亲身实践，让家长和学生得到双赢，很多家长反馈学生无论在学业上还是在品德上，都有了长足的进步。

构建班本体系　培养“VIP”好少年

——VIP“慧贤班”带班育人方略

班情分析

目前，我所带领的班级是初二（23）班，共有学生 47 人，其中男生 25 人，女生 22 人，学生年龄在 14 岁左右。带班以来，我们一起努力打造班本特色，学生的班级荣誉感和集体归属感得到了很大提升。

一、学生层面分析

个性品质不完善。在网络文化流行的今天，学生在虚拟世界里以自我为中心，与现实成长环境有所脱节；在学习上，他们缺乏内驱力，缺乏坚定的理想信念。

创新意识不够强。班本调研表明，学生主体意识淡薄，在学习知识的过程中，缺乏主体的参与意识和参与能力，缺乏自主探究问题的精神和能力。

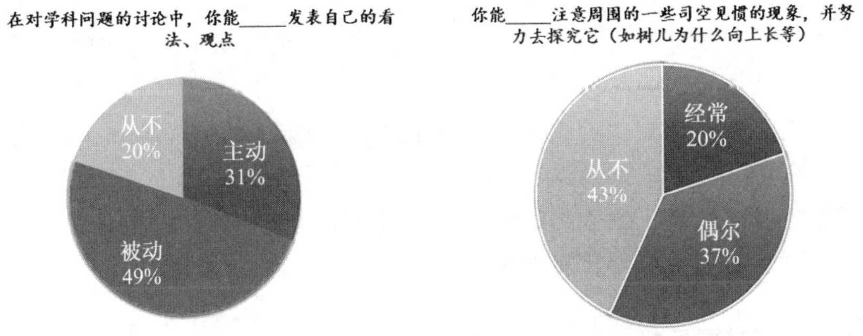

“个性色彩”“创新素养”问卷调查部分题项分析

视野格局不宽广。班级学生中“新市民”共有 37 位，占比高达约 79%，大部分学生对地域文化的了解非常有限。面对海量的网络信息，在“扎根地域文化，厚植家国情怀，开拓国际视野”的养成教育方面，还需要引导。

二、家长层面分析

我们班双职工家庭共有 45 个，占比高达 96%；二孩家庭共有 24 个，占比约 51%。问卷调查表明，家长对于孩子的生活、学习、沟通等方面存在一定的焦虑与困惑。“担心孩子玩手机，耽误休息与学习”的家长高达 81.25%，35.25%的家长认为“孩子对学习没有目标和兴趣（没有内驱力），不愿学习”，63.13%的家长认为“孩子不喜欢干家务，甚至不愿意整理自己的房间”，47.5%的家长认为“家长容易与孩子发生矛盾”。

通过首学期 47 次深入走访交流，我发现大多数父母对孩子寄予厚望，要求孩子把绝大部分精力放在提高成绩上，但对子女的全面发展认识不到位，这不利于孩子个性的培养与人格的完善。另外，面对工作和生活的压力，部分家长情绪管理能力不强，与孩子沟通时缺乏方式方法，阻碍了亲子关系的和谐发展。

育人理念

党的二十大报告首次将“实施科教兴国战略，强化现代化建设人才支撑”单独作为一个部分，重点提出了“教育是国之大计、党之大计。培养什么人、怎样培养人、为谁培养人是教育的根本问题”“必须坚持守正创新”“创新才能把握时代，引领时代”等重要理念，从专业化育班视角来追本溯源，这些理念正是新时代初中班级通过构建班本体系来带班育人的重要依据。

应新时代教育发展的要求，融合多元智能理论，我渐渐形成了 VIP 班本育人体系，探索出了“每个孩子都是 VIP”的育人理念。VIP 一语双关，一指“重要的人”（Very Important Person），每个孩子都是我们班最重要的人；二指培养“有个性（Personality）、能创新（Innovation）、拓视野（Vision）”的好少年，在尊重和发展孩子个性的基础上，培养创新能力，厚植家国情怀，拓宽国际视野，从而激励同学们以更开放的胸怀、更高的视野反哺个性与创新能力的发展。

班级发展目标

基于班情，我们班确定了班级发展目标——构建班本体系，培养 VIP 好少年。

VIP 好少年，蕴含两个层面的愿景。

其一，“重要的人”。每个孩子都是家庭、班级、学校、社会最重要的人，都是一颗闪耀的星星。

其二，“有个性、能创新、拓视野”的好少年。每个孩子都能全面认识自我，追求个性发展；都能克服思维定式，培养创新人格；都能厚植家国情怀，提升视野和格局。

“慧贤班”育人目标图谱

实践做法

通过班情分析，结合学生实际，以落实《中小学德育工作指南》为契机，融合多元智能理论，在班级管理中，以班本文化促进个性发展，以班本项目激发创新活力，以班本活动提升视野格局，从宏观教育环境到微观个性培养，大力推进 VIP 班本育人体系，以实现班级总体的育人目标。

班本文化，促进个性发展 Personality	班本项目，激发创新活力 Innovation	班本活动，提升视野格局 Vision
1. “重”个人，创造环境 2. “聚”个体，建设制度 3. “优”个性，涵养精神	1. “文”创，我设计 2. “理”创，我玩转 3. “科”创，我挑战 4. “劳”创，我热爱	1. “审”视，深耕地域审美 2. “自”视，延伸华夏文明 3. “融”视，拓宽国际视野

VIP 班本育人体系

一、VIP：班本文化，促进个性发展（Personality）

班本文化是班级的立班之魂、育德之魂、发展之魂。在班本文化建设过程中，优化物质文化，建设制度文化，营造精神文化，不仅可以给学生归属感、价值感，而且可以成为学生向上的不竭动力。

（一）“重”个人，创造环境

教室是物质文化建设的重要载体。一间温暖而独特的教室会让学生迅速找到归属感，感受生命的价值与美好。

1. 建“鼓励墙贴”

本着营造鼓励式环境的育人氛围的目的，我在教室中开辟单独的“鼓励墙面”，借助伙伴互评，书写“鼓励贴”，并将其贴上墙。这不仅将同伴纳入评价主体中，体现对学生个人的尊重，而且能够推动价值观的多元发展。

2. 办“闪光板报”

本着搭建闪光式环境的育人平台的目的，我借助板报专属展示区域，将担任“VIP 岗位”同学的特色作品呈现出来，“时政评述员”点评国际时事，“美文宣传员”精选优秀好文，最广泛地调动学生的积极性，激发学生更强的学习动力，让每一个学生闪闪发光。

3. 开“解忧小铺”

“一纸柔情，一怀温暖”，创生伙伴式心育解忧小铺。学生可以带着自己的烦恼走进这方心灵天地，也可以从烦恼箱中选择一张烦恼便签，写下解决方法，用温暖的话语帮助同伴解决问题。这不仅仅是为学生提供解忧的方法，更是一次心与心的交融，从他人的烦恼中找到共鸣，进行自我疗愈。

（二）“聚”个体，建设制度

通过制度文化建设融聚个体，赋能“慧贤班”学生的个性发展。

1. 健全“慧贤班”“班委三级培养制”

该制度包含民主竞选、民主管理、民主评价三个层次。通过申报、竞选、投票、公示后当选的班干部需要承担起参加例会培训、双向沟通、群众反馈等义务。培养班干部，让学生担责，让规则内化，规范的、民主的班集体氛围逐步形成。

2. 设立“慧贤班”“班助轮值制”

班级管理深入每一位学子的学习和生活中，每位学子都有当值日班长的机会，在角色互换中实现集体的共同成长。以“今日份美好”命名的“值日班长手册”，激励学生展开自我评价与他人评价，强化班级管理，唤醒内驱力量，实现自我成长。

3. 倡导“慧贤班”“全员导师制”

规划好每周的自习课，让每位任课老师都有更多走进班级的机会，促进师生间彼此交流，发挥任课老师在班级管理中的作用，激励任课老师们更积极主动地参与班级管理。

4. 坚持“慧贤班”“师徒公约制”

发挥朋辈激励效应，为团结互助的生生关系搭台。在“互帮互助，共勉共进”宗旨的指引下，“师徒结对制”营造了良好的互助氛围，助力实现抱团取暖、互助成长的愿景。

（三）“优”个性，涵养精神

精神文化建设是丰富学生个性、涵养精神品格的抓手，使班级核心价值得到认同与内化。

1. 慧取班名

得益于全班同学集思广益，班名最终确定为“慧贤”。慧者，心系于事。慧乃家事、国事、天下事，事事于心，青年学子心中当有家国。庄子《齐物论》中有言，“大知闲闲”，意思是真正的大智慧总是广阔豁达的，慧贤学子的目标是修炼真正的大智慧，即取谐音“贤”，寓意要做有智慧、有贤德的人。

2. 思创班徽

融汇集体智慧，结合奋斗愿景，班徽采用圆形构图，内圆中书本托举着小人们，他们手牵着手，向斑斓的星空雀跃，寓意慧贤学子行稳致远、仰望星空；"Wisdom and Virtue"呼应"慧贤"班名；外圆的稻穗，寓意慧贤学子拔节孕穗正当时，稻穗簇拥着学士帽，一如用知识武装自己的学子，寓意他们行远自迩，臻于至善。

"慧贤班"班徽

3. 齐唱班歌

以学生的特色才艺为基础，以尊重学生多元智能发展为目标，建设班级动态文化。班歌《无名之辈》以渺小启程，用荣光相伴，在"一班一品"文化展示活动中，由班委牵头，学生自主编排，糅合中国舞、古筝、钢琴、朗诵、演唱、快闪等多种艺术元素，打造多元的舞台效果。舞台上的学子们佩戴着班徽，深情、热烈地展现"慧贤班"的风采。作为班主任的我站在他们身侧，共同诠释慧贤文化。

二、VIP：班本项目，激发创新活力（Innovation）

依托家校资源，结合班级实际，我们构建了符合班情的"文""理""科""劳"四大项目式创新实践体系，提高实践探索意识，培养创新力。

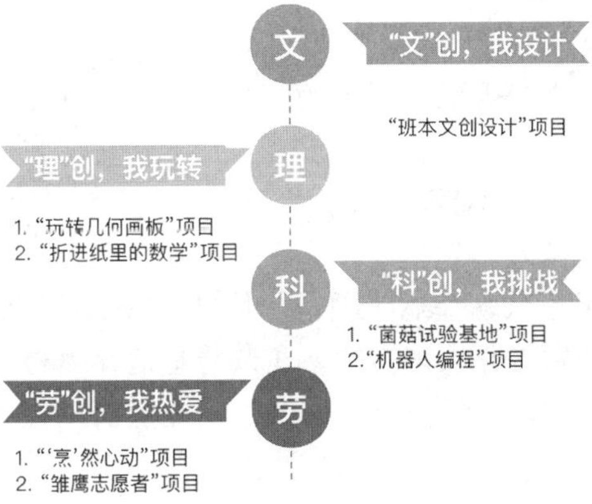

"慧贤班"班本项目体系

（一）"文"创，我设计

"班级文创设计"项目

文创活动发挥学生的创造能力。在创作过程中，他们主动思考，深入挖掘班级文化的内涵与外显形式，从而发展想象力，促进创造力。目前，学生已自主设计特色笔记本、笔袋、水杯、钥匙环、印章等文创产品，在家长们的支持下，这些设计生产出品，用于奖励在多元评价中表现优秀的学生。

“慧贤班”特色文创

（二）“理”创，我玩转

1. “玩转几何画板”项目

该项目配备了专门的导师团队，制订详细的项目计划，精心筹备，带领学生们品数理之巧，画图形之妙，培养逻辑思维能力，开启丰富多彩的理科实验探究。

2. “折进纸里的数学”项目

这是一个序列化的项目，包括拓扑折纸、多面体折纸、三浦折纸等。折纸中蕴含着丰富的数学知识，学生作品或充满童趣，或富有哲理，更有学生将平面拓扑折纸升级至空间中的“翻翻乐”，数理逻辑智能与创造力得到大力提升。

（三）“科”创，我挑战

1. “菌菇试验基地”项目

跨学科的“菌菇试验基地”项目，使学生在自然探索中提升综合素养和创新精神，由此发展并认识自然。在试验基地，生物老师向学生传授真菌生长环境的相关知识，学生分组研究菌菇在生长过程中的注意事项，寓学于乐，树立科学精神，探索科学方法。

2. “机器人编程”项目

普及人工智能科学知识，满足学生动手、动脑的渴望，在搭建和编写程序的过程中，提升专注力、创造力、抗挫能力和问题解决能力，以科技赋能，鼓励学生不断探索。

（四）“劳”创，我热爱

1. “‘烹’然心动”项目

打破时空场域的界限，让学生回归真实的劳动，大胆实践，通过揉、搓、粘、蒸等烹饪技术，制作家庭美食，让更多学生向榜样看齐，加入劳动实践中，激发劳动创新能力。

2. “雏鹰志愿者”项目

通过网上提前预约，学生在假期化身成市图书馆志愿者，“绿色的小背心”在书架间来来回回穿梭，成了一道独特的风景线。雏鹰岗位包含图书管理员、环境保护员、秩序巡视员、爱心导读员等，学生在志愿服务的实践中，排解心中的烦恼，把自己送入书籍的迷宫，让书香延续，传递绵绵不绝的文化力量。

三、VIP：班本活动，提升视野格局（Vision）

百年风华向新而行，教育理念与时偕行。如今，教科书不再是学生的世界，世界才是学生的教科书。着眼于“爱家乡”“沐中国”“看世界”这三个维度，在校本课程的基础上，受“1+N”设计思路的启发，从“润雅”“润心”“润善”“润智”“润美”五大方面，开发跟进班本活动，以学铸魂，进一步帮助学生深耕地域文明，延伸华夏审美，拓宽国际视野。（表 2-10）

表 2-10　“慧贤班”“1+N”班本活动体系

活动系列名称	校本活动名称	班本活动名称
“爱家乡”系列	润雅江南	江南园林小课堂
		昆曲艺术小舞台
		古代状元小故事
“沐中国”系列	润心秦风（校本研学活动）	唐诗吟诵社
	润善儒学（校本研学活动）	礼记·大学塾
	润智黔行（校本研学活动）	屯堡文化汇
“看世界”系列	润美世界	黑布林小剧场
		向云端，话“舞”艺
		小使者，云外交

（一）“审”视，深耕地域审美

爱家乡，是文化自觉，也是延伸审美力的有效途径。

1. 江南园林小课堂班本活动

身在文化底蕴深厚的江南，因地制宜，探寻园林主人崇文、高洁的文化品格，感受太湖石别样的美学价值，理解精细雅致的江南文化，进一步增强空间智能发展水平。

2. 昆曲艺术小舞台班本活动

通过鉴赏《牡丹亭》等著名昆曲作品，学生自主发现、体验昆曲中的传统美感，培养学生爱家乡的感情，为家乡文化的世界表达奠定坚实基础。

3. 古代状元小故事班本活动

走进状元博物馆，让博物馆真正成为学习的第二课堂。深入浅出探索古代科举文化，旁征博引讲解状元故事，感受当年科举之路的艰辛和金榜题名时的意气风发，立志成才。

（二）“自”视，延伸华夏文明

沐中国，是文化自信，也是厚植家国情怀的重要基础。为培养有文化自信、有家国情怀的中华文明传播者，在润心秦风（初一·西安研学活动）、润善儒学（初二·曲阜研学活动）、润智黔行（初三·贵州研学活动）校级研学项目的基础上，利用班本课程延续研学成果，帮助学生全方位了解中国文化。

1. 唐诗吟诵社班本活动

通过吟诵大唐诗歌感受或激荡明澈，或悲壮高亢，或闲逸清旷的盛世气度，学习丰富的古代文化知识，激发文化自信。

2. 礼记·大学塾班本活动

学习《大学》，一为文化自信，二为自明明德，人非圣贤却思齐之，正心诚意，格物致知，这就是中华延续至今的修身精神。

3. 屯堡文化汇班本活动

屯堡文化是随着明代贵州建省与生俱来的文化血脉，蕴含着“维护国家统一、促进民族融合”的深刻内涵。重新认识屯堡文化，增进学生文化自信自强。

（三）“融”视，拓宽国际视野

看世界，是文化自强，也是加强国际合作的使命要求。在与新西兰友好学校的交流过程中，共同开拓友好班级线上线下交流新思路。

1. 小使者，云外交班本活动

借助 zoom 平台，从公共卫生处理、垃圾分类等方面展开跨文化研究学习，增长主题相关科学文化知识，收获友谊与培养团队协作能力。

2. 黑布林小剧场班本活动

与友好班级学生共同选取经典英文原著，采用品读、改编、表演等形式，在交往式学习中加深对原著的理解，实现知识的沉淀、文化的提升。

3. 向云端，话“舞”艺班本活动

通过云端连线，新西兰友好班级展示特色毛利战舞，彰显新西兰原住民文化的魅力，我班学生展示太极拳招式，双方学生互赏、互学、互鉴，赋能新时代文化传播。

特色与成效

山不让尘，川不辞盈。两年来，以“每个孩子都是 VIP”的育人理念为引领，构建班本育人体系，渐渐形成了以人为本、多元开放的育人特色，德育工作初见实效。

一、VIP 好少年花开有声

一次次班本活动的召开，一颗颗心灵的成长，一份份智能的启迪，孩子们变得善于表达，乐于感恩，长于思考，敢于创新，以梦为马，勇毅前行。“市好少年”“省好少年”等荣誉称号也花落“慧贤班”。

二、VIP 好班级水到渠成

个性化的班本文化，成了校园里一道亮丽的风景线。在多样化交流学习的机会中，同学之间更全面地看到了对方的闪光点，增进了彼此的情谊；班级凝聚力更强了，真正实现了“气有浩然，学无止境”的班级面貌，“慧贤班”多次被授予“文明班级”荣誉称号。

三、VIP 好家长与时俱进

家校本上几行真诚的留言，家长会上一封长长的信，这样的沟通，也许正起到了此时无声胜有声的效果。家长们成长为了纳悦孩子、鼓励孩子、帮助孩子的好家长，更多家庭能够培养孩子的个性品质，鼓励孩子的创新精神并帮助孩子走向更广阔的世界。

四、VIP 好老师共生共长

任课老师们参与到班本项目、班本课程的设计与实施中，无形间加强了师生情感交流的纽带。学子们常带着疑问来与老师探讨，他们既尊重老师的人格，更信服老师的智慧，我们班的任课老师也越发喜欢孩子们了。

而我，也在这个集体中收获了自我的成长，成长为了一个“以生为本，共同成长”的班主任。肩鸿任钜踏歌行，功不唐捐玉汝成。未来，我将继续完善“每个孩子都是 VIP”的育人理念，更深入探索 VIP 班本育人体系，让每一个生命彰显个性力、创新力与视野力，打造属于慧贤学子的 VIP 精神家园。

构建班本评价体系　提升班级成长活力

——“石榴屯”带班育人方略

班情分析

班级共有学生 42 人，其中女生 18 人，男生 24 人，是高二年级第二学期重新分班后组建的新班级。班级中有 22 人为独生子女。通过《学生自主发展能力量表》调查，发现学生有较强的成长成才意愿，但也暴露出“对自我认识不清，欠缺正确审视自身的能力；对同伴接纳不足，缺少友好包容他人的心理；对集体拥护不强，缺乏团队合作共荣的意识”等问题。根本原因是学生成长内动力不足，班级成长活力不足。

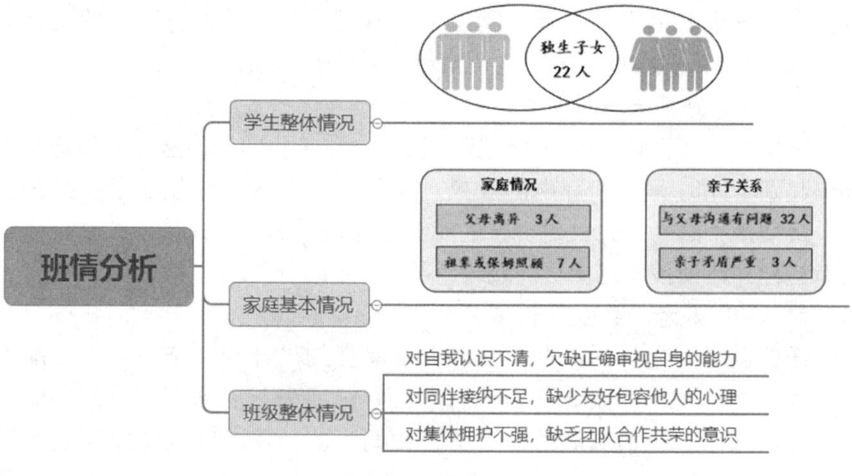

班情分析

育人理念

“为什么评、评什么、谁来评、怎么评”是教育评价的四个基本问题。班主任带班育人需要从班级成长的视角探寻班级评价的价值、工具、过程及元评价。在班级发展的过程中生成班本评价体系，让评价在成长中生成，让成长在评价中发生，促进班级成员与班集体共同成长，培养“像石榴籽一样紧紧抱在一起”的成长共同体是我的育人理念。

班级发展目标

将班本评价体系建设向“班级成长四项活力”提升聚焦，指引班级成员与班集体共同提升文化活力、管理活力、行动活力、民主活力，促进学生成长共同体建设，利于学生终身发展，实现道德教育“入乎其内、出乎其外”。

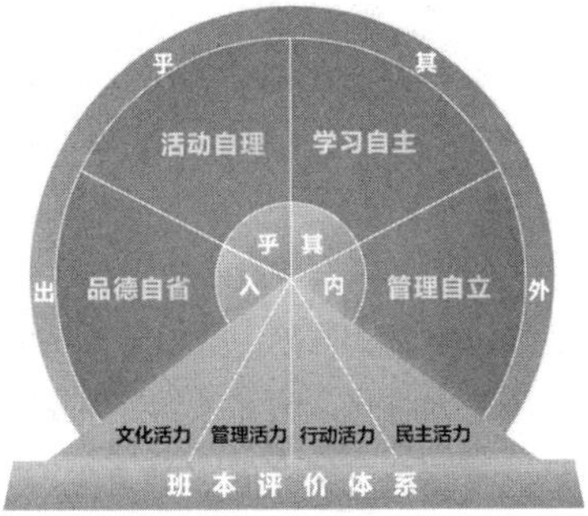

班级发展目标

一、个体发展目标

让每一个班级成员参与班本评价体系建构过程，提升个体交往力、适应力、管理力、行动力，实现品德自省、管理自立、活动自理、学习自主，是“石榴屯”的个体发展目标。具体表现如下：交往力强——个体能够在彼此交往中欣赏他人，悦纳自己；适应力强——个体能够在主动发展中融入集体并保有个性；管理力强——个体能够在发展中自主规划阶段发展目标，创生自主管理规范；行动力强——个体拥有坚定的理想信念、明确的成长目标、具体的行动方案。

二、集体发展目标

构建班本评价体系，提升班级文化活力、管理活力、行动活力、民主活力，让道德教育“入乎其内、出乎其外”，是“石榴屯”的整体发展目标。具体表现为文化同创——环境设计展现班级生机，个性舒展汇成班级特色，全程创生凸显主题旋律；规范共建——自评自省激发内生动力，他

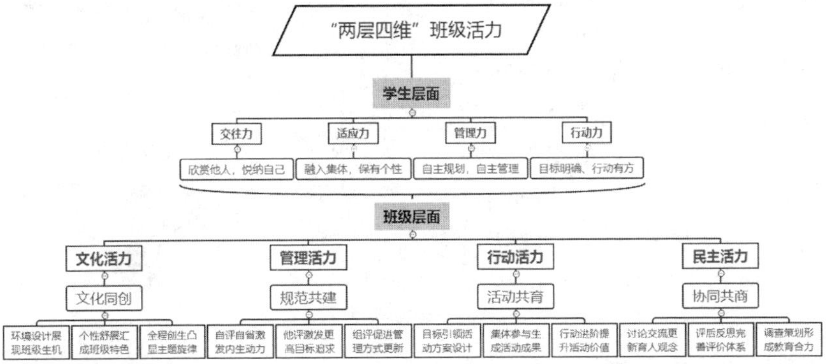

“两层四维”班级活力

评激发更高目标追求，组评促进管理方式更新；活动共育——目标引领活动方案设计，集体参与生成活动成果，行动进阶提升活动价值；协同共商——讨论交流更新育人观念，评后反思完善评价体系，调查策划形成教育合力。

实践做法

一、欣赏文化引领评价观生成

（一）征集班名、班徽、班歌，在彼此欣赏中生成班级精神

班委发布“班名、班徽、班歌、班级吉祥物征集令”，以小组为单位推荐班名、班徽、班歌、班级吉祥物。经过两轮推选，第一轮“只说本组的好”和第二轮“只说他组的好”，班名“石榴屯”、手绘班徽“石榴花”、班歌《奔跑》、班级吉祥物“小石榴”获得了大家的认可。开展了“石榴精神我来说”主题班会，集体生成了“扎石生根的作风、榴红似火的热情、抱籽成团的合力、刚劲柔韧的品格”的班级精神。

（二）石榴主题教室布展，在集体协作中促进班级精神认同

引导学生以石榴班级小报、石榴励志桌签、石榴主题教室布展等形式宣传班级精神，促进班级精神认同。以石榴精神为主题，开展“美景美图画石榴”“美文美言说石榴”活动，逐步形成班级“欣赏他人、悦纳自己”的“石榴屯”成长文化。

在一次班级挑战活动中，同年级六班向“石榴屯”下了挑战书，同学们将藏头诗“石出祁山炼精钢，留有美玉作剑鞘。应时而击寒光现，战杀楼兰三百兵”作为宣言书。班级精神引导班级成员价值认同，形成了共同的行为目标与合作任务，增强了班级凝聚力。

（三）“石榴卡片”表达心声，在自发尝试中促进评价观生成

班委组织全班同学用“石榴

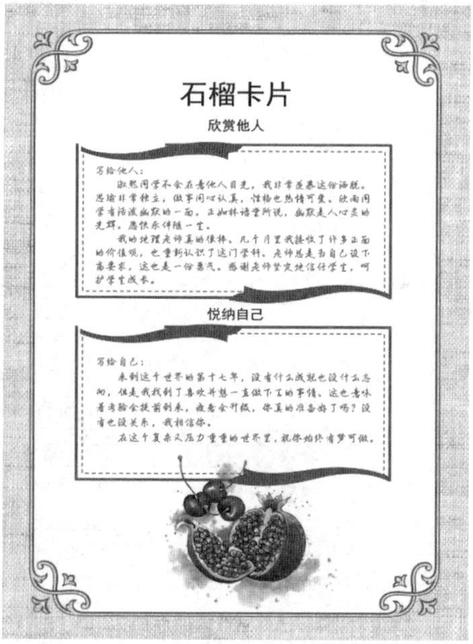

石榴卡片

卡片”表达心声，尝试真诚评价他人，虚心接受建议；学会借力、蓄力，促进个人成长。兼收并蓄的评价体验，凝聚了集体力量，逐步形成了“欣赏他人，悦纳自己，抱籽成团，共同成长”的班级评价观。

二、规范管理助力评价工具开发

细化班级常规管理，是实现班级管理育人的重要途径。具体的行为是可以通过细节来衡量的，对具体行为细节的考量促进了评价工具的开发。

（一）自评促进自省，师生协同创生自评量表

特殊时期，我将学生线下常规与线上常规通过量表细化融合，由班委组织同学们进行日查、周评、月小结。用正向激励方式引导学生对照量表核查常规表现，以自评的方式引导学生对标自省、自主发展，提升了集体适应力、凝聚力。

表 2-11 详细展示了“学生自主管理能力自评量表”，量表在促进学生自主管理的同时也为教师提供了学生翔实的线上、线下学习生活信息，利于教师参照改善教学方法、管理措施，调适教学与管理。

表 2-11　学生自主管理能力自评量表

姓名：　　　　　　　　填表时间：

类别	评分项	评分标准	自评得分	改善方案
健康管理	能够每天按时吃早餐	能够做到 5 分 基本做到 3 分 偶尔做到 1 分 完全做不到 0 分		
	能够规律作息、不熬夜	能够做到 5 分 基本做到 3 分 偶尔做到 1 分 完全做不到 0 分		
	能够坚持每天运动半小时	能够做到 5 分 基本做到 3 分 偶尔做到 1 分 完全做不到 0 分		
	能够及时觉察到自己的情绪变化	能够做到 5 分 基本做到 3 分 偶尔做到 1 分 完全做不到 0 分		

续表

类别	评分项	评分标准	自评得分	改善方案
健康管理	能够合理宣泄负面情绪	能够做到5分 基本做到3分 偶尔做到1分 完全做不到0分		
	能够做到亲子关系和谐、不吵架	能够做到5分 基本做到3分 偶尔做到1分 完全做不到0分		
时间管理	能够制订自主时间管理计划并有效执行	能够做到5分 基本做到3分 偶尔做到1分 完全做不到0分		
	能够及时意识到自己开始浪费时间并及时停止	能够做到5分 基本做到3分 偶尔做到1分 完全做不到0分		
	能够有效控制使用社交软件和浏览网页的时长	能够做到5分 基本做到3分 偶尔做到1分 完全做不到0分		
	能够拒绝电子游戏	能够做到5分 基本做到3分 偶尔做到1分 完全做不到0分		
学习管理	能够准时上课，不迟到，不早退	能够做到5分 基本做到3分 偶尔做到1分 完全做不到0分		
	能够整理好书桌和必备学习用品	能够做到5分 基本做到3分 偶尔做到1分 完全做不到0分		

续表

类别	评分项	评分标准	自评得分	改善方案
学习管理	能够做到学习期间坐姿端正，不躺在床上、沙发上上课	能够做到 5 分 基本做到 3 分 偶尔做到 1 分 完全做不到 0 分		
	能够坚持打开摄像头并调试好角度，保证手与脸都出镜	能够做到 5 分 基本做到 3 分 偶尔做到 1 分 完全做不到 0 分		
	能够及时连麦回答问题	能够做到 5 分 基本做到 3 分 偶尔做到 1 分 完全做不到 0 分		
	能够跟紧老师节奏听课，不走神，不发呆，不做与学习无关的事	能够做到 5 分 基本做到 3 分 偶尔做到 1 分 完全做不到 0 分		
	能够在学习期间关闭其他软件并拦截弹窗广告	能够做到 5 分 基本做到 3 分 偶尔做到 1 分 完全做不到 0 分		
	能够提前预习第二天的学习内容	能够做到 5 分 基本做到 3 分 偶尔做到 1 分 完全做不到 0 分		
	能够及时用记笔记、纠错、绘制思维导图等方式梳理所学知识	能够做到 5 分 基本做到 3 分 偶尔做到 1 分 完全做不到 0 分		
	能够意识到自己的学习方法是有效的并逐步改进，以适应不断变化的学习环境	能够做到 5 分 基本做到 3 分 偶尔做到 1 分 完全做不到 0 分		

续表

类别	评分项	评分标准	自评得分	改善方案
学习管理	能够及时意识到自己的学习方法有待改进并寻求老师、同学和家长的帮助	能够做到 5 分 基本做到 3 分 偶尔做到 1 分 完全做不到 0 分		
	能够及时反思自己的学习态度是否积极、投入是否足够，并积极调适	能够做到 5 分 基本做到 3 分 偶尔做到 1 分 完全做不到 0 分		
	能够及时向老师同学请教不懂的问题	能够做到 5 分 基本做到 3 分 偶尔做到 1 分 完全做不到 0 分		
	能够合理利用网络资源解决学习中的疑问	能够做到 5 分 基本做到 3 分 偶尔做到 1 分 完全做不到 0 分		
	能够按时完成作业，及时上传，并根据老师的评价及时改进	能够做到 5 分 基本做到 3 分 偶尔做到 1 分 完全做不到 0 分		
总评得分				
说说心愿	我最近特别想做的事			
	我想让老师帮我做的事			
	我想让家长帮我做的事			
	给自己一个积极的心理暗示，我想对自己说			

（二）他评促进自主，师生对话升华评价内涵

教师给学生写评语是正向激励的方法之一。班主任对待学生的耐心与细致、对待学问的谦虚与认真，都会潜移默化地影响学生。我爱写评语，也善于写积极评语给学生。坚持正面激励，以情激情，一波“彩虹屁”换来的是正向的情绪和积极的交流意愿。在纸短情长的师生对话中，逐步积累，生成了“表扬内容具体化、学生名字赋内涵、学习细节有指导”的特色评语，让师生间的对话变得有深度、有温度。班主任以身示范，引导学生低下身来做事、埋下头来求学，促进了学生自主学习、自主成长。

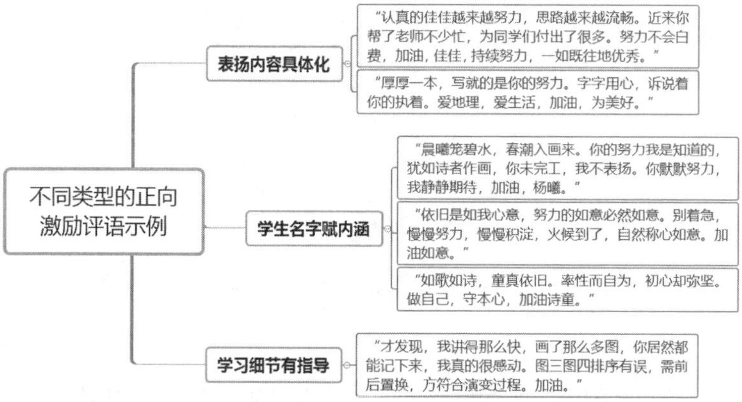

不同类型的正向激励评语示例

（三）组评促进自立，集体对话生成评价回路

小组评价通过组内互评生成组员画像，然后小组成员集体展示汇报生成小组海报，而后通过组间竞赛发挥榜样示范作用。“组内互评——小组周汇报——组间竞赛——组内互评”的评价回路，有助于学生在汇报、展示与交流中学习他人、反思自己；有助于学生看到自我发展的更高标准，摸到自我成长的更好方法；有助于学生在评价的体验中感悟“为什么评、评什么、谁来评、怎么评”，生成自我管理规范，走向管理自立。

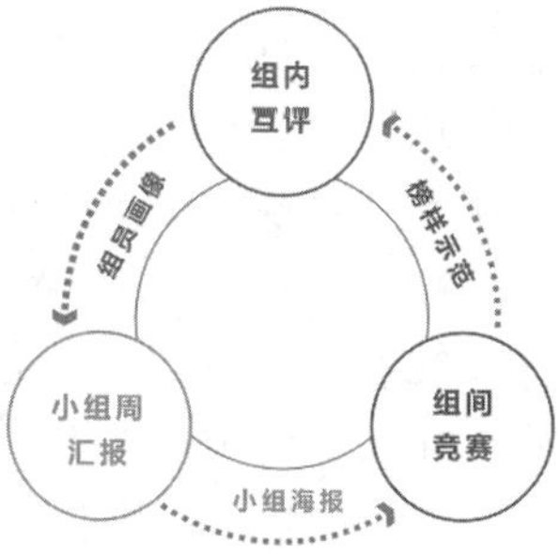

小组评价

三、系列活动保障评价过程

班级是道德教育的活动共同体，活动是道德的实践形式，学生在参与各类活动的过程中观察他人、审视自己。班级活动为学生提升道德认知、规范道德行为、调节人际关系、追求自主发展提供了评价的实践对象与

过程。

不同类型的活动有不同的教育功能。班级活动可以分为思政教育活动、公益活动、学科活动和研学活动，这些活动互为支撑、相互融通。“石榴屯”在活动的设计、实施、评价中逐步形成了班级活动“一核三环”结构体系和“个人+小组”双评过程。

班级活动“一核三环”结构体系

（一）“一核”：思政教育活动，培根铸魂

思政教育是培根铸魂的教育，班集体做好思政教育是立德树人的基本要求。思政教育活动为学生践行社会主义核心价值观、赓续中华民族爱国主义精神基因提供了育人载体。思政教育活动在班级活动体系中处于中心地位，是开展其他活动的基础。“石榴屯”以主题团会为主要载体，开展思政教育，激励学生坚定理想信念，求学报国。在班级主题团会的实践中学生总结出“小组模拟团课+班委集体评议改进+支部精品团课”的“一课两上三必备”班级团课新模式。

“一课两上”即一次主题团课先由小组负责设计彩排，全体班干部集体观摩评议改进后，再在班级组织开展精品团课。实现小组设计，集体生成，让团课更接近学生生活，满足学生需要，变得有意义也有意思。

“三必备”是团课必不可少的三个环节，即学习习近平总书记寄语青年的系列重要讲话精神、讲身边的故事和支部辅导员总结。多种形式学习习近平总书记寄语青年重要讲话精神让团课更有深度，讲身边的故事、学习政治理论让团课贴近学生生活，变得更有温度。同时，班主任老师作为支部辅导员，对团课进行总结和点评，有利于进一步提升团课教育效果，实现班团教育一体化。

（二）“三环”：公益活动赋能，学科活动蓄力，研学活动励志

组织公益活动，为道德赋能。参与和组织公益活动能够让学生在奉献中学会感恩，在帮助他人和获得他人帮助的过程中学会为人处世，提升道德品质，公益活动是思政活动的延伸，“石榴屯”组织开展的公益活动有好书传递、爱心义卖、志愿服务等活动。

开展学科活动，为成长蓄力。学科活动是结合学科特色开展的学科育人活动，重在夯实实现理想信念的学科知识基础。“石榴屯”组织的学科活动有语言科目的青春诗会活动，有介绍各学科成就和新近研究的学科代言活动，还有将家国情怀融入艺术教育，体现地理学科特色的描绘山河活动。通过手绘地图、手绘地貌、手绘风景名胜，描绘壮美山河，厚植爱国情怀。

设计研学活动，在实践中励志。研学活动给学生提供了行万里路的机会与体验。结合区域实际，“石榴屯”开展了斜塘研学、天平山地质考查、太湖水文调查、工厂实践、农业园劳动等乡土研学活动。学生参加学校组织的丝路研学，一路向西直抵霍尔果斯，用脚步丈量祖国，升华家国情感。线上教学期间，我们开展了云端游国博、线上看展览、窗边风景秀等云端研学活动，体验了别样的云端旅行。

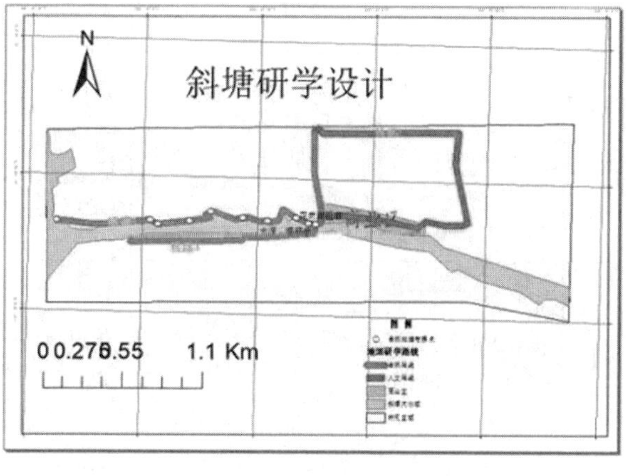

学生用 ArcGIS 软件绘制的研学设计图

（三）“双评”：个人作品与小组协同并重

活动双评包括了个人评价和小组评价。个人评价重在激励学生产生彰显才华的愿望，主要评价学生活动参与度和活动成果（表 2-12）；小组评价重在激励学生参与活动自理的过程，主要评价小组负责制下组员协同设计、组织、实施活动的效果（表 2-13）。

表 2-12　研学活动个人评价量表

序号	观察维度	基础水平 注意到被探索的自然情景中最显著、最表层的方面	复杂水平 超越表层进行观察，针对所观察到的内容提出问题	高级水平 在得出观察结果和结论的过程中，有创造性的飞跃；理解观察结果与实践任务之间的联系	分项总评
1	研学路线	描述到了去天平山的路线（2.5 分）	描述到了查找去天平山路线的方法或工具（5 分）	描述到了所使用的查找去天平山路线的方法或工具与地理信息技术间的联系（10 分）	
2	范文正公祠	描述到了范文正公祠（2.5 分）	从位置、外观、碑文内容、建筑形式等方面描述了范文正公祠，提出了一些问题（5 分）	分析了范文正公祠的修建与范仲淹生平的关系，并表达了自己所悟（10 分）	
3	矿物辨认	描述到了自己见到的矿物的名称（2.5 分）	描述到了自己见到的不同矿物的特征差异，提出了一些问题（5 分）	分析了自己见到的不同矿物的特征差异的成因（10 分）	
4	花岗岩峰林	描述到了花岗岩峰林（2.5 分）	从位置、范围、形态、海拔等方面描述了花岗岩峰林，提出了一些问题（5 分）	分析了花岗岩峰林的形成过程（10 分）	
5	一线天	描述到了花岗岩节理（2.5 分）	从数量、分布、走向等方面描述花岗岩节理，提出了一些问题（5 分）	分析了花岗岩节理与一线天发育的联系（10 分）	

续表

序号	观察维度	基础水平 注意到被探索的自然情景中最显著、最表层的方面	复杂水平 超越表层进行观察，针对所观察到的内容提出了一些问题	高级水平 在得出观察结果和结论的过程中，有创造性的飞跃；理解观察结果与实践任务之间的联系	分项总评
6	白云泉	描述到了白云泉（2.5 分）	从位置、水量、水质等方面描述了白云泉，提出了一些问题（5 分）	分析了泉水水质与泉水成因间的联系（10 分）	
7	飞来峰	描述到了飞来峰（2.5 分）	从位置、形态、海拔等方面描述了飞来峰，提出了一些问题（5 分）	分析了飞来峰的形成过程与发展趋势（10 分）	
8	红枫	描述到了红枫（2.5 分）	从位置、植被类型、生存环境等方面描述了红枫，提出了一些问题（5 分）	分析了适宜观赏红枫的位置和时间（10 分）	
9	土壤剖面	描述到了土壤剖面（2.5 分）	分层描述了土壤剖面和每层的特征，提出了一些问题（5 分）	分析描述了土壤剖面中各层的特征与土壤发育过程间的联系（10 分）	
10	大理岩	描述到了大理岩（2.5 分）	从分布、特征、用途等方面描述了大理岩，提出了一些问题（5 分）	分析了大理岩的成因与其分布、特征和用途间的联系（10 分）	
分数总评		等级说明 分项等级：0~2.5 分（基础水平），3~5 分（复杂水平），6~10 分（高级水平） 总评等级：0~25 分（基础水平），25.5~50 分（复杂水平），50.5~100 分（高级水平）			

表 2-13 研学活动小组评价量表

评价要点	分值	小组自评		教师评价	小组互评
		亮点推介	得分/分		
成员参与的主动性	10				
团队分工合理、执行有序	10				
资料收集的广度和深度	10				
研学任务完成度（每完成一项计 3 分）	30				
展示的研学任务成果的科学性（每项任务计 3 分）	30				
展示研学任务成果形式的多样性和说服力（选择合适的形式展示各项研学任务成果，以达到最佳效果，如图表、音视频、照片、文字等形式，每项任务计 2 分，最高计 10 分）	10				
总分	100				

四、家校协同审视元评价

元评价关注对评价本身的评价。元评价指引作为成长共同体的学生、家长、教师，共同思考“什么是好的评价？我们如何正确地评价我们的集体和集体成员？”家校协同审视班本评价本身，是以开放的态度向共同体成员展现班级，有利于在讨论交流中更新育人观念，在评后反思中完善评价体系，在调查策划中形成教育合力。

（一）亲子对话，引导家长更新评价观念

对孩子的评价不能只依据分数。创造亲子对话的机会，于细微处表达爱、传递爱、享受爱，让家长看到孩子成绩以外的优秀，这样有利于引导家长更新评价观念，以多元的视角评价孩子。

例如，在期中家长会前，每位同学都录制了“爸爸、妈妈，我想对你们说”短视频，班委将其与班级平常活动视频合成了班级大片，在家长会上向家长播放。家长们的感受是“孩子们长大了，能表达，会交流”，背后是孩子们的主动成长。每位孩子的家长会桌签都独具个性，知性小语，虽寥寥几笔，但追求个人发展的意愿跃然纸上。

例如，有孩子写道“唉，确实没考好。但心理成长也是值得高兴的呦。亲爱哒，不要生气噢。最漂亮、最可爱、最智慧、最开明、最热情、最美的妈妈请放心。等宝宝重回巅峰！我会长成最好的模样，拥有最好的生活”。有孩子写道“最美的小仙女扑啦扑啦飞向你！给家长的礼物就是我”。有孩子写道“请将名签翻转，记住不要笑我，更别哭。老妈，记住，我永远是你最强势的贞。还有，如有必要，请勿与名字排在我之前的同学家长交流，以免被老铁扎心。不过，下次你就可以随心所欲地扎别人的心了。我知道，这样的准备很惊吓，但我就是走谐星路线”。还有孩子写道“全体学习用具及桌椅板凳热烈欢迎母上大人莅临指导（鼓掌撒花）！我见过千种日出日落，我见过千般如绸月色。我见过风——凛冽刺骨，我见过鲸——黝似沥青。我遇到过千种不同动物，目睹过千般绝妙事物。然而，没有你，我做过什么都是失落；有了你，我想做的都是收获”。

（二）家校对话，协同审视班级发展

对话促进民主，为师生交往、生生交往、家校交往注入活力。家校对话聚焦“班级发展目标、发展问题、发展需要”，协同审视“班本评价体系的评价目标、评价工具、评价过程”，最终辨析、选择、生成“班级发展机制与教育思路”。关注元评价的家校对话促进班级民主，形成了家校协同审视班级发展的元评价路径，增强了班级发展活力。“石榴屯”特色家校对话活动有“家长期望调查、家长论坛、家校共读、班级吐槽大会、班级生日会、家长进课堂、家长班主任、班级语录周报、班级成长年报”等。

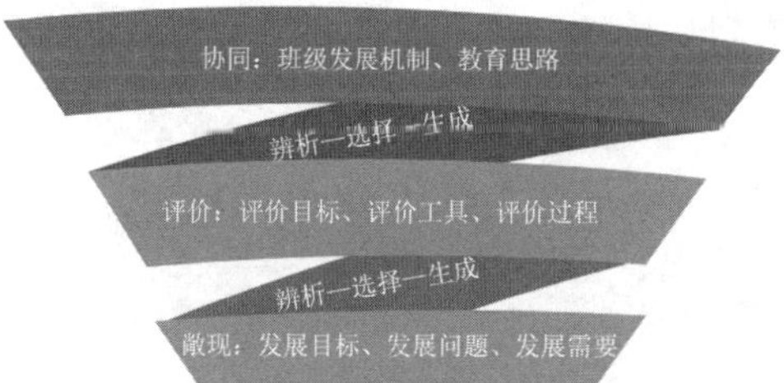

家校协同审视班级发展的元评价路径

特色与成效

班本评价体系的生成和构建过程，也是班级四项活力“文化活力、管理活力、行动活力、民主活力”的发展过程，促进了班级成员与班集体共同成长，“石榴屯”真正成了“像石榴籽一样紧紧抱在一起”的成长共同体。

一、集体创生评价观提升了班级文化活力

从整洁、规范的教室布置，到逐步生成班级精神，再到创生“欣赏他人、悦纳自己，抱籽成团、共同成长”的班级评价观，“石榴屯”在协同创造班级特色的过程中发展了学生的个性，展现了班级生机，提升了班级文化活力。

二、集体共建评价工具提升了班级管理活力

自评促进自省，师生协同创生自评量表，激发了班级成长的内生动力；他评促进自主，师生对话创生评价语系，激发了学生成长的更高目标追求；组评促进自立，集体对话创生评价回路，促进了班级管理方式更新。“石榴屯”在规范共建的过程中走出了一条“有序运作——稳健运行——内生活力”的管理之路，提升了班级管理活力。

三、集体参与评价过程提升了班级行动活力

思政教育活动，培根铸魂，引领学生坚定理想信念；公益活动赋能，学科活动蓄力，研学活动励志，系列活动保障了评价过程；活动双评引导学生主动参与，大胆展示。“石榴屯”经过“自发尝试、自觉行动、主动创造”三个阶段，探索出“目标引领活动方案设计，集体参与生成活动成果，行动进阶提升活动价值”的活动共育路径，提升了班级行动活力。

四、集体共商元评价提升了班级民主活力

通过亲子对话，引导家长更新评价观念；通过家校对话，协同审视班级发展；通过全员参与元评价，反思和完善评价体系，形成教育合力。“石榴屯”在一次次的“辨析——选择——生成”中“协同——评价——敞现”班级发展机制与教育思路，促进了民主型班集体建设，提升了班级民主活力。

温润育人：培育“心怀家国”的知行青年

——“凌云班”带班育人方略

班情分析

一、阶段发展特点及心理特征分析

高中阶段的学生，心智逐渐健全，但知识体系搭建尚未完成，情绪逐步稳定，但心理尚未成熟，思维最为活跃但价值观塑造尚未成型。此时的他们，渴求尊重却又极度敏感，渴求独立却又缺乏自律，渴求成长却又亟须引导。

二、学生基本概况

我班为理科班，共有学生 54 名，其中男生 32 名，女生 22 名，本地人仅有 11 名，其余均为新市民子女。班级总体男生偏多，班级氛围较为活跃，学生爱好广泛，具有 2 门及以上才艺的学生有 27 人，具有 1 门以上才艺的学生有 46 人。学生整体成绩在全县高中学段为中游水平，大部分学生有一定的学习目标，但生涯规划意识不强；有一定的自我管理能力，但学习习惯较差；有较高的自尊心和个体意识，但集体观念薄弱。部分学生因中考成绩不够理想，产生心理落差，对自我认知产生怀疑，自我效能感偏低。

三、家庭情况分析

我校地处全国百强县，经济较为发达，外来人口较多，城市文化多元。我班学生家庭背景差异较大，家长对学生成长的关注度不尽相同。其中，72%的家长每周与孩子沟通 2 ~ 3 次，但也有 20%的家长与孩子沟通的次数少于 2 次。在与孩子的沟通的内容方面，大部分家长主要关注孩子的成绩和心理状态，而对孩子的兴趣爱好以及班级的整体情况

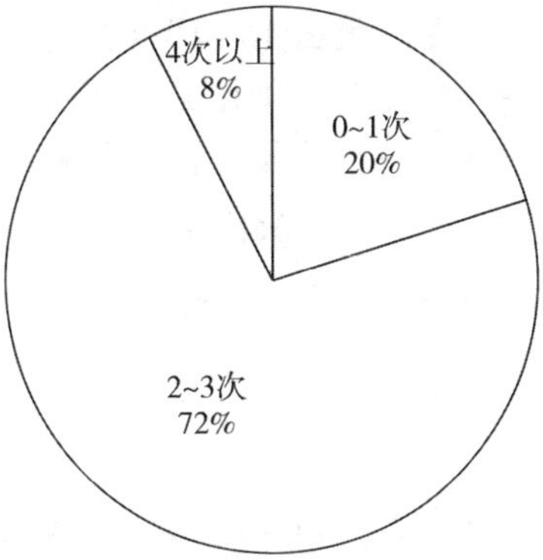

每周与孩子沟通的次数

则较少关注。

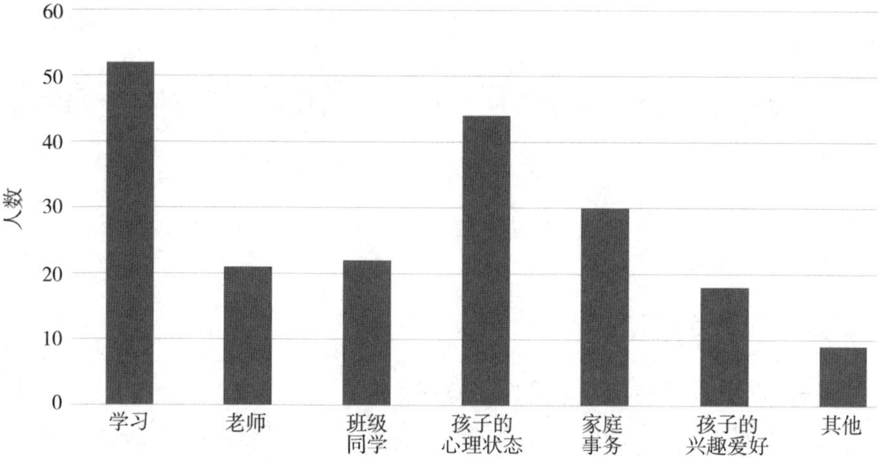

与孩子沟通的内容

育人理念

温暖之气，养生百木。在班级管理中，我始终以“温暖德育　温润育人”为理念，坚持以人为本，关注受教育者的客观存在和发展需求，遵循学生的发展规律和个体特质，开展有温度的德育活动，创设有温度的德育环境，提供有温度的德育体验，让学生在被爱与尊重中获取知识、自由成长；坚持通过各种基于学生真实生活的德育活动，以潜移默化、润物无声的方式唤醒学生内在生长力。

班级发展目标

在“凌云16班”的集体中，学生通过暖心赋能、暖行蓄势、暖性觉察，以温暖丰盈心灵，以温润滋养行为，以家国厚植情怀，最终成为品格温润、德才兼备、心怀家国的知行青年。

结合高中阶段学生的身心特点以及我们班学生的特性，我班学生的个人发展可分为三个阶段。

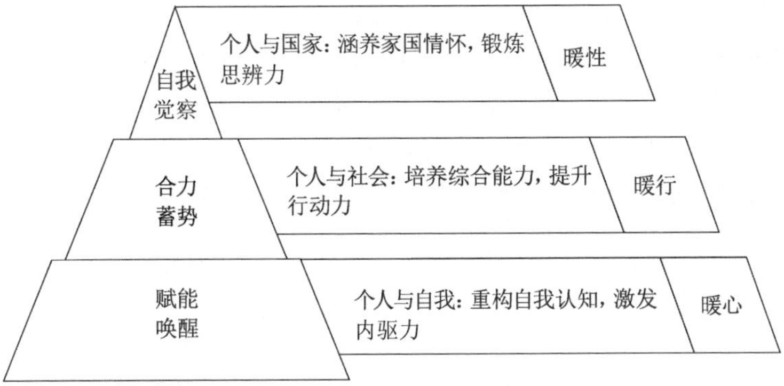

班级发展目标

第一阶段：重构自我认知，激发内驱力，做一个品格温润的人。

第二阶段：培养综合能力，提升行动力，做一个德才兼备的人。

第三阶段：涵养家国情怀，锻炼思辨力，做一个心怀家国的人。

实践做法

一、暖心赋能，浸润心灵促转变

从教育心理学的角度来讲，刚刚进入高中的学生正从懵懂的少儿期向成熟的青年期过渡，具有不平衡性、动荡性和封闭性等特点。因此，我们需要满足他们的情感需求，温暖他们的心灵，唤醒他们的内驱力。同时，高中阶段的学生自主性较强，渴望脱离家长和学校的保护和管理。因此，我们要大胆授权赋能，给予学生更多的主动权，鼓励他们自我管理，主动成长。

（一）着力班集体建设，唤醒学生内在动力

在当下以班级授课制为主要教学组织形式的学校教育中，班集体建设的重要性毋庸置疑。进入高中，面对新的环境，学生会有较大的学业压力、心理压力和人际交往压力，而一个和谐、友爱的班集体可以为他们搭建成长的脚手架，给予他们归属感和认同感。班主任要通过班集体温暖每一个学生个体，满足其归属与爱的需求，唤醒其内在生长动力，同时，引导学生传递温暖，将温暖回馈于班集体。因此，我始终将班级品牌建设放在首位，将班集体这一看不见、摸不着的东西具象化，让学生的心灵寄托由虚转实，引导班集体形成向上的班风学风、向善的班级文化、向好的舆论氛围。

从班名的确定到班徽的设计，再到班歌的选择、班级公约的制定，学生在一系列充满仪式感的活动中形成班级认同感，“产生被他人接受、被

他人认为有价值及与他人成为一个整体的一种情感”。他们以“凌云”为名，既表明了自己的凌云壮志，也寓意着“一朵云推动另一朵云”的集体关怀。他们将“与子同袍，携手奋进。怀凌云之志，做旷世之才”作为班级公约的总则，用制度建设传递和体现班级文化。在此基础上，学生们着手进行班级布置，从墙面到黑板报，从图书角到卫生角，从一体机到班级QQ群，无一不体现着班级特色。

凌云16的梦

——“凌云16班”班歌

在知识的海洋里航行 我们是“凌云16班”的精英
书本作桨 智慧为灯 梦想的天空由我们点亮
每个清晨的朗读声 是对未来的坚定承诺
在青春的赛道上 我们携手奔跑 不言放弃
课桌上的刻字铭记 时光与努力同在的证明
我们的汗水洒满教室 每个角落都有梦想的痕迹
挫折与困难只是试炼 我们用勇气将其击败
“凌云16班”心怀壮志 向着明天勇敢飞翔
风雨无阻 梦想不停息 我们的脚步永不停歇
手牵手 肩并肩“凌云16班”一起走过的岁月
“凌云16班”的誓言 在心中深深铭刻
无论多远多艰难 我们一起走到最后
风雨无阻 梦想不停息 我们的脚步永不停歇
手牵手 肩并肩 “凌云16班”一起走过的岁月
“凌云16班”的誓言 在心中深深铭刻
无论多远多艰难 我们一起走到最后
我的未来不是梦 每一步都走得坚定从容
“凌云16班”的骄傲 在天空中闪耀光芒
共同谱写属于我们的辉煌篇章

“凌云16班” 班级公约

总则：与子同袍，携手奋进。怀凌云之志，做旷世之才。

健康生活

1. 善待自己，积极参加体育锻炼，做一个身体健康、乐观向上、积极阳光的“凌云人”。

2. 跑操时整齐、迅速到达各班指定地点，不在途中嬉戏打闹。

3. 跑步过程中脚步一致，队伍整齐，不讲话打闹。科学跑步，掌握要领，用鼻子吸气，用口呼气。

4. 跑操期间，不得无故缺席，有事请假。班主任必须全程陪跑。

5. 眼保健操认真到位，不睁眼，不敷衍了事。不做与眼保健操无关的事情（如写作业，随意讲话等）。

校园生活

1. 维护班级形象，有正义感，遇事分清是非对错，绝不袖手旁观。
2. 尊重同学，发现周围每一个人的美好。不辱骂他人，禁止发生打架等肢体冲突。出现矛盾，理性解决。
3. 尊重老师，不得与学校领导、老师或宿舍管理人员发生争执。
4. 做明事理、懂克制、有担当的“凌云人”。
5. 时刻保持“凌云人”的自身素质，行为举止文明，禁止乱扔垃圾、践踏草坪、污损公物等行为。
6. 远离违法行为，禁止赌博、偷窃、敲诈、欺骗等行为。
7. 不带电子产品进入校园。

班级生活

1. 保持班级形象，不搞事情。争创卫生文明班级，人人有责。
2. 不在墙上、桌上乱涂乱画，杜绝脚印、球印的出现。
3. 不用拳头、锐器等破坏班级黑板、白板，不破坏班级的卫生工具。
4. 每天整理自己的卫生，将垃圾放入垃圾篓，不投掷，不乱扔。
5. 认真做好值日生工作，不逃避值日工作，有特殊情况的，内部自行调节。
6. 尊重值日生的劳动成果，任何人不得恶意破坏班级的卫生。
7. 积极参加班级、学校等组织的各类活动，展现“凌云人”的个性，弘扬正能量，不说丧气话。
8. 宣传方式多种多样，从各个方面展现“凌云班”的魅力。

学习生活

1. 以学习为中心，学习目标明确。入室即静，入座即学。
2. 按时到班上课，不迟到早退，有特殊情况的，首先向班主任报备请假。
3. 保持课堂秩序，积极、大声发言。不随意讲话，不随意饮食。
4. 上课不得打手势、做暗号、传纸条，不在课堂上做其他科目的作业。
5. 对己负责，按时保质、保量完成作业，作业、考试不抄袭、不作弊。
6. 自习课、午休期间保持班级安静，不随意出入教室，不讨论问题，不交头接耳。
7. 学习上相互帮助，精诚合作，有序竞争，为浓厚学风建设做出自己的贡献。

宿舍生活

1. 遵守宿舍管理规章制度，按时就寝和起床，用真心与宿管阿姨相处。
2. 舍友之间团结一致，有困难相互帮助。不说他人闲话，不搞小团体。
3. 维护宿舍秩序，不大声喧哗，不向楼下扔杂物、泼水，禁止在宿舍酗酒、赌博、抽烟。
4. 维护宿舍卫生，按时做好值日工作，值日生按时检查卫生，确保宿舍干净整洁。
5. 熄灯后及时休息，不使用任何照明工具，不闲聊，不串宿舍。
6. 非休息时间不回宿舍，不将电子产品等违禁物品带入宿舍。

（二）创新心育模式，引导学生自我认知

德韦克教授指出：“教育的关键是要让孩子相信，他拥有让自己变得更好的力量。”对学生心理健康的教育，要把工作重心放在平时、放在全

体、放在预防，讲求实效、讲求方法、讲求科学。扎实开展心育活动，创新心育模式，引导学生正确认识自我，让学生体会到自己生而为人所应拥有的尊严感，面对生命时所需要的敬畏感，以及个人成长的幸福感。

1. 心育课程系列化

借助学校“暖心屋”的力量，我和心理老师共同开发了学校心理班会课校本课程，我亲自设计并执教了包括抗逆力、同理心、责任感、悦纳自我等 10 节心理班会课，为学生健康心理助力，引导学生提高自我认知，“提高全体学生的心理素质，培养他们积极乐观、健康向上的心理品质，充分开发他们的心理潜能，促进学生身心和谐可持续发展，为他们健康成长和幸福生活奠定基础”。

心理班会课

2. 心理团辅常态化

每月一次德育大课间的心理团辅，我和学生一起蜈蚣翻身、脚踩风火轮、抓龙尾、跳兔子舞；每年一次的心理健康月，我和学生一起抓拍暖心笑脸、讲述暖心故事、征集暖心箴言、参加学校心理剧的拍摄。高三，我定制了高考倒计时日历，日历上有全体师生的合照和学生的座右铭，这本

心理团辅

日历会陪伴学生走过人生中最难忘的那段日子；我们举办了一举夺“葵”心理团辅活动，在蓝天白云下，在学校操场上，尽情奔跑，释放压力；我们参与鼓圈团辅，挥动双手，敲打出整齐的鼓点，探寻内心深处的静谧；我们设立班级快乐信箱，学生将自己遇到的开心事写下来投入信箱里，发掘真善美，传递正能量。

（三）规划未来发展，触发学生自我启动

职业生涯规划课程的开展，需要根据学生的发展阶段和切实需求，结合当下的国情和育人目标，有针对性地开展。我依托学校的学生成长中心，根据物理、化学、生物选科的实际情况，开展了具有班级特色的生涯规划教育。

1. 构建生涯规划课程体系

我借助成长中心提供的霍兰德职业兴趣测试、MBTI 人格测试等一系列活动，帮助学生了解自身及未来发展的可能性。我和职业生涯课教师共同打造双师课堂，辅导学生设计未来人生名片，进行生涯环游，模拟职业体验等活动。

生涯规划课程

2. 打造家校共育生涯规划模式

我邀请了部分家长以职场人的身份现身说法，开展了《走近食品安全检测》《从一块小小的芯片谈起》《3D 打印的现状与未来》等职场系列讲座，带领学生走进职场、了解职场。

职场系列讲座

3. 形成班级发展规划路径

作为班级命运的共同体，班级每一位学生都要以小组为单位，参与到班集体的发展规划当中，树立班集体发展的共同愿景，强调班级发展与个人发展同步进行，增强对班级发展的使命感，激励学生自发投身到温暖班集体的打造。学生明确回答了班级发展的相关问题：高二结束之后，每一个“凌云人”将以什么样的状态进入高三？本学期，我们共同努力的方向在哪里？作为“凌云16班”的一员，我能为这个班级做些什么？只有当个人的发展与班级的发展、集体的发展乃至国家的发展融为一体的时候，学生的精神才能富足、站位才能提升、目光才能远大。

“凌云16班”三年发展规划（2022—2024）

一、班级分析

（1）我们班的优势在于：

（2）我们班的不足在于：

二、班级发展目标

（1）高三毕业后，我们的班级应该成为：

（2）高二年级结束后，我们的班级应该成为：

（3）本学期结束后，我们的班级应该成为：

三、班级行动指南

（1）“凌云人”应该具备哪些品质？

（2）“凌云人”应该往哪些方向努力？

（3）你可以为“凌云班”做些什么？

二、暖行蓄势，身体力行促发展

所谓暖行，就是指家校社三方联动，“精心设计、组织开展主题明确、内容丰富、形式多样、吸引力强的教育活动”，“以鲜明正确的价值导向引导学生”，为学生的成长、发展蓄势，以温暖传递温暖，让学生在温暖的活动中涵养温暖的品格，继而将温暖传递给身边的人。

（一）发挥朋辈互助，开启学生的向上力

在高中生的成长和发展中，同伴的影响有着至关重要的作用。对温暖的追求和传递，是人类的一种本能，是藏在每个学生心中的一颗种子。而朋辈互助会默默浸润这颗种子，最终开出真善美之花。

1. 巧用班级快乐信箱

每周班会的前十分钟，由学生进行“我要夸夸你”活动。学生在平时将自己的感恩与赞美写在纸条上，并将其投入班级的快乐信箱中。班会课上，他们会阅读这些纸条，借此机会向帮助过自己、激励过自己或感动过自己的同学表达感激。

2. 善用榜样力量

两周一次，班级会通过小组推选、全班投票的形式评选出“凌云之星”。大家选出的既可以是助人为乐、甘于奉献的文明之星、奉献之星，也可以是勤奋好学、踏实认真的乐学之星、自强之星；既可以是一个同学，也可以是一个小组。班级管理委员会（班委会）为这些同学撰写颁奖词，通过学校微信公众号、学生群、家长群、电子班牌、学校大屏幕等形式进行表彰。

3. 借力学长引领

每学期往届毕业生在假期时间返校看望班主任时，我会邀请他们走进班级，给学生们做一次“学长学姐说”演讲。学长学姐们直播大学校园的风景，介绍校园的生活，激励着学生为自己心中的学府而奋斗。

高中学生具有更强的是非观和判断力，也有着更强的执行力和感染力。我坚信，“光照不到的地方，我们就是那束光”，让每一个学生发光，彼此照亮。我努力让优秀与温暖萦绕在学生日常生活的每一个角落，形成温润的氛围，让学生的一举一动都受到美好的感染、指引和浸润。

（二）积极家校共育，聚焦学生的感恩力

高中阶段的学生要意识到自己是家庭成员的一分子，应承担相应的家庭责任，从单纯的资源接收者转变为资源共建者，成为家庭氛围的营造者、亲密关系的创造者、与人为善的践行者。

1. 亲子互动诉衷肠

随着孩子年龄增长，高中阶段的很多家长发现自己对孩子的掌控力逐渐减弱，与孩子的亲密关系逐渐被剥离。我定期邀请家长参加班级活动，和班级学生一起过班级生日，分享自己的喜怒哀乐，让学生了解到自己的父母也是一个普通人，也有真情实感，也需要别人的关怀和照顾；邀请家长参加学校读书节活动，与学生一同参加“见字如面之一封家书”活动，亲子共写一封家书，给予家长流露感情的机会，也给孩子表达对父母的感激之情的机会。

2. 德育作业现温情

家庭教育方法的缺失，加上经济负担、工作压力、孩子成绩等因素的影响，家长们时常感到焦虑和无助。每次长假回家，我们都会布置“德育作业 N 个 1”活动，其中包括了为父母做一顿晚饭、打扫一次房间、洗一次衣服等劳动性活动，学生在家务活动中了解到父母生活的不易，提升家庭关系的温度。

3. 家长学校共成长

受到家长的育人理念、育人方式、育人水平等因素的影响，每个家庭的家庭教育理念各不相同，每个家庭相互表达爱和感恩的方式也不一而同。我们会借力家长学校，在家庭教育方面对父母进行指导，鼓励家长参与家长沙龙，分享家庭教育心得。除学校规定的家长会以外，我们还会根据学生的具体情况，不定期开展小型家长论坛。在论坛中，我会对学生近期取得的进步进行表彰，对家长们遇到的困惑进行解答，对家庭中面临的矛盾进行调解，让学生能够拥有一个更加温暖、更加和谐、更加积极的成长环境。

（三）密切校社协同，激发学生责任感

社会实践是在学校教师的指导下，有目的、有计划、有组织地面向社会，懂国情、学知识、长本领、增才干的一种校内外教育活动。带领学生走出校园，让学生亲身参与，丰富他们的体验，沉浸式感悟自身成长，增强社会责任感。

1. 主题教育入心入脑

根据学校的每月教育主题，结合班级的特点和需求，我们前往烈士陵园，参与了“清明祭哀，奋发报国志”清明主题活动，为烈士们献上花环，寄托哀思；我们走上街头，参与了“寻红色印记，献礼祖国”国庆主题活动，寻找街边的国旗、国徽并与之合影打卡；我们走进巴城福利院，参与了“重阳敬老，人间晚晴”重阳主题教育活动，为福利院的老人们送去温暖和欢乐；我们穿上传统服饰共游周庄，参与“水乡之美，江南迷情”传统文化主题活动，研究了周庄的历史文化，体悟传统民俗，传承民族精神，抒发民族自豪感。

2. 社会实践见行见效

每逢寒暑假，在我和班级家委会的共同组织下，学生更是迎来了充满特色的实践之旅。我们致敬火焰蓝，来到消防站，增强消防安全意识，向消防战士表达敬意；我们穿上红马甲，来到市中心，宣传防疫知识，增强市民的自我保护意识；我们走进昆山鹿城垃圾发电有限公司，体验一线工作，在组织和参与活动中进行实践体验；我们走进社区，宣传垃圾分类，为小区的文明和美好贡献自己的力量；我们参加“旧衣新旅”活动，赋予旧衣物新的生命力，把它们传递到需要的人手中，温暖他们整个冬天。

三、暖性觉察，知行并进促成长

庄子曰：“性者，生之质也。”暖性，即温暖学生的人格与品性。自我觉察，是指个体对自我的了解和认知，既包括对内在情感、想法的认知，又包含对自我外在表现、社会形象的态度和认知。有效的自我觉察能够帮助他们认知自我，完善个人成长，形成温润的品性；帮助他们认知环境，学会知行并进，养成独立的人格；帮助他们认知时代，坚定爱党爱国，心怀家国天下。

（一）引导感悟反思，促学生自省

我始终坚信，要将成长的权利交还到孩子们的手中，让他们成为一个宽人自省、克己慎独、知行合一的青年，实现自身的人生价值，掌控自我的幸福生活。

1. 德育点评在课间

每天的大课间跑操结束之后，我们都会有一个5~10分钟的点评。在我们班，这个德育点评通常都是由各组的组长进行的。他们会对前一天的班级情况进行点评和总结，提出优化意见。

2. 自我反思在班会

每周一次的班会，班委会成员会就自己负责的相关内容，总结一周的情况，表扬先进，总结问题。同时，对于班级里出现的问题，我会引导学生通过照片、视频、情境演绎等形式，让学生跳出自身角色，从第三方角度来思考和反省自己的行为。我还会将评价权交还到学生手中，让学生进行自评和互评。学期伊始的第一次班会课上，学生会给未来的自己写一封信。学期结束，这封信会回到同学们的手里，对照着自己学期初的目标，总结自己这一学期的得与失。每个小组在组长的带领下，对自己小组每一个成员的进步和不足进行互评，总结小组进步的经验或退步的教训。整个班级也会针对我们制定的班级目标，对我们班级进行评价。

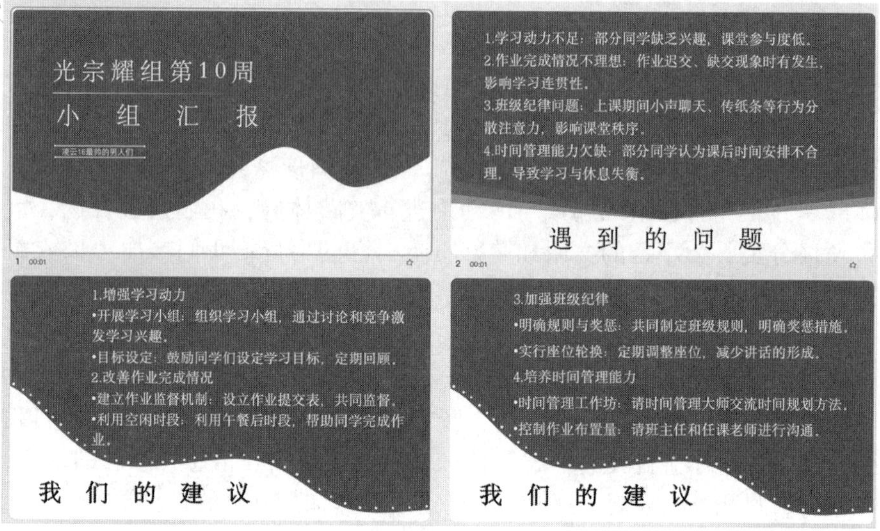

班会小组汇报

（二）引导批判思辨，促学生明辨是非

随着网络信息技术的迅速发展，学生们正处于信息洪流当中。面对海量的信息，学生必须学会对身边的事物进行觉察，独立思考，甄别判断，大胆质疑，做出正确的选择。

1. 班级事务共参与

作为班主任，我尝试将自己的角色从班级工作的管理者转化为班级建设的参与者。在班级，我们形成了班级管理委员会、风纪委员会（纪委会）和学生大会三大组织，无论是班级建设还是评奖评优，在所有班级决策制定的过程中，都由他们自行讨论产生。对于社会中出现的各类热点事件，我也会抓住教育时机，通过辩论、演讲等形式，让学生对整个事件进行剖析，进而做出自己所能认同的理性判断。

“凌云16班”班委会工作准则

总则

“凌云16班”班委会是“凌云16班”的先锋队和形象名片，以维护班级秩序、引领班级方向、树立班级形象为己任，坚持原则，敢于同不良思想和行为作斗争，维护同学的正当权益，关心同学的生活，团结友爱，互相帮助，共同进步。

班委会以班长为核心，对全体同学负责。对于班委会管理存在意见的，事后向纪委会投诉，由纪委会仲裁。对仲裁不服的，上报学生大会，学生大会给出最终仲裁方案。

机构设置

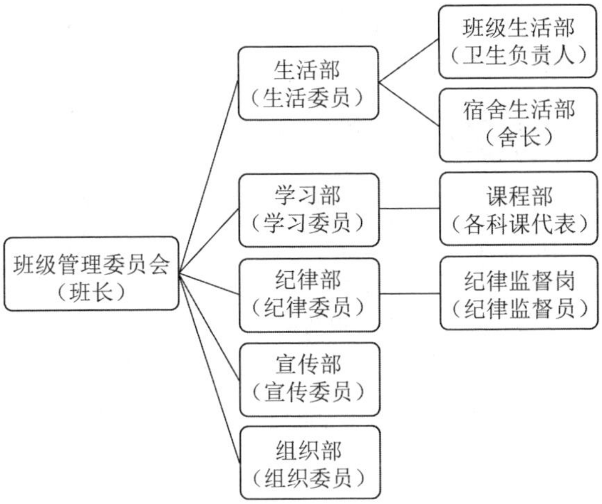

各部门职责

（一）班长：全面负责班级工作

1. 对班级工作全面负责，以身作则，团结班委，凝聚同学，带领全班同学遵守学生守则，搞好班级建设，努力使本班成为一个遵守纪律、团结向上、勤奋学习、朝气蓬勃的集体。

2. 了解和掌握本班同学的思想、学习、纪律和生活情况，主动向班主任请示和汇报工作，及时反映同学的意见和要求。

3. 配合班主任及任课老师做好本班学生的思想政治工作，发挥联系学校、老师和同学之间的桥梁纽带作用，努力完成他们交付的各项任务。

4. 督促和检查全班同学执行学生一日规范及校规校纪。组织本班同学准时参加年级、学校的各项活动，维持本班的纪律及形象。

5. 每两周（开放周）召开一次班委会会议，进行一次班级情况总结，每月进行一次班委会述职报告。

（二）学习部：主要负责学习方面工作

1. 经常了解班级同学的学习情况，帮助同学解决学习上的困难，传达学校有关教学方面的通知精神。

2. 注意发现同学中确有实效的学习方法，帮助同学进行总结。组织交流，不断提高全班同学的学习积极性。

3. 督促和协调各科课代表的工作，课代表及时搜集同学们对教师教学的意见和建议，并及时向老师或学习委员反映。

4. 课代表负责本学科老师委派的任务，按时收发作业、试卷，做好记录工作。

5. 课代表课前到办公室帮助老师准备课堂教具，协助老师做各种演示。课堂发现老师未到班，及时报告班主任。

（三）纪律部：主要负责班级纪律工作

1. 自习课上协调纪律监督岗成员，维持班级纪律。

2. 午休过程中遵照班级公约，保持教室安静。

3. 参加集体活动时，维持公序良俗，维护班级良好形象。

（四）生活部：主要负责校园生活相关工作

1. 关心同学生活，关心同学身体健康，做好班级每日健康调查表的登记及上交工作。

2. 了解同学在生活方面的意见和要求，及时向班主任和学校有关部门反馈。
3. 督促同学保持教室整洁，不断养成整洁、卫生的良好习惯。
4. 安排、检查每天的清洁区值日和其他劳动任务，负责劳动工具的借还。
5. 负责保管教室的清洁工具，并固定放置适当地方，以不影响教室的整洁为原则。
6. 监督宿舍卫生，维系宿舍纪律，调解宿舍矛盾。
（五）宣传部：主要负责黑板报工作
1. 负责安排、督促和指导同学定期出好班级黑板报，搞好班级的各项宣传活动。
2. 及时记录班级的各项宣传材料，用于班级公众号的制作。
3. 发动同学布置、美化教室环境。
（六）组织部：负责组织班级各项活动
1. 协助体育老师上好班级的体育课，组织好各类日常体育活动。
2. 负责文艺、体育比赛的组织和发动工作。
3. 做好学校集体活动的整队和安全管理工作。

2. 学科融合共德育

作为英语老师，我还将学生思辨能力的培养与学科教学相结合。新高考新题型读后续写，为学生思辨能力的发展提供了很多优质的素材——紧急救援、人际交往、两难抉择，都在挑战学生的批判精神和质疑态度。我借助文章中的故事，引导学生做出价值判断和选择，在写作中表达自己的观点。

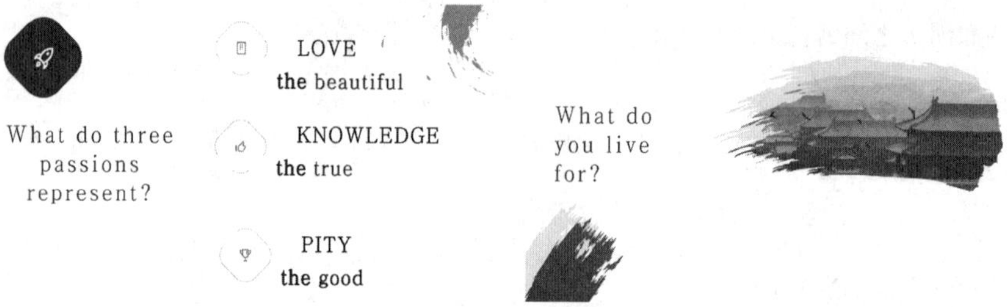

学科融合教育

（三）引导爱国爱党，培育赤诚忠贞的爱国者

每个时代都有其独特之处，学生只有能够觉察时代，才会自觉将国家命运与个人选择相结合，从心底对整个国家和民族产生认同。

1. 校内爱国主义教育内化于心

我们把握入学之初、开学之初、寒暑假等教育时机，用更丰富的形式、更多元的载体、更新颖的材料，开展爱国主义教育，涤荡学生灵魂，培养道德情操，引导他们成为赤诚忠贞的爱国者、民族复兴的奋斗者和社会主义的建设者。每学期开学初，我都会认真上好开学第一课，做好理想信念教育。课程内容紧跟时事，从《觉醒年代》到台海军演，从国际赛事到神舟飞天，让学生切身感受到党的伟大、祖国的强大和肩上责任的重大。尤其是近几年来，学生接触网络的时间较多，受到了很多异化思潮的干扰。高中生正值自我意识的觉醒和政治意识的萌生时期，更需要我们上好思政课，做好思政教育，引导他们心怀家国，为实现中华民族伟大复兴的中国梦而不断奋斗。

2. 校外爱国主义活动外化于行

我带领学生走进顾炎武文化故居，体会“天下兴亡，匹夫有责”的使命担当；走进“小小红船馆”，重温入团誓词，开展沉浸式学习。入学之初到校外军事基地进行军事训练，是对学生进行爱党爱国教育的重要契机。除了完成学校规定的“必选动作”以外，我和班级学生还会在空闲期间，开展具有自己班级特色的个性化活动，如邀请教官讲军营故事，邀请退伍军人家长分享退伍的故事，交流观看《长津湖》等爱国主义影片的观后感，绘制军训爱国主义海报，等等。

特色与成效

一、特色

以“温暖德育”为出发点，以“温润育人”为工作路径，以“心怀家国”为站位，以“知行青年”为育人目标，要让我的一切班主任工作落到学生成长实处、落到学生生活细处、落到学生心灵深处，让学生在集体生活中体悟到班级的温暖、师长的温暖、家庭的温暖、朋辈的温暖、成长的温暖。最终使“温暖”成为班级教育的情感归宿，使“温润”成为班级学生的品性特征，使“家国”融入学生的血脉，培养品格温润、德才兼备、心怀家国的知行青年。

二、成效

（一）强调温暖德育，学生身心得以发展

为学生提供温暖的成长环境，满足学生的心理发展需求，让学生在温暖的集体中获得成长，也将自身的温暖传递给他人。在这样的成长环境下，他们的情感需求得到了满足，自我认知得到了深化，人生发展目标更加清晰、合理，班级的凝聚力明显增强。我们班多次获评市级、校级优秀班集体，多名同学获得市级、校级三好学生、优秀学生干部等称号。

（二）重视知行合一，学生能力得以提升

学生成长坚持以“知行合一”为准绳，强调“自我体悟”。学生在活动中沉浸，在活动感悟，在活动中成长。多方的资源支持、多样的主题教育，让学生的改变和成长发生在无声之中。每年至少组织 2 次以班级为单位的社会实践活动，学生在实践当中收获知识、运用知识、检验知识，各方面能力得以提升。我们班的多名学生在市级、校级科技类、文化类、实践创新类竞赛中获奖。

（三）厚植家国情怀，学生人格得以完善

学生成长坚持以“心怀家国”为站位，强调“个人思辨”。学生坚定爱党爱国信念，心怀家国天下。学生对国庆节、国家公祭日、五四青年节等爱国主义主题教育活动的参与热情高涨，对网络上一些热门的事件、话题能够有三观正确、分析深入的观点，曾在一次公益活动中被主办方称赞为“有思考、有担当的热血青年”。

主题班会

主题班会是在班主任的主导下，全体学生共同参与的、为解决班级或学生成长中存在的教育问题，围绕某个主题而实施的班级活动，是学校教育的重要组成部分。主题班会的开设是班主任课程能力的重要体现。开展主题班会具有重要的意义和价值。

主题班会可以引导学生树立正确的世界观、人生观和价值观，培养学生的道德情感和道德意识，提高学生的道德素养。主题班会不仅关注学生的思想教育，还注重学生的身心健康以及对其艺术素养、实践能力等方面的培养。丰富多彩的主题班会活动，有助于拓宽学生的视野和思维，促进学生的全面发展和个性化发展。主题班会通过集体研讨、心理辅导和学习经验分享等形式，帮助学生解决在学习、生活和情感方面遇到的问题和困惑，提高学生的心理素质和解决问题的能力，促进学生的健康成长。

主题班会鼓励学生积极参与和自主探究，鼓励学生敢于提出自己的想法和见解，培养学生的独立思考能力和创新意识，激发学生的创新思维和实践能力。通过小组讨论、角色扮演、团队合作等形式，促进学生之间的交流和互动，培养学生自我管理和自我教育能力，增强班级凝聚力和集体荣誉感。

主题班会的策划和实施需要班主任具备较高的专业素养和教育智慧。通过主题班会的组织和实施，班主任可以不断提升自己的专业素养和教育实效性，提高班级管理的效果和水平。

主题班会参考模板

基本信息			
姓名		联系电话	
学段		学校	

主题班会题目、背景、目标、准备	
班会题目	
背景分析（从学情分析、主题解析两方面分析；主题解析侧重分析班会选题和主题间的关系）	
班会目标（从认知目标、情感目标、行为目标三方面分析，目标要具体）	
班会准备（从学生准备、教师准备等方面分析）	

班会过程
（每个环节的过程要具体展开，有生成材料）
环节一： 设计意图：
环节二： 设计意图：
环节三： 设计意图：
……

班会后延伸教育活动

班会反思

打卡传统　童心传承

——五年级传统文化主题班会

背景分析

一、学情分析

五年级的学生对中华优秀传统文化较感兴趣，但是往往缺少对其背后所蕴含的深厚文化底蕴的探寻，也缺少对传统文化传承发扬、推陈出新的责任感。对优秀传统文化了解不够，加上经济全球化的浪潮席卷，各种文化及价值观对我国社会特别是青少年的影响愈来愈大，直接导致学生优秀传统文化素养薄弱。因此，迫切需要切实改进和加强优秀传统文化教育。提高学生优秀传统文化素养，是学生自身发展的需要，是民族复兴的需要，是中国文化走向世界的需要。

二、主题解析

习近平总书记强调，历史中创造和延续的中华优秀传统文化，是中国的根和魂，文明永续发展，既需要薪火相传代代守护，更需要顺势推陈出新。习近平总书记向党的二十大作报告时指出，要传承中华优秀传统文化，助推文化自信自强。《中小学德育工作指南》把中华优秀传统文化教育作为五大德育内容之一。学校要落实立德树人根本任务，必须坚定青少年文化自信，增强其对中华优秀传统文化的认同。

班会目标

1. 认知目标

通过“看一看”“摸一摸”“说一说”等活动，了解苏州的优秀传统文化。

2. 情感目标

通过“巧手小绣工”“年画上色匠”“思辨东西方音乐”等活动，感悟苏州优秀传统文化的情感寓意与文化内涵，激发对中国传统文化的热爱之情，增强民族自豪感与文化自信。

3. 行为目标

通过“我给习爷爷推荐打卡点”等活动，思考如何传承传统文化，切实感受自己能为传承传统文化付出的努力，深化爱国意识，从日常生活中一点一滴做起，实践弘扬之行。

班会准备

1. 教师准备

（1）进行问卷调查，了解学生对优秀传统文化的喜爱和了解程度；

（2）搜集优秀传统文化现状的新闻报道；

（3）准备苏绣劈丝的蚕丝、套色印章；

（4）寻访桃花坞木版年画传承人；

（5）“我推荐的苏州优秀传统文化打卡点”每位学生一张；

（6）制作课件和板书。

2. 学生准备

（1）完成优秀传统文化问卷；

（2）寻访、了解苏绣的历史价值和文化价值；

（3）完成“我推荐的苏州优秀传统文化打卡点”的介绍文案。

班会过程

环节一：七嘴八舌话传统

活动1：听评弹，谈感受

播放评弹节选《杜十娘》。

播放音频：评弹是一门历史悠久、优美动人的说唱艺术，它以幽默细腻的说白、婉转动听的演唱、声情并茂的表演和珠落玉盘般的弹奏闻名于世，堪称江南文化的精粹。《杜十娘》31句唱词构成了一个起承转合、脉络分明的完整故事，形成了一个自成体系的叙事闭环和结构单元。旋律婉转流利，自有一种音随字转、情随音回的艺术效果。

预设生成1：吴侬软语，曲调婉转悠扬，非常好听。

预设生成2：听不懂咿咿呀呀，不喜欢。

教师小结：这个声音就是苏州的评弹，也是中华优秀传统文化。

活动2：微调查，促反思

出示“本年级学生对于中华优秀传统文化的了解”的课前调查结果，引起学生反思。

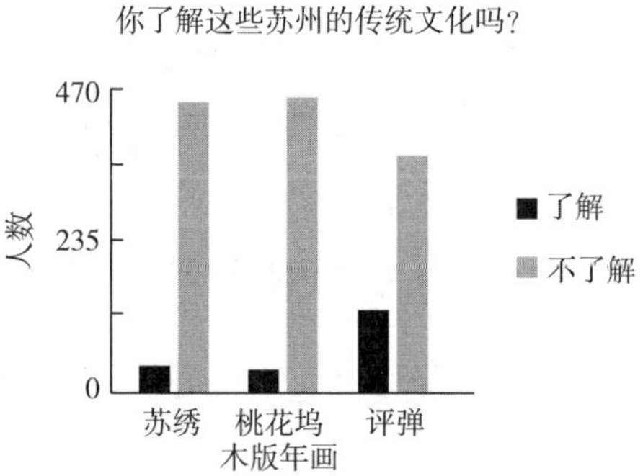

课前调查结果

活动3：曝新闻，心触动

视频出示：优秀传统文化的传承现状。

播放新闻视频：我国多年来的家校教育，多以提前进行知识教育、才艺学习为主，中小学阶段虽有涉及传统文化，但范围不够广、程度不够深入。部分非遗文化及民俗文化培养传承人是一个长期的过程，当代年轻人很难静下心来学习传统文化。部分群众可能会神圣化传统文化，缺乏平常心，因循守旧，故步自封，一定程度上限制了时代元素在传统文化中的融入。随着社会的不断进步和经济的不断发展，一些企业家、商人一味追求文化的商业价值，导致传统文化恶俗化、低级化。

学生交流：看完问卷和新闻视频的感受。

教师小结，揭示班会主题：中华优秀传统文化，是中华民族的根和魂，我们要薪火相传，代代守护，这既是我们的责任，也是我们的义务。

活动4：创情景，激兴趣

如何保护和传承好城市的历史和文脉，是总书记始终关心的问题。2023年暑假，他来到苏州，专门考察平江历史文化街区。这节课就跟着总书记打卡平江路。

播放新闻视频：7月6日上午，在江苏省苏州市考察的习近平总书记来到平江历史文化街区，详细听取苏州古城保护及平江历史文化街区保护、修缮、利用情况汇报，步行察看古街风貌，观看苏绣制作，体验年画印刷。

设计意图：结合现在学生对于传统文化的距离感、陌生感，从传统文化边缘化的现状出发，明确学生深入了解传统文化、浸润童心的目标，开展本次主题班会活动。从跟着总书记一起打卡这个热点时政，激发学生学习的兴趣。

环节二：打卡体验润童心

第一站　苏绣展览馆

活动 1：指尖乾坤，一眼万年

出示课前调查：本班有一位同学的奶奶就从事苏绣工作，于是他们小组专门去采访调查。

小组汇报：从苏绣的历史价值和艺术价值两方面，汇报课前调查和了解的情况。

同学们，我的奶奶从事刺绣工作已经五十几年啦！今天我作为小组代表来汇报我们的采访和调查结果，我们发现刺绣特别“强”。第一个强，强在历史价值。你们知道苏绣的历史有多长时间了吗？两千多年呢！春秋、战国、秦汉、唐宋、明清，一直到现在。人们可以通过不同时代的苏绣作品，去了解那个时代的生活习俗、社会风情、审美风格。你们看，它的历史价值强不强！第二个强，强在艺术价值。这是我搜集到的“苏绣女皇”姚建萍的作品，请欣赏。（学生欣赏作品）你们觉得怎么样？这一幅是姚建萍的代表作，作品两面图案不同、针法不同、色彩不同。有谁知道这是什么创作手法？这可是苏绣中最神奇、最精妙的“双面绣”，就像是“针尖上的魔法”。你们就说苏绣强不强？我们小组的汇报就到这里，谢谢大家。

教师小结：苏绣不仅有悠久的历史价值，还有极高的艺术价值。

活动 2：苏绣劈丝显功夫

教师出示苏绣劈丝的视频，引导学生仔细观察劈丝的步骤。

学生活动：在规定时间内，体验苏绣劈丝。

交流体验：学生分享劈丝过程中遇到的困难。

数据对比：教师介绍一串特别的数字，感受数字背后绣娘的不易。

同样时间内，同学们可以将一根丝线劈成多少根细丝？绣娘们可以将一根丝线劈成 64 根细丝。姚建萍可以将一根丝线劈成 128 根细丝。

畅所欲言：教师出示“苏绣女皇”姚建萍劈丝的视频，引导学生交流感受。

预设生成：坚持不懈的精神、精益求精的精神。

教师引导提升：正如习近平总书记所说，像这样的功夫，充分体现出中国人的韧性、耐心和定力，这是中华民族精神的一部分。劈丝只是苏绣的基本手艺，小小的劈丝，看似简单，却蕴含着深刻的匠人精神。我们传承优秀的传统文化，更重要的是传承其中的匠人精神、民族精神。（板贴：苏绣技艺显功夫）

第二站　年画体验馆

活动 3：一团和气，其乐融融

展示桃花坞木版年画的代表作品《一团和气》。

引导学生判断里面人物的性别和年龄，并谈一谈原因。

采访桃花坞木版年画的传承人，揭晓答案。

播放采访录音：《一团和气》眉眼间的皱纹像极了一位老奶奶，而头上的两个发髻又是女孩才会梳的，宽阔的裤腿又暗示了男性的身份。脖子上挂的长命锁又表明了他是一个孩童。这是一个融合了男、女、老、少多重身份的集合体，表达了江南百姓们对“和”的美好期待。

教师小结：原来如此，怪不得总书记称赞，《一团和气》年画寓意很好，我们要推动形成一团和气的社会氛围！

《一团和气》年画

活动 4：年画印制有创新

教师介绍套色图章源自桃花坞木版年画一版一色的传统技艺。《一团和气》由五种不同颜色、不同形状的图章构成。按顺序盖章 5 次，就能得到完整的图案。

教师示范套色图章的印制过程，明确要求：① 利用套色图章，印制年画作品；② 给年画作品起一个美好的名字。

小组合作，体验套色图章。

展示作品：各小组分享展示小组作品，结合年画的图案和寓意，谈感受。

教师引导提升：每一张木版年画的背后，都蕴藏着人们的美好祈愿，都寄托着我们中国人丰富的情感。(板贴：美好寓意画中藏)

交流感受：出示传统桃花坞木版年画印刷上色的视频，引发学生思考：如果每个小组都体验传统印刷上色，会有哪些困难和麻烦？

播放视频：桃花坞木版年画的制作流程可归纳为创作（画）、刻版（刻）、印刷（印）三道工序。桃花坞年画是一版一色，分版水色套印的，印刷时先印墨线版，然后根据画稿的色泽再分版套色。年画通常用红、绿、黄、桃红、紫和淡墨等五六套色，虽然套色版用色不同，印刷时都是均匀平刷，不分浓淡，但可用“环色”，即两种套色重叠造成复色，可丰富色彩的变化。在印刷过程中，印工则采用“模版”技法，使墨线版和套色版准确无误，以确保印刷的作品与原作不失真。最后进行装裱，一幅年画才算完工。

体验对比：比较套色图章和传统印刷上色，小组讨论。

教师小结提升：创新是中华优秀传统文化延续的力量源泉。创新是一个民族进步的灵魂，是一个国家文化兴旺发达的动力。

第三站　评弹曲艺馆

活动5：吴韵曲艺，百转千回

欣赏评弹：播放吴亮莹老师的评弹《向云端》。

播放视频内容：苏州平江路的夜色中，年轻人排起长龙，一问才知道，是去听吴亮莹唱一首评弹版的《向云端》。

学生讨论：小组交流评弹脍炙人口、备受追捧的原因。

视频连线：央视采访吴亮莹老师的新闻。

播放视频内容：吴亮莹认为，倘若年轻人和非吴语区的听众很难直接对传统的评弹曲目感兴趣，那不如就趁此来点“跨界”，把传统音乐和流行音乐相结合，先把听众留住。短视频和直播为评弹这一地方剧种吸引了更广泛的新观众，打赏也为这一古老的演出形式带来了新的经济增长空间。

活动6：音乐碰撞各精彩

学生思辨：① 我更喜欢流行的音乐、精彩的外国大片。评弹消失就消失，没多大的关系。② 西方的钢琴、小提琴比中国的二胡、琵琶更显高级。

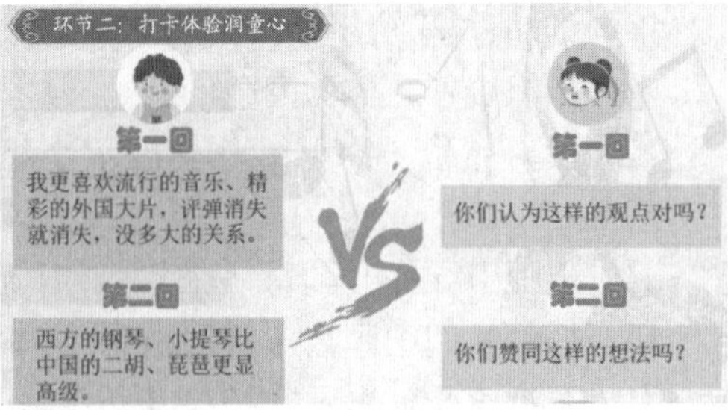

打卡体验润童心

教师提升：东西方音乐就如同花开两朵，各有特色，不存在谁高谁低的问题。作为中国人，我们应该传承好我们老祖先留下来的文明成果，并为之自豪。（板贴：吴韵曲艺当自豪）

设计意图：跟着总书记的脚步，突出苏绣、木版年画、评弹三样富有苏州特色的传统文化。以路线图贯穿，层层递进，浸润式体验，最终在实践中生成了最直击内心的价值观——为中华文化而自豪。

环节三：传承美好齐代言

活动：我给习爷爷推荐打卡点

教师提议再给总书记推荐一个苏州传统文化的打卡点。

小组分享：组内交流每个人课前搜集的资料。

小组讨论：组内投票，决定哪一个是组内推荐的打卡点。

小组代表汇报：介绍自己小组推荐的打卡点。

全班评论：哪一个打卡点最值得推荐？在微信框里写清楚推荐理由。

传承美好齐代言

教师总结提升：我们要牢记习近平总书记的嘱托，平江历史文化街区是传承和弘扬中华优秀传统文化、加强社会主义精神文明建设的宝贵财富，要保护好、挖掘好、运用好，不仅要在物质形式上传承好，更要在心里传承好。

设计意图：为总书记推荐更多的传统文化打卡点，让学生看、听、说、做，不断深入了解，加深对不同传统文化的认知。

班会后延伸教育活动

“传统文化代言人”系列争章：课后请同学们继续打卡，获得“传统文化代言人”的系列争章，让苏州的优秀传统文化被更多的人了解和喜爱。

1. 知识达人：参加班级优秀传统文化知识竞赛

参加优秀传统文化知识竞赛不仅有助于我们学习和传承优秀传统文化，还能够提高我们的综合素质。优秀传统文化包含了众多领域，对这些知识的了解不仅能够拓宽我们的视野，更能够提高我们的人文素养。

2. 模范家庭：亲子共同参观优秀传统文化场馆

亲子体验各类喜闻乐见、寓教于乐的优秀传统文化研学项目，不仅可以增进亲子关系，锻炼孩子的观察能力和动手能力，还能让小孩子了解优秀传统文化，培养爱国情怀。

3. 宣传能手：走进社区宣传优秀传统文化

通过向社区居民宣讲中华优秀传统文化，促进继承、传播和弘扬优秀传统文化的实践，增强文化自觉，树立文化自信。

班会反思

本次班会活动的主题来源于总书记来苏州平江路感受苏州优秀传统文化热点，紧扣时代脉搏，“中华优秀传统文化”主题班会结合时事热点，创设“跟着总书记打卡平江路”任务驱动，围绕“七嘴八舌话传统”“打卡体验润童心”“传承美好齐代言”三个部分展开。通过“巧手小绣工”“年画上色匠”“思辨东西方音乐”等活动，感悟苏州优秀传统文化的情感寓意与文化内涵，培养学生对中国传统文化的热爱，增强民族自豪感与文化自信。

班会课后我还设计了“传统文化代言人”的系列争章，对课堂进行了有效补充，通过争章的形式让学生有计划、有目的地将保护和传承中华优秀传统文化落实到行动中。

我认为本节班会课，学生参与度高、积极性强，但光靠一堂班会课是远远不够的，需要在后续学习和生活中把本次班会课的理念继续践行到具体实践当中，激发学生的学习欲望和探究热情，逐步提高他们勤于动手、善于思考、敢于创造的能力，让学生在德育课程中加强中华民族的文化自尊、文化自信、文化自强，不断提高他们的人文素养，不断提升他们的精神品质。

班会感悟

以生为本，师生共创的主题班会

主题班会课是班主任对学生进行思想教育的重要途径，同时也是培养学生能力、增强学生团结和合作意识的主阵地。一次成功的主题班会课，不仅能让学生在心灵上受到很大触动，对学生的行为产生深远影响，更可以推动良好班风的形成，把班级建设成为一个讲文明、有集体荣誉感的班集体。主题班会贵在一个“真”字，即解决学生或班级中存在的真问题。

针对本班学生实际，确定明确的主题，确保主题的真实性，这样才便于解决学生认知或行为上存在的主要问题，引导学生树立正确的是非观和价值观。班会课主要以活动理念贯穿，以多样化的形式开展，能够充分发挥学生的主体性，促进学生自我教育。由此，主题班会才是彰显学生主体的教育过程。那怎样彰显学生主体呢?

一、从身边学情出发的生本化目标设计

一节高品质的主题班会课可以帮助学生解决遇到的问题，提升学生的能力和素养。班主任在设计课程时，要从学生的角度进行备课，素材来源于学生，引导学生思考和探索，让学生在参与中慢慢地感悟和实践。班主任可以根据班会内容，将班会素材前置，让学生提前搜集资料、进行调查与访谈、排练情景剧、开展小组合作探究、观看相关视频等，师生共拟主题。只有当主题班会契合学生的实际需要并使他们感兴趣的时候，才能真正激发起他们主动参与的热情和欲望。

二、从贴近生活出发的生本化情景设计

情境教学作为一种教学方法，指在教学过程中教师从教学需要出发，引入、创造或创设与教学内容相适应的具体场景或氛围，引起学生的情感波动，激发学习动机，使学生在情境中动情、共鸣，达到较好学习效果的教学方式；在学生对教育主题有深刻认识的基础上，对活动项目的环节进行细节化设计、研究，设计贴近生活的真实情景，解决真问题。一节主题班会有了好的主题、好的内容，还要选择适当的形式，才能使学生乐于接受，入耳入脑入心。为了满足青少年学生求新、求异、求变的心理特点和发展需要，主题班会的形式要生动活泼、丰富多彩。

三、从真实活动出发的生本化活动设计

活动有创意，学生才注意；活动有意思，学生才参与。老师前期设计好展示的环节和活动流程，学生在班主任的引导下，进行小组学习探究，师生共创的环节更灵动、更出彩。我们可以设计编演情景短剧、有奖竞猜、参与游戏、故事分享、短片欣赏等多种活动形式。各个环节具体采取什么形式的活动，要立足于班情学情特点和教育需要。主题班会面对的是全体学生，要体现学生是主体、教师是主导，活动中既要有师生互动，还要有生生互动。只有让学生真正地、广泛地参与到班会各个环节的活动中来，充分实现师生互动、生生互动的班会课，才是更能突出学生主体地位的班会课。

以生为本、师生共创的主题班会是班主任需要用好的班级管理的重要魔法棒之一。学生通过班会课学到生活和学习的正确态度和方法，班主任也通过精心上好班会课让自己管理班级的能力得到提升，可谓一举两得。师生共同进步，是教育中一道美好的风景。

亮起网络安全“红绿灯”

——五年级网络安全主题班会

背景分析

一、学情分析

五年级学生自控力不强，极富好奇心，认知水平不高，辨析能力不强，等等，新鲜事物对他们具有极大的诱惑力，在面对多元价值观时，难以做出正确的选择。但作为伴随着网络成长起来的一代，其思维方式、生活方式都深深地打上了时代的烙印，他们接触网络的机会增多，可网络安全意识欠缺，不具有辨别信息良莠的能力。对本班学生进行网络安全的教育和指导十分有必要，因此召开本次班会势在必行。

二、主题解析

党的二十大报告高度重视网络安全工作，提出要加快建设网络强国。习近平总书记强调，没有网络安全就没有国家安全。网络安全作为网络强国、数字中国的底座，将在未来的发展中承担托底的重担。江苏省每年都会举办教育系统网络安全宣传周校园日活动。《中小学德育工作指南》指出，从优化校园环境、营造文化氛围、建设网络文化等方面加强校园文化建设，让校园处处成为育人场所。作为教育工作者，一定要加强网络文化建设，指导学生远离网络有害信息，打造清朗的网络文化，防患于未然。

班会目标

1. 认知目标

了解网络安全知识，知晓网络有害信息的危害。

2. 情感目标

通过沉浸式网络体验，强化网络安全意识，有自觉防范和抵制网络有害信息的意识。

3. 行为目标

通过“网络安全代言人”的任务驱动，争当网络安全小网警，运用所学方法践行网络安全之约。

班会准备

1. 教师准备

（1）进行问卷调查，了解学生使用网络的情况；

（2）搜集有关网络安全的新闻报道；

（3）邀请社区法律顾问；

（4）制作课件和板书。

2. 学生准备

（1）完成网络安全问卷；

（2）制作网络安全盾牌。

班会过程

环节一：打牢网络安全之“地基”

活动1：初见面，喜相迎

教师介绍新朋友——网络安全警察。

播放警察录音：大家好！我是网络安全警察，监察网络里各种各样不安全的行为，我的监察法宝就是“网络红绿灯”。

活动2：创情景，激兴趣

习近平总书记强调：网络安全为人民，网络安全靠人民。作为小小网民，我们也责无旁贷。最近网警支队发布了一则招募令，大家想不想成为小网警？

出示招募令：现招募懂得网络安全知识的同学，成为小网警。

活动3：微调查，促反思

出示本班关于网络安全的课前调查结果，引起学生反思。

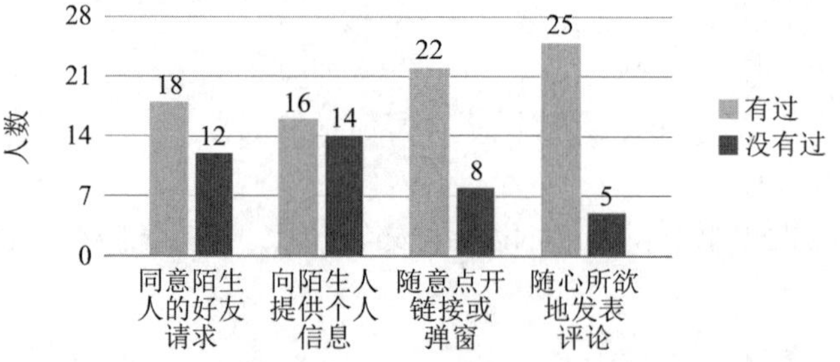

网络安全问卷调查结果

活动 4：曝新闻，心触动

视频播报新闻：网络安全新闻速递（青少年被网络诈骗新闻）。

播放新闻视频：某同学为了赢取免费的皮肤装备，在客服引导下转账巨额资金；某同学被拉进 QQ 群，通过投票返现赚取零花钱，扫描二维码后账户被冻结，为避免让家长知道，被诈骗巨额资金；某同学为了领取抽奖红包，先后被骗数次；某同学为了追星，加入了明星粉丝群，泄露个人信息，被诈骗巨额资金。

学生交流：看完问卷和新闻视频的感受。

教师小结，揭示班会主题：网络安全隐患看不见摸不着，一旦疏忽，就会对我们人身和财产造成巨大的损失。

设计意图：通过目前存在的网络安全问题以及学生切身经历，引起学生对网络安全问题的关注和重视。网络安全问卷调查结果和青少年被网络诈骗的新闻也能引发学生对自身的反思，打好网络安全的认知“地基”，为接下来的学习做好铺垫。

环节二：修筑网络安全之“壁垒”

警报一：个人信息“红绿灯”

活动 1：个人信息知多少

出示微信转账图片，引发学生的好奇心。

微信转账记录

学生讨论：学生小组合作，从网警叔叔发来的聊天记录中寻找原因，引导深入思考。

设问：还有哪些是我们的个人信息呢？

预设生成：身份证号码、银行卡密码、个人或家庭组成和成员信息……

追问：假如我们在生活中泄露了个人信息，可能会有怎样的危害呢？

学生畅所欲言，讨论泄露个人信息带来的危害。

活动 2：个人信息“保卫战”

出示安全教育平台的视频，学习如何避免个人信息泄露。

播放视频：

① 使用社交软件时，设置访问权限，避免透露个人信息；

② 设置密码时，尽量使用数字、字母、符号组合的复杂密码；

③ 谨慎处理带有个人信息的纸张单据，隐私信息要抹掉；

④ 身份证复印件标注上使用用途才安全可靠，以防被他人冒用；

⑤ 谨慎参加网络调查、投票、集赞等活动，慎填个人信息；

⑥ 慎用公共场所免费 Wi-Fi，防止被植入木马程序，导致信息泄露；

⑦ 不扫描来历不明的二维码，不安装来历不明的程序；

⑧ 不随意点击短信或邮件中的链接，以防被“钓鱼”。

课堂活动：个人信息“保卫战”，根据要求划一划、选一选。

出示挑战内容：

① 废弃的火车票，能直接丢进垃圾桶吗？

② 收到这条短信，怎么办？

③ 允许“★★”app 获取此设备的位置信息？

④ 账号和密码，哪个才安全？

教师小结：个人信息一旦泄露，可能会造成严重后果。如果确实需要告知，可以请家长来帮忙。为了避免个人信息泄露，要增强自我保护意识。

警报二：不良信息“红绿灯”

活动 3：火眼金睛辨信息

想一想：出示网警叔叔发来的浏览记录，想一想里面有什么异常。

议一议：浏览记录中有哪些有风险性、有危害性的网页。

教师小结：这些存在风险性、危害性的网页，被称为不良信息。

判一判：小组合作，从资料卡当中找一找哪些是不良信息。

资料卡中的不良信息：色情信息、暴力信息、诈骗信息、伪科学和迷信信息、反动信息、悲观厌世情绪的信息、赌博信息等。

活动 4：不良信息会应对

学生思考：当我们遇到不良信息的时候，该怎么办？

教师小结：2023 年 4 月，全国受理网络违法和不良信息举报 1761 万件。作为当代的网络小公民，我们也可以通过相关渠道对不良信息进行举报。

出示视频：举报不良信息的途径。

播放视频：发现有害网络信息怎么办？第一，有权向网络产品和服务提供者投诉和举报。第二，可以向网信、公安等部门投诉举报。第三，如果发现有害的信息涉及苏州网站平台的，可联系苏州市互联网违法和有害不良信息举报邮箱；如果你发现有人利用网络从事危害苏州未成年人身心健康活动的，可登录苏州检察发布微信公众号，在公益守护观察员未成年人板块进行线索填录，也可拨打检察服务热线 12309，反映监督线索。

学生活动：出示 QQ 和微信的网页，在课件上圈出它们的投诉渠道。

教师小结：不良信息影响我们的身心健康，要想在网络世界里快乐、安全地生活，我们一定要牢记——浏览健康信息。

修筑网络安全之“壁垒”

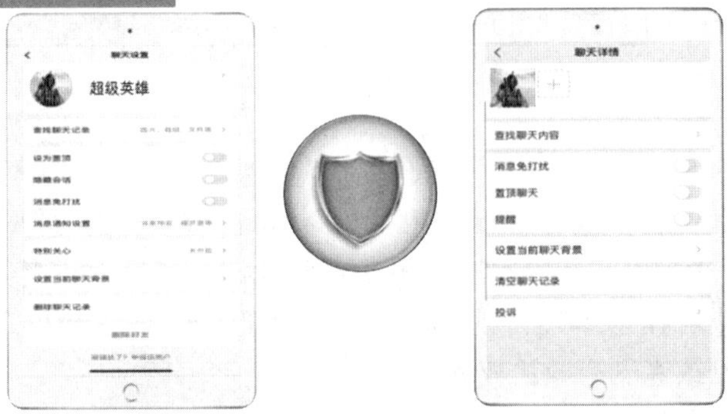

QQ 和微信网页

警报三：网络评论“红绿灯”

活动 5：微博反转剧

出示评论，引起思考：假如你看到了，会发出什么评论呢？你会选择转发吗？

评论：我在××店吃烧烤，发现牛肉串用的是老鼠肉!!! 已经住院洗胃啦!!

微博评论

学生交流：自己评论的内容和转发的原因。

反转剧情，引发学生思考：经查验，原来这则消息是虚假消息，但转发评论的人太多，导致烧烤店关门停业。假如你是烧烤店老板，你现在是什么感受？

活动6：网络小法庭

抗辩：我这是好心想提醒大家注意安全，没有错！

学生审议：他说得对吗？理由是什么？

再辩：我有言论自由权，所以在网络上我想说什么都可以。

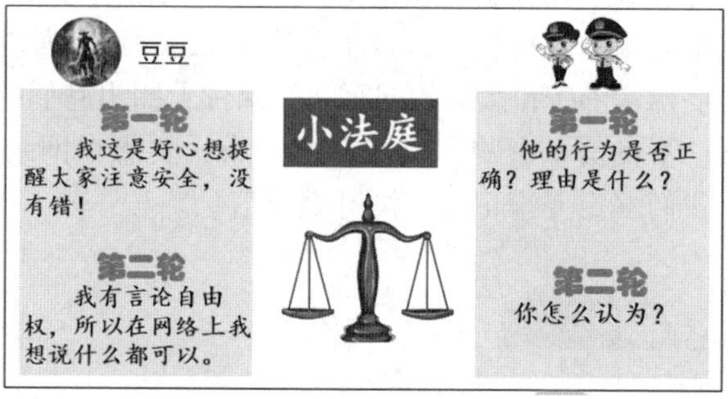

网络小法庭

学生复议：现在你怎么认为？

律师说法：邀请社区法律顾问张律师讲解相关的法律。

《中华人民共和国刑法》第246条规定：以暴力或者其他方法公然侮辱他人或者捏造事实诽谤他人，情节严重的，处三年以下有期徒刑、拘役、管制或者剥夺政治权利。

学生采访律师，提出自己的疑问。

预设提问：如果我们遭到网络暴力，该怎么办呢？

律师解答：不理睬、不回应，否则可能会激起施暴者的攻击和宣泄。立刻告诉你的父母和老师，寻求帮助。在父母的帮助下，搜集网络暴力的证据，向相关部门报案。

预设提问：我们以后面对一条条无法确定真相的消息该怎么办？

律师解答：面对无法确定的消息，我们可以请家长帮忙核实。不信谣、不传谣。少批评，多赞美，诚实、友好交流，让网络空间充满善与美。

活动7：微博评论复盘

学生交流：谈一谈在生活中你经历过或者听说过的类似这样的事情。

预设生成：2022年7月，浙江师范大学2022届毕业生郑灵华在医院与病床上84岁的爷爷分享自己成功保研的喜讯，并拍摄照片、视频分享到社交平台。其后，来自各平台的多个账号盗用其照片并造谣，部分网友针对郑灵华的粉色头发、录取学校等对她进行恶意攻击，最终悲剧收尾。

小组讨论：反观评论，我们可以做什么？

预设生成：撤回信息。

教师小结，引发思考：评论可以撤回，伤害可以撤回吗？这就像一张白纸，皱了，即使抚平也恢复不了原样！我们该怎么面对一条条无法确定真相的消息呢？

学生讨论，总结应对方法。

教师小结：不管是在现实生活中还是在网络生活中，我们都要遵纪守法，要诚实、友好交流。

设计意图：借助“网络安全‘红绿灯’”趣味活动，创设3个来源于学生生活实际的案例，强化学生关于网络安全的防范意识，各具特色的体验活动和思辨过程也是强化学生网络安全意识的过程。

环节三：打响网络安全之“战役”

活动1：红绿灯，明规则

明确游戏规则：遵守网络安全举绿灯，没有则举红灯，并劝服。

出示游戏内容：

① 用大小写字母、标点、数字以及特殊符号组成密码。

② 在网络上用语言攻击、诋毁他人。

③ 打开陌生网友留言中的链接网址。

④ 举报论坛中的不良信息。

网络安全代言人

活动2：代言人，会实践

教师提议解决曾经发生在同学身边的网络不安全情况。

领取任务卡：任务卡里是曾经发生在同学们身边的网络不安全情况。

小组讨论：今后遇到这样的情况该怎么办？

小组代表汇报：介绍小组总结的应对方法。

出示《全国青少年网络文明公约》，师生共读并郑重宣誓。

全国青少年网络文明公约

要善于网上学习，不浏览不良信息。
要诚实友好交流，不侮辱欺诈他人。
要增强自护意识，不随意约会网友。
要维护网络安全，不破坏网络秩序。
要有益身心健康，不沉溺虚拟时空。

活动3：家校通，谈成就

通关颁奖仪式：颁发“小网警上岗证”。

小网警上岗证

发送照片视频：教师拍摄学生领奖瞬间，现场发送至班级微信群。

家校微信互动：家长为学生网络安全行为点赞，并给孩子发送鼓励性寄语。

教师总结：在二十大报告中，习近平总书记强调要加快建设网络强国。我们要牢记嘱托，踔厉奋发，争做少年好网民，共筑网络强国梦。

设计意图：为学生践行网络安全提供切实可行的方法，并在集体倡议、集体宣誓这样的仪式感中坚定学生打赢网络安全“保卫战”的决心。同时，让家长共同见证他们的成长，成为学生践行网络安全的支持者和监督者。

班会后延伸教育活动

网络安全系列争章

1. 组织班级开展网络安全知识竞赛等活动，评选“网络安全知识达人”。

2. 定期推送网络安全相关知识给家长和学生共同学习，评选“网络安全模范家庭”。

3. 组织学生走进社区宣传网络安全知识，评选“网络安全宣传卫士”。

网络安全系列争章

班会反思

网络安全是小学高段重要的主题，我将班会素材前置，让学生提前搜集资料、进行调查与访谈、排练情景剧、开展小组合作探究、观看相关视频等，师生共拟主题。通过前期的问卷调查，结合本班的情况，网络安全主题班会应运而生。围绕“打牢网络安全之‘地基’”“修筑网络安全之‘壁垒’”“打响网络安全之‘战役’”三个部分展开，用趣味性十足的“争做小网警”活动，调动学生的兴趣，解决呈现的三个实际问题。

但是课堂中呈现的只是部分网络不安全的情况，一节课无法完全帮助每一个学生全面应对所有的实际情况。所以班会课后我还设计了“网络安全系列争章”，对课堂进行了有效补充，通过争章的形式让学生有计划、有目标地将维护网络安全落实到行动中，让学生增强了安全用网、依法用网、文明护网的安全意识，为营造风清气正的网络空间、共筑校园网络安全奠定了基础。

班会感悟

“应景而来”的主题班会课

主题班会是依据班级学生存在的思想行为问题及学校德育工作的需要，围绕一个鲜明的主题，师生共同策划的班级团体自我教育活动，也可以说是师生共同开发和创生的班本化的思政课程。主题班会的特点也十分鲜明，针对本班学生实际确定的主题，确保主题的真实性，这样才便于解决学生认知或行为上存在的主要问题，引导学生树立正确的是非观和价值观。班会课主要以活动理念贯穿，以多样化的形式开展，充分发挥学生的主体性，促进学生自我教育。一堂行之有效的主题班会课应当是“应景而来”的。

一、问题能明确

解决什么样的问题是主题班会设计时首先要思考的。我从班级的实际出发，解决当下班级发展过程中最突出的问题，通过问卷调查，聚焦网络中的危险情况，深入开展网络安全教育。网络安全是小学高段重要的主题，因为受同辈、家庭和个体差异的影响，普通的教育行为难以从根本上帮助学生，所以从学生的问卷切入，关注他们身边的网络不安全情况并加以剖析，用不同路径解决，并通过全过程情景化、游戏化，采用学生乐于接受的形式建构本堂班会课。

二、活动有体验

为了满足青少年学生求新、求异、求变的心理特点和发展需要，主题班会的形式要生动活泼、丰富多彩。网络安全主题班会创设了“争做小网警”任务驱动。在主要环节设置丰富的体验活动，让网络中不安全的情况可视化。通过“网络安全‘红绿灯’”活动发现危险情况，从“个人信息‘保卫战’”“火眼金睛辨信息”“网络小法庭”“微博反转剧”“律师说法”中正确地认识网络，文明上网，健康成长。每一环节都设置对应的活动体验，操作性强，层次鲜明，具有内在逻辑。

三、素材够精准

本堂课的主要素材和场景都来源于学生的生活实践，以真实的素材，解决学生的实际问题。通过选取和设置符合教育规律与五年级学生年龄特征的素材，有助于师生互动，衔接课内外，可以通过一堂课解决班级发展中的一个突出问题，促进学生自我教育。

四、结构有层次

课堂设计环环相扣，前后衔接。从“网络安全‘红绿灯’”中的网络不安全情况导入，最后导向“网络安全盾牌”的集结，解决自身问题，又关注课堂生成，积累成长经验，螺旋设计，逐步递升。

五、家校有协作

对学生的安全教育，需要家校协同育人，更需要家校双方都给予正面积极的示范和引导。本节课设计了家校互动环节，教师拍摄下学生课堂的美好瞬间，将其发送至班级群，让家长共同见证他们的成长，为孩子们点赞，增强孩子的信心和动力。与此同时，家长也成为践行网络安全的支持者和监督者。

主题班会课是班主任专业化成长的一个重要领域，设计好并上好主题班会课，德育才更彰显美丽。

走好新时代的长征路

——五年级长征精神主题班会

背景分析

五年级的学生对革命先辈浴血奋战的历程了解不充分，在生活中还存在怕吃苦、怕担责等情况，因此召开此次主题班会，传承红色基因，走好新时代的长征路。

《中小学生守则（2015 年修订）》中对小学生提出“爱党爱国爱人民”的要求。习近平总书记在党史学习教育动员大会上的讲话中强调，要抓好青少年学习教育，着力讲好党的故事、革命的故事、英雄的故事，厚植爱党、爱国、爱社会主义的情感，让红色基因、革命薪火代代传承。

班会目标

1. 认知目标

深入理解长征精神的深刻内涵，体认长征精神在新时代的意义与价值。

2. 情感目标

树立强国有我的价值观，学习不怕吃苦、做事不怕困难的奋斗精神。珍惜当下美好生活，立志建设祖国。

3. 行为目标

在生活中以“新红军”榜样为引领，以实际行动践行长征精神，走好自己的新长征之路，成长为对自己、对社会、对国家有用的接班人。

班会准备

1. 教师准备

（1）准备黑板磁铁；

（2）制作 PPT。

2. 学生准备

（1）了解长征的路线；

（2）查找长征途中遇到的困难；

（3）制作“脚印”实践单。

3. 家长准备

（1）家长可线上收看；

（2）家委协助邀请党员爷爷进课堂。

班会过程

环节一：回望——回顾光辉历程，解困惑

活动1：困惑抒发站

1. 探寻长征路

利用暑假，同学们分小组进行长征资料的查询，并走访红色景点，使同学们都对长征有一定的了解。（板贴：长征路）

2. 播放录音

播放不同学生声音，从学生的真实感受入手，表达困惑。（播放学生录音）

录音1：长征精神是时代产物，属于特定的战争时期，现在各国比拼的是经济发展和科技、军事力量，不再需要长征精神了。

录音2：对的，我也觉得现在都是和平年代了，好像也不必要去翻雪山、过草地了。

活动2：思维碰撞屋

面对同学的困惑，学生们各抒己见，进行思维的碰撞，表达不同的看法。

预设1：我有不一样的看法，长征精神是中国共产党始终秉持的优良传统，即使国家发展到今天，也有其意义，所以并不过时。

预设2：我常听奶奶说，长征是一种精神象征，而且每次我爷爷在看长征的电视剧时总会告诉我，要像红军一样，所以我想现在还是需要弘扬长征精神。

教师总结：新时代还需不需要长征精神？（板贴：新时代的长征精神）不同学生有不同的想法，在这里我们打上个大大的问号，相信这节班会课结束，同学们一定会找到答案。

设计意图：从学生的生活场景入手，针对学生的真实想法出发，呈现

出不同的声音，先存疑留伏笔，为下面的活动做铺垫。

环节二：自豪——感受长征力量，明意义

活动 1：解疑惑，知路线

1. 出示长征路线视频

带领学生分析这条路上的自然条件，有雪山、有草地、有大江大河，地形险恶、人迹罕至。引发学生思考：“为什么红军还是要走这么一条极其凶险的长征路呢?”

引导学生们明确这条路选择的现实情况，明确当时第五次反“围剿”失败，中央红军仅存八万兵力，需要面对的是近百万的国民党军队的围追堵截，红军处于生死存亡的关头，而长征就是一次关键的战略性转移的现实背景。

2. 感受红军智慧

四渡赤水：他们从瑞金出发，途中经历湘江战役，召开挽救党、挽救红军的遵义会议，到达赤水。在赤水这里长征的路线十分有特点，带领同学们一起来数一数红军队伍在此处来回的次数。激起学生疑问：“行军不是应该速度很快，可为什么在这里来来回回这么多次呢?”为学生理解红军的智慧做铺垫。

将道理讲明白，明确当时的红军正在被敌人围追堵截，情势危急，毛主席指挥红军围绕赤水河和敌人打起“游击战”，来来回回四次下来，成功地迷惑了敌人，敌人无法判断红军的行军路线，最后红军成功摆脱了敌人追击。

强渡大渡河：红军经过了金沙江，来到了大渡河。大渡河是岷江的支流，凶险无比，可想而知过河的艰难。能否渡过河去，对长征能否胜利起到重要作用。成功渡河后，红军飞夺泸定桥、翻越夹金山、懋功会师、两河口会议，接下来穿越松潘草地、激战腊子口，最后在会宁和吴起镇成功会师。这条不同寻常的伟大之路就是长征路。

活动 2：话长征，忆艰难

对红军长征的路线有了一定了解后，同学们进一步体会途中遇到的危险。

1. 说一说

（1）红军长征途中要爬雪山、过草地，缺衣少食，环境恶劣，十分艰苦，不得不说长征真是一项伟大的壮举。

（2）长征途中，红军不仅缺衣少食，一路上还有敌人的围追堵截，当时红军的兵力稀少，武器也很落后，可想而知战斗得多悲壮。

（3）长征是人类历史上的伟大奇迹，中央红军共进行了380多次战斗，攻占了700多座县城，共击退国民党军数百个团，其间共经过14个省，翻越18座大山，跨越24条大河，走过荒草地，翻过雪山，行程约二万五千里。

（4）红军过的草地其实是沼泽地，稍有不慎就会掉入被称为“死亡陷阱”的泥潭，可当时的红军不怕苦、不怕累，硬是用顽强的意志挑战了人类的生存极限。

2. 看一看

播放视频，重温那段伟大的奇迹，感受途中的艰难险阻，体悟红军身上的伟大精神。

教师总结：重重艰难险阻拦不住红军将士的脚步，他们是一群最可爱、最可敬的人。

设计意图：此环节旨在让学生初步知晓长征的原因，并了解长征的基本线路，体会长征一路的曲折与艰难，激发学生对红军将士的敬佩之情。

环节三：努力——领悟长征精神，点灯火

活动1：听故事，悟精神

1. 党员爷爷进课堂

邀请班级学生的党员爷爷，走进课堂。徐爷爷1948年5月出生，1971年入党，“光荣在党50年”，虽然是一名普通的党员同志，但是也在自己的平凡岗位上为祖国的发展贡献了自己的力量。

徐爷爷为同学们带来《半截皮带》的故事。听了爷爷讲的故事，同学们的心中也是感慨万千。

2. 抒发心中感慨

“红军不怕远征难，万水千山只等闲。”伟大的长征精神，伟大的中国红军。

活动2：敬英雄，赞榜样

在二万五千里的长征途中，险象环生、困难重重，无数红军将士血染长征路，他们中的很多人，无法查证姓名，只知道他们是“红军”。

在我们新时代下，也有一张张闪亮的名片，他们是我们生活中的“新红军”。他们在一步一个脚印地走着新时代的长征路。（板贴：路线图）

（1）援藏16年，他的足迹遍布西藏最偏远、最艰苦的地区，长期的高原工作让他积劳成疾，多次住进医院，但他都没有停下工作。多年来，钟扬为西部少数民族地区的人才培养、学科建设和科学研究作出了重要贡献。（板贴：艰苦奋斗）

（2）面对台风和巨浪，为保护试验平台，共产党员黄群挺身而出，不幸被巨浪卷入海中壮烈牺牲。（板贴：顾全大局）

（3）先后参与了中国共计 45 次的核试验，年过七旬的林俊德院士依然战斗在科研试验一线，在去世前的 20 多天里，他把病房当作战场，与死神争分夺秒，为国防科技事业奋斗到生命最后一刻。（板贴：立志报国）

这些为国捐躯的英雄堪称新时代长征精神的榜样，他们用实际行动诠释了艰苦奋斗、顾全大局、立志报国的优秀品质，用生命走出了新时代的长征路，这就是中国梦之路。（板贴：中国梦之路）

（4）当然还有一位和你们年纪差不多的小榜样，都尔汗拉齐尼，我们一起走进她的故事。（播放视频）

活动 3：树信念，落行动

生活中，大家可以怎样做？

小组讨论一下，把自己的想法写在“我的长征路”脚印实践单上。

预设 1：努力学习。今天看到红军在长征路上克服了这么多困难，才取得了最终的胜利。我认为我们也应该学习战士们不怕苦的好品质，现在的生活条件这么好，但是有时候我还是总想要更好的文具、更贵的衣服和鞋子，其实这些都没有那么重要，努力学习知识才是最重要的，我要做一名艰苦奋斗的新时代“小红军”。

预设 2：多做贡献。有一次准备出去上活动课的时候，同学们都走了，但是我看到班级里的桌椅乱糟糟的，还有些桌面没有清理干净，所以我主动留下来帮大家把桌椅摆好。想想红军在长征途中，战士们为了集体的利益牺牲了自己，我更坚定了在今后的生活中要多为大家着想，多为班级做贡献的想法，做一名顾全大局的新时代“小红军”。

预设 3：承担责任。作为一名班干部，有时候我觉得做班委太累了。要为同学们分发作业，还要监督同学们的卫生，感觉太辛苦了。今天的学习让我明白，作为青少年的我们要学会担当，作为班委，为同学服务是我的责任。就像刚才视频中的都尔汗拉齐尼一样，树立了想当一名军医的理想，也是一种担大责的表现。今后我也要做一名敢于挑大梁、担大责的新时代“小红军”。

预设 4：科技探索。同学们，作为青少年的我们，是祖国未来的建设者，国家的繁荣富强需要我们每个人的努力。我需要好好学习文化知识，遇到难题不放弃，用知识武装自己，向新时代的红军榜样学习，建设我们的祖国！今后我要做一名励志强国的新时代“小红军”。

教师总结：坚定理想信念，树立远大理想，重回红其拉甫，为祖国做贡献。他们都是我们的榜样，回到课堂最开始的问题，长征精神仅仅属于

炮火硝烟的革命年代吗？当然不是，新时代的长征路我们仍需要走好！（板贴：走好）

设计意图：此环节旨在引导学生在交流分享中，了解长征途中遇到的困难，引导学生培育这种不畏艰险、艰苦奋斗、顾全大局、立志报国的长征精神。并通过榜样引领，明白新时代仍需要长征精神，理解新时代的长征路就是中国梦的实现之路。最后落到行动，分享交流生活中的做法，走好新时代的长征路！走好中国梦之路！

环节四：坚守——奏响长征之歌，走新路

活动1：齐宣誓，震人心

同学们让我们举起右拳一同宣誓。

活动2：唱红歌，表祝愿

时至今日，当我们重走长征路，重温那些感人的故事，重唱那些红色歌曲，依然会为之震撼，让我们用歌声传承伟大的长征精神，祝福我们的祖国！（配乐：《万疆》）

第一组演唱《没有共产党就没有新中国》，第二组演唱《红星闪闪》。

教师总结：请你们将自己坚定的长征足迹印在黑板上。同学们，你们看，这就是一条属于你们的“新长征路”。

从过去的红军长征，到新时代的中国梦之路，再到你们脚下的新长征路，还会有许多“雪山”“草地”需要跨越，让我们大力弘扬伟大的长征精神，肩负起实现中华民族伟大复兴的历史使命，中国梦的实现在你们脚下，让我们共同走好新时代的长征路！

设计意图：此环节通过齐宣誓和唱红歌的形式，使学生弘扬长征精神的情感再次得到升华。以仪式感的活动关照学生内心，让学生在今后的务实践履中坚定信念，走好自己的新长征路。

宣誓内容

少年应有鸿鹄志，
当骑骏马踏平川；
少年何妨梦摘星，
敢挽桑弓射玉衡；
纵有狂风拔地起，
我亦乘风破万里。
立大志、明大德、成大才、担大任。
当代少年，乘风破浪，不畏激流勇向前；

当代少年，逐星追月，敢将日月再丈量。
红军精神记心间，代代相传耀中华，耀中华！

班会后延伸教育活动

1. 活动宣传

通过班级的微信公众号宣传此次活动，扩大主题班会的范围，以图文并茂的方式呈现，一方面使更多人了解长征精神，另一方面也通过微信平台展示班级的风采。

2. 活动跟进

充分利用晨会、午间播报等德育阵地，进一步深化同学们对长征精神的理解。采用讲一讲长征故事、画一画长征地图、走一走长征路线等多种方式，巩固学生在课上的积极情感；以长征精神为开端，后续有系统地开展延安精神、井冈山精神等一系列红色精神的学习，引导学生传承红色基因。

3. 活动激励

每月评选出班级最美“新时代小红军”，在班级的展示栏进行宣传，鼓励学生做到知行合一，将课上的积极体验转为生活中的实践，走好新时代的长征路。

班会反思

本节课通过“回望——回顾光辉历程，解困惑”“自豪——感受长征力量，明意义”“努力——领悟长征精神，点灯火”“坚守——奏响长征之歌，走新路”四个环节进行设计。将过去和现在进行勾连，更重要的是引导学生明确在新的长征路上，还有许多“雪山”“草地”需要跨越，还有许多“娄山关”“腊子口”需要征服，引出四个方法——“努力学习”“多做贡献”“承担责任”“科技探索”，进一步体悟新时代仍需要大力弘扬伟大的长征精神，发愤图强，奋发有为，肩负起实现中华民族伟大复兴的历史使命，争做新时代“四个自信”好少年。

一、担铸魂育人之责任

班主任是中小学思想道德建设的骨干。作为一名班主任，我们承担着铸魂育人的重任，为党育人、为国育才始终是我们的教育使命。那么班会课的选题就尤为重要，我最终选择用伟大的长征精神作为主题，因为让学生从小学习革命精神对他们将来确立正确的世界观、人生观、价值观会产生巨大而深远的影响，会终身受益。整节班会很好地落实了长征精神的内涵解读，诠释了长征精神新时代指向，最后由知到行，引导学生体悟作为小学生该如何做的几个目标。班主任也应努力成为塑造学生品格、品行、品位的“大先生”，肩负起培养担当民族复兴大任的时代新人的历史使命。

二、启学生成长之智慧

班会课要把准新时代活动课的价值意蕴，善用各种育人资源，注入少先队活动课新活力，把道理讲透彻。班会课并不是完美的“演绎”，它可以有精彩的课堂生成。本节课以学生为本，更加注重学生的感受和体验，增强对学生现实生活的解释力，并留下伏笔，未来可能还有许多“雪山”“草地”需要跨越，鼓励学生大力弘扬伟大的长征精神，面对困难也要勇往直前，冲破一切阻碍。

三、创有意义、有意思之课堂

班会课要从学生的兴趣点着手，从多样的活动下手，以点带面，层层推进，构建具有实践性、体验性、参与性、情境性的真情课堂。让学生在熟悉的情境下理解更大的教育主题，于细微之处着眼，窥见全局。本节课通过课前资料收集、现场答疑解惑、课中的情感升华、课尾的知行合一，层层相扣，螺旋上升，让课堂兼具意义与趣味。

四、思不足之处以前进

整节班会课的主题范畴偏向红色思政类，有些内容和概念对于学生较为陌生，比如“什么是‘长征’?”“‘长征’当时的背景是怎样的?”，面对这样的问题，学生需要在课前收集相关的资料，有初步的了解。由于担心学生无知识储备上课时会遇到阻碍，我在课前花费了很多的精力和时间组织学生查阅资料，因此学生课前的准备非常充分。但我也发现，过于充足的课前准备、学生的已知经验会影响课堂上的生成，课堂的气氛就会稍显沉闷，所以接下来的课堂我会积极调整，掌握好课前准备的度，将内容更细致地划分，更加注重课堂的现场生成。

班会感悟

打造一节真实且有意义的主题班会

主题班会是班主任的课堂主阵地，班会课绝不是可有可无的，其在学生的健康成长中有着重要的意义。从小进行理论教育才能使正确世界观的种子在幼小的心灵早早扎根，小时候学习的某些课文、知道的某些人物、听到的某些故事，可能会让其终身难忘。学习革命精神也是如此，开始记住一些人物，知道一些故事，对于将来树立正确的世界观、人生观、价值观会产生巨大而深远的影响，会使学生终身受益。班会课承载的教育意义是班主任首先一定要明确的，只有在正确认识下才能更好地指导班主任的课堂实践。班会课的宏观主题范畴很广，爱国主义、理想信念、常规习惯、生涯规划、心理健康等方方面面都可以作为课堂的生发点。班主任在选题时要以学生的真实需要为出发点，切不可以成人视角、教师视角替学生做决定，要在生活中做个有心人，充分发现学生遇到的难题，把准需要引导的正确观念，掌握需要教授的科学方法，以此来选择和设计班会课。比如，在日常的带班中我就发现和平年代的孩子们对于长征精神理解不到位，对于新时代下的长征精神理解也比较表面，所以选择了相应的红色思政主题，进行红色教育，启智润心。

同时，在日常的班会课教学中，我从最初的关注课堂设计的完成度到现在越来越关注学生的课堂生成。班会课有时需要大量的课前准备，老师需要准备大量的课堂活动学具，学生需要查阅相应的资料，这就不可避免地需要反思课前经验与现场生成之间的关系。教师一定要掌握好课前资料准备的质与量，资料的收集是课前引导，是为了更好品尝后面“精致正餐”的“开胃小菜”，绝不可把二者的顺序和关系混淆。教师在上课时不可因担心学生无法按照预设进行回答而提前铺设大量的内容，以至于课堂现场无生成、无趣味、无收获。班会课亦可妙趣横生，亦可真实有意，让我们还原一节真实的课堂给孩子，打造科学、真实的班会样态！

家书纸短　家国情长

——五年级爱国主义主题班会

背景分析

一、学情分析

五年级的学生正处于青春期前期，是世界观、人生观、价值观形成的重要阶段。面对日新月异的时代发展，他们易被新科技、新资讯吸引，追求简单、粗暴的表达方式，对于传统书信了解不多，对于家书的形式和内涵所知甚少。他们思维活跃，但心智还不够成熟，对国家历史、当代发展和未来担当理解不够充分和深入，这阶段是培养爱国之情、砥砺强国之志、为将来实践报国之行而铺垫的好时机。基于此，班会以家书为线索，带领学生通过不同时代、不同人物的家书回顾中国共产党奋斗史，深入了解具有时代特征的民族精神，赓续红色使命，筑造少年中国梦。

二、主题解析

党的二十大报告中提出：要弘扬中华传统美德，加强家庭家教家风建设。《新时代爱国主义教育实施纲要》中指出爱国主义是中华民族的民族心、民族魂。《中小学生守则（2015 年修订）》第一条也明确指出：爱党爱国爱人民。了解党史国情，珍视国家荣誉，热爱祖国，热爱人民，热爱中国共产党。爱国主义精神激励着一代又一代中华儿女为祖国发展繁荣而自强不息、不懈奋斗，这样的精神也蕴藏在家风家训中。家书不仅是中华文化的精神标志，还是家风家训的重要载体，所体现的是感人至深的民族精神和爱国精神。

班会目标

1. 认知目标

了解何为家书，以及在不同时代背景下家书中所蕴藏的民族精神和时代精神，初步树立家国意识。

2. 情感目标

从不同时代、不同职业、不同身份人物的家书中汲取力量，从而培养爱国之情，激发报国之志。

3. 行为目标

在今后的学习生活中，将今天在班会上学习到的修身立德、优良家风、家国情怀笃于行，努力去践行社会主义核心价值观。

班会准备

1. 教师准备

(1) 搜集不同时代、不同职业人的家书；

(2) 制作 PPT；

(3) 制作信封盲盒。

2. 学生准备

(1) 寻梦小组：探访中国人民大学家书博物馆，收集资料；

(2) 追梦小组：表演情景剧，收集和分享各行各业家书；

(3) 圆梦小组：合唱改编的歌曲《一封家书》，派送家书。

3. 家庭准备

(1) 跟孩子一起搜集身边的家书，让孩子了解亲人从事的职业；

(2) 给孩子写一封家书，传递家风家训。

4. 社会准备

(1) 家书博物馆馆长指导；

(2) 社区课程：喜迎二十大，社区家书寻宝。

班会过程

环节一：寻家书——筑国馆追忆昨日梦

活动 1：博物馆之旅，馆长带领寻家书

以班级系列活动“博物馆之旅”开启今日班会的别样旅程，教师带来第一个线索：信件；明确家书的概念：亲人之间的通信。出示班会主题，学生自由竞猜得知今天将要探访的是家书博物馆。班级小馆长登场，带领学生开启今天的游览。

活动 2：解盲盒之谜，深入探访传真情

1. 带着好奇拆盲盒

来到家书博物馆——筑国馆，小馆长赠送盲盒礼物，邀请同学们现场来拆，拆出线索：一枚革命勋章。同学们再次竞猜，明确今日的第一封家书的书写者的身份：一名革命烈士。

2. 穿越时空去共情

筑国馆—视听坊：跟随视频、音频，结合视听情境回顾革命历史，了解到第一封家书来自革命烈士赵一曼，回顾烈士本人一生的革命经历，了解革命信仰和书写这封家书的背景，通过视频文字等材料还原当时中国半殖民地半封建社会的真实时代背景。

小馆长带来任务卡 1：

临终绝笔的机会如此珍贵，赵一曼烈士为什么会选择写给年幼的儿子？他能看懂吗？

3. 带着疑问寻真相

筑国馆—研讨室：PPT 出示赵一曼家书——《示儿书》手稿照片，同时展示赵一曼与儿子的合影。学生结合时代背景，进行圆桌会议讨论：临终绝笔的机会如此珍贵，赵一曼烈士为什么会选择写给年幼的儿子？他能看懂吗？加深体验并汇报任务卡所思，明确：孩子是国家的希望和未来。在为革命献出生命的最后时刻，赵一曼烈士渴望自己的孩子能继承自己的革命遗愿，继续这未完的革命事业。赵一曼烈士用自己的言传身教，给自己的孩子上了最生动的一课。

《示儿书》内容：

宁儿：

母亲对于你没有能尽到教育的责任，实在是遗憾的事情。

母亲因为坚决地做了反满抗日的斗争，今天已经到了牺牲的前夕了。

母亲和你在生前是永久没有再见的机会了。希望你，宁儿啊，赶快成人，来安慰你地下的母亲！我最亲爱的孩子啊！母亲不用千言万语来教育你，就用实行来教育你。

在你长大成人之后，希望不要忘记你的母亲是为国而牺牲的！

一九三六年八月二日

你的母亲

赵一曼于车中

4. 不忘初心颂先烈

筑国馆—资料库：学生利用小平板，走进家书博物馆资料库，寻找打动自己的革命烈士家书，从不同人物的经历和家书内容中，体会革命烈士的筑国之志，体会新中国成立的艰难过程。（王孝锡、小萝卜头、丁香等）

教师小结：千千万万先烈们的舍小家为大家，换来我们新中国的成立，他们的家书是以身作则，是修身立德，坚定的筑国梦值得我们每一位少年铭记。这是一种坚强不屈的民族精神。

小馆长对同学们的体验、探索和发现表示肯定，并且送出第二个盲盒作为礼物。

设计意图：借用盲盒这一当下流行元素丰富课堂形式，引起学生的兴趣，增加班会趣味性和学生的参与度。通过探访家书博物馆，让学生体会家书的历史意义，通过赵一曼的《示儿书》和任务卡引发学生思考，通过朗诵等容易激发情感的方式奠定课堂情感基调，以达到不忘历史、激发爱国情怀的效果。

环节二：品家书——强国馆聚焦今日情

活动 1：时代之行，朗读者述家书故事

1. 跨越时代圆新梦

小馆长带领同学们穿越时空长廊走进第二个场馆——强国馆，拿出第二个实物盲盒，学生拆取盲盒，盲盒内为一个手举五星红旗的宇航员，学生自由猜测，第二个家书盲盒来自一位中国航天员，自由分享自己知道的中国航天员姓名，小馆长适时出示刘洋的照片和家书内容。

2. 传承理想展期许

强国馆—朗读亭：小小朗读者进行家书内容诵读。

小馆长带来任务卡 2：刘洋的家书想要表达什么？

预设学生自由回答：刘洋的家书要表达的是对女儿殷切的期望，希望她树立远大的理想，做执着的追梦人，即使在追梦的路上碰到艰难险阻也不能放弃。

教师引导学生思考：在自己的生活中遇到困难的时候，爸爸妈妈是怎么帮助你、鼓励你的呢？

内容（节选，有改动）：

写给你也写给所有的天使：

孩子，你想像卡梅利多那样摘星星，你想当医生，当科学家……你的梦想有多雄奇，未来就有多美丽，你要明白，爱拼才会赢。你要懂得，永远不要为艰难险阻而放弃自己的理想，不要为某种潮流改变自己的信念。眼中永远不要熄灭希望的光芒，脚下永远不要停止前进的步伐。人生纵有疾风起，也要勇敢坚强不言弃。

追逐星辰大海的妈妈

活动 2：追梦之路，情景剧赞责任担当

1. 家书和奉献同行

强国馆—演绎场：小馆长带领大家观看情景剧《一封家书的故事》，引导关注新时代追梦人。

情景剧内容：

> 2020 年 1 月除夕，希希一家人吃着团圆饭，观看春节联欢晚会。突然妈妈收到医院招募医生前往武汉支援的消息，希希哭着挽留，但妈妈还是决定报名奔赴。
>
> 支援过程中，希希通过和妈妈的 5 封家书往来，慢慢理解了妈妈，明白了祖国的强大是由于各个岗位上追梦人的坚守，妈妈就是她的榜样。
>
> 日历翻转，时间来到 2022 年 6 月。妈妈已经由上海抗疫归来，希希笑着迎接，并立下将来要建设祖国的决心。

看完情景剧后，由主人公希希介绍自己的心路历程，谈谈妈妈两封抗疫家书中给予她的教育力量。

2. 家书和责任同行

强国馆—展示墙：小导游引出刘洋阿姨和希希的妈妈都是平凡的母亲，但他们也有一个共同的身份：新时代的追梦人。学生自由谈谈，在几封家书后希希产生了哪些变化。明确：家书中也能传递正能量，塑造正确的价值观、世界观和成才观。接着引导学生关注身边的追梦人和平凡的岗位，学生结合课前搜集到的家书进行分享，通过家书内容，了解其责任心和使命感，为身边各行各业的追梦人点赞。

（1）学生分享一封来自位边防战士表哥的传统邮递家书（学生展示邮递家书的样式和手稿），该生朗读家书中的关键信息，带领所有学生从家书里体悟边防战士的艰苦生活，为边防士兵戍守边境、不畏艰难、忠于职守的精神点赞！

内容：

> 爸、妈：
>
> 选择边疆，我不后悔。祖国的每寸土地和人民都需要我和像我一样的人去守护。你们的支持是我建功边疆的最大动力，唯有早立新功才能报答你们的恩情。
>
> 你们的儿子

（2）学生分享从事蔬菜运输工作的爸爸的微信语音家书（PPT 展示

微信截图，播放爸爸语音内容），该生分享当时收到家书时的内心真实感受，引导其他学生体会疫情下货运司机的奉献精神和职业操守，给所有的货运司机点赞！

浩浩：

爸爸出发了，虽然爸爸只是个货车司机，但开好自己每一班车，就能让蔬菜新鲜到达疫区人民的餐桌。爸爸也希望你能认真对待每件事，有时间观念，有责任心。你在家听妈妈的话，好好学习，注意防护。

爱你的爸爸

（3）PPT 动画出示各行各业的家书合辑，着眼于外卖小哥、社区工作人员、保安、消防员、守岛人、清洁工等平凡职业人的坚守和伟大。家书合辑拼凑成中国地图上的一颗爱国赤诚之心。

教师小结：科技的进步、时代的发展让家书有了短信、微信、电子邮件等新形式，但形式变了情不变。如今，神舟系列圆了百年飞天梦，辽宁舰圆了中国人的航母梦，复兴号圆了令人惊叹的速度梦，北京冬奥会圆了全球第一个双奥梦，这一个个新时代的梦凝结成同一个名字——中国梦！在这一次次圆梦的背后是中国人这份不容小觑的家国情怀。和我们身边各行各业的人一样，现代家书中传递了一种忠于职守的时代精神，为他们点赞！

设计意图：任务卡闯关的形式推进班会的有趣进行和发展，情景剧直观地拉近了家书和学生的生活联系，结合了当下时代发展特点，选取学生身边的家书为切入点，引导发现新时代各行各业追梦人的强国梦，也展示了新中国在奋斗历程中所取得的伟大成绩，激发了学生的民族自豪感和自信心。

环节三：写家书——报国馆绘就明日景

活动 1：感恩之心，童声传动人家国情

1. 以歌达情诉关切

报国馆—演唱吧：小馆长带领同学们穿越时空长廊走进第三个场馆——报国馆。

同学们回赠馆长伯伯礼物，简介班级“五老进课堂”活动，展示由班级退休的音乐老师根据班级家长和孩子家书故事的方方面面改写的歌曲《一封家书》，由圆梦小组倾情演唱。

内容：

亲爱的爸爸妈妈
你们好吗
防疫工作很忙吧
身体好吗
我现在学习挺好的
爸爸妈妈不要太牵挂
虽然我很少表达
其实我已经长大
爸爸每天都加班吗
日晒雨淋可不要倒下
干了这么久警察工作
要注意安全呀
我画了一幅图画给妈妈
社区工作太繁杂
以前孩子不太听话
现在懂事他长大了
家书里面的爱国情
未来交给我们吧
有什么活儿就让我们干
自己孩子有什么客气的
我们定将多加努力
报国之志牢记在胸膛
红色使命担负在肩膀
好了先写到这吧
此致敬礼
此致那个敬礼

活动2：未来之约，家书明宏伟报国梦

1. 以身作则传家风

报国馆—互动厅：小馆长在第三个场馆准备了第三份神秘大礼。班级两代军人家庭中的爷爷和爸爸身着军装，佩戴军功章，手持他们在部队书写的家书来到现场，向同学们行军礼。爷爷和爸爸介绍他们的军旅生活和家书故事，并将纸页已经泛黄的两代人的军旅家书赠送给这位同学，同时也传承家书中的家风家训。该同学郑重接信，立下军人志向，并向爷爷和爸爸行队礼。

2. 以笔明志写家书

报国馆—留言台：小馆长揭示赠与其他同学的礼物，每个人爸爸妈妈的家书就藏在场馆里，引导孩子们找一找。同学们一起拆开桌面上的和平信鸽，发现是父母写来的家书，学生静静读，领会父母的期许和教导。

小导游引入：宏伟的志向更应该立足当下，从小事践行，请同学们从这样几个方面思考，目前我们可以怎样做。学生拿出桌肚里的空白家书，小导游点明空白的家书等着每位同学来书写，祖国的未来依靠同学们去创造。给父母写回信，选择一个方面梳理自己当下应该怎样做。

不积跬步，无以至千里
不积小流，无以成江海
我们现在要怎样做？

· 升旗仪式
· 对待师长
· 上课学习
· 体育锻炼

· 与人相处　　　　· 排队等待
· 打扫卫生　　　　· 外出用餐
· 利用网络　　　　· 社会实践

3. 以梦为马向未来

报国馆—投递角：学生自由展示自己书写的家书，表达报国之志，设立现实目标，明晰自我要求，展示完毕后将家书庄重封叠，交由板书中的和平信鸽邮差包举行投递仪式，并按下未来之约指纹印，组成大树。

教师小结：亲爱的孩子们，从古至今，一封家书，笔墨达意，飘飘洒洒，雏鹰教育现东风，一封家书意万重。家书纸短，家国情长，我们今天的班会未完待续，我们的家国梦未完待续，你们宏伟的志向是坚定的笔迹，持之以恒的精神就像是不会截断的纸张，勤奋刻苦的学习态度是那必须的邮票，让这份以天下为己任的少年之志乘着东风寄向未来，寄给圆梦的那一天！

设计意图：退休音乐教师的参与，体现了“五老”的育人力量；神秘嘉宾的空降，增添了班会了现实感和互动性。亲人的家书让班会的目标落地，空白的家书更让学生明白祖国的未来要由他们谱写，未完的中国梦要靠他们的报国之志去实现，更要靠脚踏实地的一步步践行去实现。未来之约的签订，激发了学生的爱国主义情怀，能够延续班会的教育效果。

班会后延伸教育活动

教育是反复的，是循环上升的，要持续关注学生的动向，及时给行为出现偏颇的孩子送上来自老师的真情家书，引导学生、家长积极使用家书形式，也让家书成为师生、家校、生生沟通的有效媒介。

1. 共读

在班级中张贴习近平总书记给父亲习仲勋的贺寿家书，21 天亲子共读打卡《傅雷家书》，引导学生学习伟人的优良品质和精神、优秀家风传承和宏伟抱负志向。

2. 共生

在学习完习近平总书记家书和共读《傅雷家书》后，组织各种形式的交流分享活动，例如：制作习近平总书记家书手抄报、班级家书展板活动、根据家书立家规活动、《我的家书故事》征文等。

3. 共行

依托社区资源，展开社区红色家书寻宝活动。

班会反思

家书是一种传统的维系家人情感的联系方式，更是家风、精神的一种传递。走近家书，走近不同时代、不同职业、不同角色人的家书，在深入了解家书传统文化的同时，从各种家书中汲取力量，学习民族精神，感受爱国情怀，激发报国理想。

本节课基本实现了班会目标，学生能清楚何为家书，能从不同时代具有代表性的家书故事中初步树立爱党爱国的家国意识；从不同的家书中汲取到具有代表性的时代力量，领会变化着的时代精神，培养爱国之情，从而激发修身立德、以天下为己任的报国之志，并且从贴近生活的角度思考如何在日常生活中践行社会主义核心价值观。

整节班会课学生参与度较高，活动形式较为丰富，以拆取盲盒的形式激发学生的学习积极性和兴趣度，以博物馆之旅推进班会进程，创设情境化教学方式，用观看视频、研讨真相、自主寻找、朗读成诵、演绎剧场、自由分享、演唱心声、神秘嘉宾、家人来信、书写志向等多种形式提高学生的活动参与度，同时引入“五老”参与班会，推进家校社协同育人。

整堂班会课达到了优良的育人效果，对学生的心灵起到了极大的震动作用，激荡起奋进的洪波。

但在班会推进过程中，孩子们对于家书的了解不够，与革命历史的距离比较远，认识的深入性和深刻性还有所欠缺。课前应当先对家书的格式进行规范，也可以布置学生课前和课后进行资料的搜集和补充，带领他们走进当地的革命烈士纪念馆，听爷爷讲过去的故事，加深对历史的体悟。

此外，要思考如何将本堂班会的教育效果进行延续和发扬，在今后的学习和生活中，在遇到挫折或内心懈怠时，教师都要好好利用这堂课的教育契机，利用好家书这种中国式浪漫的表达方式，促进学生弘扬爱国精神，砥砺报国之志，实践报国之行，让“家书”在班级教育中、在塑造优良班风中走得更远。

班会感悟

主题班会：应从生活中来，到生活中去

主题班会一直以来都是对学生进行思想品德教育的主要阵地，也是在班级中进行集体教育的重要途径。作为班主任，我们应抓牢班会主阵地，同时，对于班会的主题和内容的选择应有的放矢，将学生放在班会中央，

结合具体班情和孩子们的身心成长规律进行考量，将学生的成长需求作为班会目标，致力于培养有理想、有本领、有担当，拥有“四个自信”的新时代好少年。

一、主题从生活中来

班主任作为关系学生全面发展的人生导师，应有敏锐的洞察力，发现随着时代的发展和科技的进步，不同年龄阶段的孩子们的受教育需求也是随之变化的。本节班会的选题就是基于新时代少年儿童的现实情况而产生的，他们大多对书信较为陌生，家国观念较为淡薄，与父母的沟通较为零碎，不能将中国梦和父母的工作以及自身当下的奋斗相结合。

二、内容从生活中来

班主任应时刻牢记，班会的主体是学生，一节班会课要想达到良好的效果，应引起大多学生强烈的共鸣，而孩子们所熟悉但容易忽视的内容便是支撑教育效能的最佳选材。例如，本节课选取了班级中的“五老”进课堂，选取孩子们日常生活中与父母的微信和留言条作为内容，不仅激发了孩子们的学习兴趣，更是贴近了孩子们的生活。

三、影响到生活中去

很多人对于主题班会最大的误区便是，认为一节班会课仅仅是那40~45分钟。事实上，我们的班会要具备延伸性和拓展性，孩子们能将在班会上所习得的内容传递到自己的生活中，规范言行，养成习惯，塑造起良好的品格修养。在本节班会上，我们将逐梦人与孩子们的身边人相勾连，将中国梦与孩子们的少年梦相勾连，再加以班会后的延伸活动，力求将班会课的影响力落实到孩子们实实在在的日常生活中，将教育效果不断升华。

与航天英雄一起逐梦

——六年级梦想主题班会

背景分析

一、学情分析

六年级学生正处于人生观、价值观、世界观形成的重要阶段，对于坚定“四个自信”、实现中国梦还停留在口号层面，没有明确的奋斗目标。有部分同学树立了自己的梦想，但没有长期的计划，遇到困难不能坚持。生活中主动探索能力较弱，创新力不足。基于鲜活的航天资源，通过费俊龙明确目标、克服困难、勇于创新的精神引领，解决我们班学生出现的人生目标不清晰、意志力不足、没有具体实现目标的方法和行动的问题。

二、主题解析

党的二十大报告明确指出：“教育、科技、人才是全面建设社会主义现代化国家的基础性、战略性支撑。”学生是祖国腾飞的后备力量，是实现中国梦的主要承担者，对学生开展梦想教育是必然要求。在近期航天热点事件的感染下，孩子们对宇宙和中国航天事业有了前所未有的兴趣。航天精神不仅能体现航天人艰苦奋斗的意志品质，更能体现感人至深的民族精神和爱国精神。基于热点对学生进行教育，希望他们增长爱国原动力，增强强国意志力，提升报国创新力。

班会目标

1. 认知目标

了解航天英雄费俊龙的经历，深刻感受费俊龙为实现梦想而付出的艰苦努力，明白每个人都需要树立对社会有价值的梦想并为之去努力。

2. 情感目标

体会费俊龙和其他追梦人为理想奋斗的伟大，激发民族自豪感和爱国热情，将个人梦想和国家发展紧紧相连，坚定为梦想奋斗的决心和毅力。

3. 行为目标

坚定梦想，形成战胜困难的方法、策略。学会用目标反思法提升爱国原动力，用行动进阶法增强强国意志力，用创新思维法唤醒报国创新力，将梦想落实到行动中。

班会准备

1. 教师准备

（1）进行问卷调查，了解学生对梦想的认识和实现梦想的做法；

（2）课前指导学生分组布置费俊龙主题展览馆；

（3）引导志愿者开展各类费俊龙航天精神学习活动；

（4）“东方红一号”发射视频，宇航员训练视频；

（5）火花能量卡；

（6）《梦想计划单》每位学生一张。

2. 学生准备

课前一周分组寻访费俊龙的故事，参与航天英雄费俊龙主题展览馆的布置。

（1）寻访、了解费俊龙的故事，组织志愿者进行介绍；

（2）创编访谈节目《梦想会客厅》；

（3）表演情景剧《日记里的坚持》；

（4）演唱歌曲《我的未来不是梦》。

班会过程

视频导入

教师分享：开学后发现班级学生学习很投入、斗志满满，师生共同探讨学习动力的来源。

视频出示：学生讨论暑假研学经历。

（视频梗概：学生分享暑假跟着家长去山区支教、参加航天训练营、参观航天馆等研学经历，这些经历给了他们认真学习的力量。）

教师小结，揭示班会主题：梦想。由研学经历引出对航天、对费俊龙的介绍。教师简单介绍费俊龙。

邀请学生参观由“寻梦”“追梦”“筑梦”三组通过课前寻访布置的班级航天英雄费俊龙主题展览馆。

航天英雄费俊龙主题展览馆

环节一：寻航天梦，夯爱国原动力

活动 1：寻访记事簿

童年馆志愿者带领学生来到“童年馆”，分享课前小组寻访活动视频。

（视频梗概：为了寻访费俊龙的童年足迹，寻访组特意来到了图书馆，翻阅书籍，查找资料，在航天发展专栏中找到了《腾飞的俊龙》这本书，书中记载了航天英雄费俊龙的很多故事。）

活动 2：初心照片墙

教师出示费俊龙仰望苍穹的照片，引导学生猜想小小的费俊龙仰望星空，心里在想什么。

教师带领同学们感知费俊龙抬头仰望苍茫星空，是在寻找有没有一颗中国的人造卫星。播放“东方红一号”成功发射的视频。

教师小结引出“中国星”：这颗“中国星”象征着中国航天从零起步，从此踏上通往星辰的逐梦之旅，小小的费俊龙想成为飞行员飞上天空，一颗“中国心”“爱国心”在慢慢萌芽（板书：中国星　中国心）。一个民族要有一群仰望星空的人，民族才有希望。

活动 3：名人会客厅

教师邀请寻梦组志愿者带领大家穿越时空来到“梦想会客厅”，听听不同时代人民的梦想。

会客厅主持人简单介绍两位追梦人，邀请他们分享自己的故事。

分享一：许海峰介绍体育梦想走向世界。

分享二：袁隆平介绍科研梦想提高产量。

学生采访提问：在你们通往成功的道路上，遇到过什么困难吗？许海峰分享自己刚加入省队时，射击姿势不标准，之后刻苦训练，克服不足的经历。

畅所欲言：交流看完“梦想会客厅”的启发，学生踊跃发言。

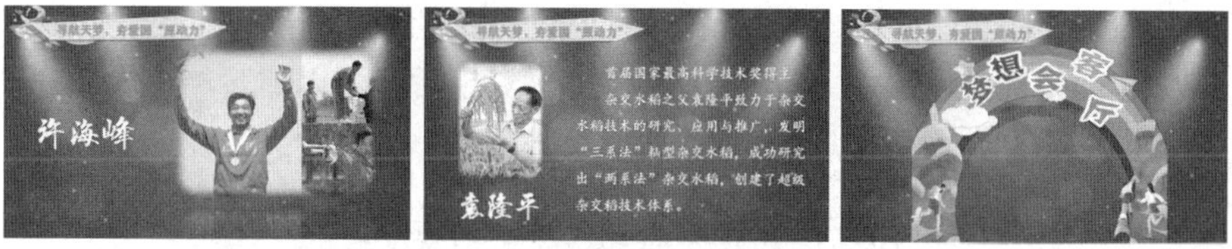

"梦想会客厅"

活动4：梦想动力仓

1. 对照梦想，巧改进

小组讨论：拿出自己之前写下的梦想，对比会客厅的名人梦，自己的梦想有什么需要补充和改进的地方。

学生交流并汇报。

教师小结：同学们的思考更深入了，把自己的个人梦想同祖国的发展联系在一起。你们梦想中都闪耀着报效祖国、服务社会的光辉，充满浓浓的爱国情，这些梦想也成了我们成长的原动力。(学生板书：原动力)

2. 自我分析，明方法

教师带领学生学习"名人会客厅"中许海峰分析的自身优势和不足，引导对照成长记录册里自己平时的表现，分析实现梦想自己有哪些优势和不足。

目标反思法

梦想行动计划

教师引导学生了解：对照目标进行自我分析，寻找问题、反思问题，是目标反思法。

学生交流在生活中灵活运用目标反思法的做法：反思日记、伙伴互评、成长档案、目标进阶图册等。

设计意图：学生通过课前寻访活动的分享，了解费俊龙成长故事。通过分层次畅谈梦想——从费俊龙童年梦想引入，感受费俊龙从小寻找"中国星"的初心梦想，呼应"中国心""爱国情"。再到"梦想会客厅"中不同时代人们的梦想，最后谈自己的梦想。由远及近，起点高，落点低，切入主题，激发学生的参与热情。通过对自己的梦想进行补充和改进，唤起学生的爱国热情。引导学生认识到树立梦想后，可以通过“目标反思法”时时对照，步步接近梦想。

环节二：追航天梦，炼强国意志力

活动1：日记分享明“坚持”

情景剧表演：费俊龙的学习、训练生活。

（梗概：为了实现成为航天员的梦想，全心投入，认真学习、训练。）

教师引导学生明白费俊龙成长过程中也遇到了很多困难，带领学生来到青年馆。

活动2：数字背后感“意志”

青年馆志愿者介绍青年馆中一串特别的数字，感受数字背后费俊龙无声的坚持。

> “1斤，几十年来体重变化幅度没超过一斤！”
>
> “600个，每天都要做600个俯卧撑、仰卧起坐和上千次跳绳。”
>
> “12点，报考航天员后从零学起，每天学习到12点。”
>
> “115小时，神舟六号在轨飞行时长达到115小时。”
>
> “181天，神十五乘组在轨飞行时间长达181天。”
>
> “41年，从报考空军开始，至今坚持了41年。”

交流感受：学生了解费俊龙的训练、生活后，交流感想。

教师引导提升：我们见证了费俊龙为自己的目标一步一个脚印的努力，感受到了他强国的意志力（学生板书：意志力），希望同学们在成长的路上也能像费俊龙一样秉持报效祖国的决心与拥有坚不可摧的意志！

活动3：榜样方法提“毅力”

1. 视频连线，享经验

教师组织视频连线清华大学校友，连线中引出他实现梦想的具体做法。

视频内容简介：我从小就对建筑特别感兴趣，我的梦想是做一名优秀的建筑师。从小学开始，我就给自己定下计划，从建筑历史开始，阅读相关的书籍，了解建筑发展过程，尝试画设计图纸，提高艺术审美，为做一名合格的建筑设计师做准备。你们也能制订一个属于自己的梦想计划，看看实现梦想需要我们具备哪些能力，再有针对性地朝这些方面努力，落实到做法上。

行动进阶法

2. 小组讨论，列计划

教师：清华哥哥对照梦想计划，看看实现梦想需要具备哪些能力，再有针对性地朝这些方面努力，落实到做法上，这就是行动进阶法。(板书：行动进阶法)

引导学生用上行动进阶法，写一写自己实现梦想的具体做法。

小组讨论后写在《梦想计划单》上。

学生交流在生活中用好行动进阶法的具体做法：每日打卡、二十一天习惯养成法等。

活动 4：游戏体验悟“不易”

青年馆志愿者介绍费俊龙每天要进行的超重耐力训练，并邀请科学老师带领体验。

科学老师出示实验要求：以同学 A 为圆心，拉着同学 B，进行原地快速旋转 10 秒。注意安全，游戏开始！

交流体验：组织学生参加活动，分享游戏体验。

训练对比：出示航天员训练视频，结合自身体验，真实感受航天员训练的艰辛。

教师小结提升：这样艰苦的训练不是一次也不是一天，而是整整 41 年，一万四千多天，重复了成千上万次，而这，仅仅是百余个训练项目之一。

设计意图：《新时代爱国主义教育实施纲要》提到，要发扬斗争精神，以坚韧不拔的意志和无私无畏的勇气战胜前进道路上的一切艰难险阻。本环节通过日记本里的坚持、航天员训练游戏体验、毅力数字展示，切实感受费俊龙的意志力和心中浓浓的强国志。通过视频连线的经验分享，明白身边人是怎样通过行动进阶法把梦想化作实际行动的。通过小组讨论，学生站在课堂中央，结合生活实际交流实现梦想的具体做法。从感悟到行动，让学生自己提炼靠近梦想的方法，为成长积蓄能量，为强国付诸行动。

环节三：筑航天梦，提报国创新力

活动 1：成就展览涨信心

筑梦组志愿者分别介绍费俊龙 2005 年和 2023 年两次登上太空的事迹，对比介绍神舟六号和神舟十五号的不同，让学生感受科技的飞速发展。

教师带领学生走进费俊龙的天宫课堂。

> 费俊龙叔叔寄语：我从小就喜欢仰望星空，崇拜战斗英雄，入选航天员队伍之后，很多课程都要从头学起，训练难度和强度都很大，往往训练完后，筷子都拿不起来。梦想之路绝不是一条坦途，当未能入选执行任务航天员时，我也曾感到失落，但我从没想过放弃。只有全力以赴，梦想才能起飞。每次眺望星空，我都由衷感叹，是祖国的强大，才能让我飞向太空。无论你的梦想是什么，都期待你能好好学习，将来到祖国需要的地方去，拥抱自己的星辰大海。

从费俊龙自己的讲述中，走近他实现梦想的历程，深入感受他务实的报国行，了解祖国航天事业的发展和科技的巨大进步。

活动 2：发布会中树榜样

教师引导学生明白费俊龙两次登上太空的巨大变化，除了个人努力，还因为有坚实的后盾——我们的祖国。揭示科技迅速发展的原因——创新。(板书：创新)

介绍班级同学的创新梦想和实践成果，并在现场召开发明创造发布会。

学生介绍自己的创新作品：我平时就喜欢观察和思考，我在倒垃圾的时候想能不能让分类更方便些，后来我设计了一款人工智能垃圾分类系统，你们看！把垃圾放到传送带上，它就能自动识别并且自动投放。在研究的时候，我一次次实验，进行调整，每次都对数据进行归纳和总结改进。

活动 3：提炼方法增创新

畅所欲言：引导学生从他的发明过程中总结出创新的好方法。

教师小结提升：同学们真了不起，通过刚才的思考，大家归纳了很多方法，关注了“观察、提问、试错、归纳、总结、改进”，形成了一个创新思维环，生活中如果一直能用上这样的创新思维法（板书：创新思维法），能为我们带来源源不断的创新力，为报效祖国增添力量。(板书：创

新力）

活动4：梦想落地践行动

教师引导学生认识梦想从想法到具体实现的方法，组织学生将《梦想计划单》贴到梦想墙上，让梦想墙陪伴大家奋斗的每一天。

教师提议小升初时，将《梦想计划单》放到成长记录册里，交给初中的老师，这不仅是梦想单的传承，更是成长的传承。

教师提议用歌声点亮梦想，大声唱出梦想“最强音”。

学生齐唱：《我的未来不是梦》。

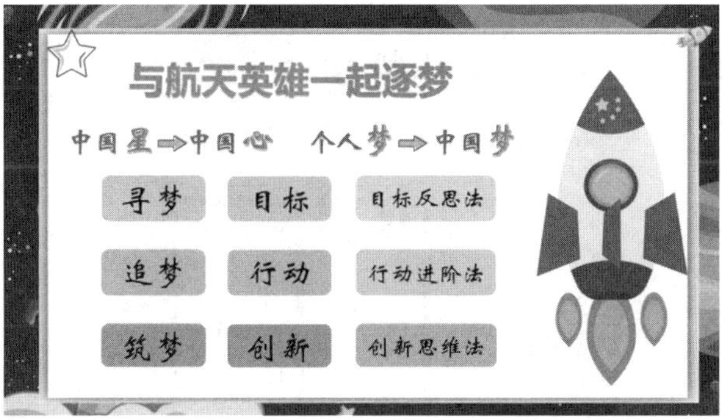

实现梦想的方法

设计意图：本环节通过对比神舟六号和神舟十五号的不同、走进费俊龙的天宫课堂，感受祖国航天事业的发展和科技的巨大进步，明白这些变化都是由费俊龙和无数像费俊龙这样为祖国繁荣而努力奋斗、不断创新的人带来的。在“创新发布会”中引导学生发现身边的榜样，拉近他们与创新的距离。通过小组讨论，学生总结出创新思维法，形成创新思维环，为自己的报国行提出切实可行的措施。鉴于我班正是毕业阶段，梦想确立后更需要长期延续，设计传递梦想环节，引导学生写下自己的梦想计划单，对比课前的梦想，学生发现现在的梦想单上有了具体实现的路径，并根据上课所学习的方法，持之以恒地践行。通过这样的形式激励学生把心中的梦想汇聚，把“爱国原动力”“强国意志力”“报国创造力”传承，达成梦想传递与延续，立志为党成才、为国奉献。

教师总结：有梦就有希望，有梦就有力量，正因为有着“爱国原动力”“强国意志力”“报国创造力”，才能将个人梦想（板书：个人梦）汇聚，成就伟大的中国梦（板书：中国梦）。让我们今天的这份中国心，乘着火箭，飞向未来，飞向圆梦的那一天。

班会后延伸教育活动

1. 制定梦想计划表

课后请同学们以小组为单位，完成《一周梦想计划表》，每周记录为了实现梦想做了些什么，记录实现梦想的脚步。

2. 颁发模范勋章

进行一个月的打卡，下个月的班会课上，我们进行最佳追梦者的评比。

一周梦想计划

班会反思

本次班会活动的主题来源于航天热点，紧扣时代脉搏，围绕“寻航天梦，夯爱国‘原动力’”“追航天梦，炼强国‘意志力’”“筑航天梦，提报国‘创新力’”三个部分展开。以班级场馆文化建设作为抓手，通过在班级布置航天英雄费俊龙主题展览馆，在丰富多彩初心照片墙、名人会客厅、游戏体验、视频连线、创新发布会等活动中了解航天英雄费俊龙的成长故事，感受祖国的巨大发展，理解并传承感人至深的民族精神和爱国精神。

榜样的力量是无穷的，本节班会我引导学生从榜样中汲取成长的力量，感受航天精神，化为自身前进的动力。从他人的梦想到中国梦再到自己的梦想，最终梦想照进现实。通过课前寻访、亲身实验、动手制作、联系生活说方法、写梦想计划单等方式，孩子们在营造美好梦想的同时，更感到责任在肩。

班会课后我还设计了《一周梦想计划表》，动静结合，对课堂进行了有效补充，通过表格的形式让学生有计划、有条理地将梦想落实到行动中。

“中国心”的传承是一个宏大的主题，一节课无法完全帮助每一个学生全面感受“中国心”的内涵。因此，本节班会课只是一个开头，鉴于班级学生是小学毕业生，写下梦想后我还要长期跟进，和初中老师紧密联系，共同引导和实践。立德树人是教育的根本任务，我们的教育工作者也一直在追梦的路上！

班会感悟

班会课——集体教育的最佳路径

本节班会课是一个循序渐进的教育过程，层层深入，培养儿童对中国梦深层次的认识和理解。追寻梦想序列化主题班会看似没有直接解决学生的行为问题，但站在更高的维度帮助学生建立人生目标。

针对班级学生觉得伟大的梦想离生活较远，找不到达成自己梦想的途径等问题，我设置任务驱动——布置主题展览馆。在布置过程中，我需要做大量的前期准备，挑选出典型事件，让学生深入走进费俊龙追梦历程。学生通过搜集大量资料，感受到费俊龙童年的快乐，了解到训练生活的不易，体会到追寻梦想的坚定。每个小组在课堂上分享自己在寻访中汲取到的力量，最终汇聚成全班心中坚定的信念。

在寻访榜样追梦的脚步、布置主题展览馆的时候，学生不仅找到了自己的奋斗方向，更明白要通过奋斗才能书写绚丽青春，从而合理规划自己的学习生活。在寻访中小组合作学习，学生们发挥促进彼此成长的纽带作用，学生之间正能量的紧密联系促进形成昂扬向上的班风。

主题班会课是集体教育的最佳方式，通过这次“班会+场馆布置”的尝试，我探索到了更多全面育人的路径。我在班里尝试建立系统的多元班会项目，以班会课为核心，结合其他形式的教育，进行了“班会+班级活动、班会+班本课程、班会+个别教育”等的探索。接下来我还会根据学生成长发展的不同阶段，设计开展有针对性、贴近生活和社会、形式活泼生动的序列化主题班会，让学生学到更多书本上学不到的知识，提高多方面的能力，我想这样的班会毋庸置疑会成为孩子们健康成长的加油站。

为国所用　做新时代好青年

——初二年级爱国主义主题班会

背景分析

一、学情分析

初二年级是青少年生理和心理成长的关键时期，是人生观、价值观、世界观形成的重要时期。经过问卷调查，班级部分学生对爱国主义教育的认识出现了不同程度的波动和误区，在多种因素的影响下，出现“佛系”“躺平”等颓废懒散的思想。同时，初二年级学业难度增加，部分学生产生畏难情绪，其根源是责任担当意识的缺失，更为严重的是缺乏对国家发展的担当意识。针对此类现象，需要通过开展相关的主题活动，引导学生树立正确的观念，担当起民族复兴的伟大责任。

二、主题解析

爱国主义教育是德育教育的永恒主题，一直以来，我国高度重视青少年的爱国主义教育。在党的二十大报告中，习近平总书记多次指出奋斗对于青年的重要意义，充分体现了党对青年一代的亲切关怀和殷切期待。本节班会课以学习和贯彻党的二十大精神为主题，深化爱国主义教育，在厘清学生认知误区的基础上，通过以学生为主体、以教师为主导的多维度学习，摒弃学生身上的“佛系”“躺平”等颓废懒散的思想以及不良的心态，引导全班学生立志成为有理想、敢担当、能吃苦、肯奋斗的新时代好青年，为实现中华民族伟大复兴的中国梦而不懈奋斗。

班会目标

1. 认知目标

厘清对爱国主义的认知误区，特别是理想信念淡薄、不能肩负担当使命、缺乏吃苦奋斗精神等认知问题。

2. 情感目标

感悟新时代好青年的精神品质，将爱国之志内化于心，形成有理想、敢担当、能吃苦、肯奋斗的新思想，立志成为新时代好青年。

3. 行为目标

开启新时代好青年的具体行动，将使命担当外化于行，践行为国所用的责任，人人成为有理想、敢担当、能吃苦、肯奋斗的新时代好青年，为实现中华民族伟大复兴的中国梦而不懈奋斗。

班会准备

1. 教师准备

（1）设计调查问卷《问题出在哪里?》；

（2）关注家校共育，邀请三位神秘嘉宾进班会课堂，形成教育合力；

（3）下载《每日一习话》视频资料，其中习近平总书记对广大青年提出了要做有理想、敢担当、能吃苦、肯奋斗的新时代好青年的重要要求。

2. 学生准备

（1）编排并表演主题情景剧《问题出在哪里?》；

（2）查找资料——列举“新时代好青年的最好模样”的事例；

（3）班级“本土”设计——亲手设计新时代好青年“奔跑”背包卡。

3. 场地准备

预约未来教室的录制场地，对接好视频连线的设备和细节。

班会过程

环节一：厘清认知误区

活动 1：创设情境，表演小品

通过“问题出在哪里”导入，演员学生表演小品，观众学生观看小品——自编自导主题情景剧表演。

背景：学校持续开展“学习二十大　争做新青年”教育活动，要求各班积极组织小剧场表演、朗诵演讲、征文比赛等丰富多彩的爱国主义教育活动。

镜头 1：讲台前，班长正在对“学习二十大　争做新青年”小剧场合唱比赛进行宣传动员。一个学生站起来说：“班长，我们不想参加这样的活动，爱国放在心里就好了，不用非得在小剧场展示出来，还不如我多休息一会，躺平一下呢。”班上好几个学生都点头附和起来。

镜头2：在国防安全演讲比赛时，讲台上的同学激情澎湃，而小A和小B在台下小声交流。A说："你看看，你看看，又是老一套，一点新意也没有。"B说："对呀，目前我们中国没有战争。况且国防安全是国家领导要考虑的事，是军队考虑的事，我们又不是军人，我将来也不会当兵的，真吃不了那个苦啊！"A同学继续说："如果不是中考有体育考试，我都不想上体育课了，也不想值日。跑步啊，跳绳啊，扫地啊，哎呀，真的苦死了，累死了。"

活动2：交流讨论，梳理整合

组织学生交流讨论，分组进行头脑风暴，梳理整合学生生成的各种心理状态，厘清学生的认知误区和共性问题。

预设生成1：对爱国的认识有偏差，错误地认为"爱国放在心里就好了"，甚至出现"国防安全是国家领导要考虑的事"的错误思想，体现班级部分学生爱国情怀和理想信念淡薄甚至缺失。

预设生成2：学生身上出现"躺平""摆烂"等心态，没有担当精神，不能吃苦，不肯奋斗，出现不关注身体素质、不关注德、智、体、美、劳全面发展等认识误区。

活动3：调查问卷，直面问题

针对学生存在的爱国认知误区等共性问题，制定调查问卷，发放给学生，要求学生以匿名方式填写。结合调查问卷生成的数据，让学生在自发

调查问卷

此次调查采取匿名的方式，你所提供的信息只会以统计数据的形式出现，你只需要根据个人的实际情况和真实想法作答即可，希望你能认真完成这份问卷，非常感谢！

1.［单选题］你的性别是

（ ）男（ ）女

2.［单选题］你了解我们学校"为国所用"的德育理念吗？

（ ）了解（ ）有一点了解（ ）不了解

3.［单选题］你如何看待国家安全和我们的关系

（ ）关系密切（ ）关系一般（ ）没有想过

4.［单选题］"有理想、敢担当、能吃苦、肯奋斗"对于你而言

（ ）非常重要（ ）重要

（ ）一般（ ）不重要

5.［单选题］面对学习、生活的压力，你常常选择

（ ）积极面对（ ）迷茫彷徨

（ ）逃避现实（ ）无所谓

6.［单选题］你怎样看待社会上存在的"佛系""躺平""摆烂"的人生态度？

（ ）支持（ ）不支持（ ）没有感觉

7.［多选题］你觉得，作为新时代青年，为什么要努力奋斗呢？

（ ）为国家和社会贡献自己的力量

（ ）为自己的理念和目标，创造出有价值的人生

（ ）为了考上四星高中

（ ）为追求更好的物质生活

（ ）为持续刻苦学习，提高自己的综合能力

（ ）不清楚

问卷结果（共42人）

此次调查采取匿名的方式，你所提供的信息只会以统计数据的形式出现，你只需要根据个人的实际情况和真实想法作答即可，希望你能认真完成这份问卷，非常感谢！

1.［单选题］你的性别是

（27）男（15）女

2.［单选题］你了解我们学校"为国所用"的德育理念吗？

（28）了解（11）有一点了解（3）不了解

3.［单选题］你如何看待国家安全和我们的关系

（30）关系密切（11）关系不大（1）没有想过

4.［单选题］"有理想、敢担当、能吃苦、肯奋斗"对于你而言

（24）非常重要（2）重要

（10）一般（6）不重要

5.［单选题］面对学习、生活的压力，你常常选择

（26）积极面对（5）迷茫彷徨

（6）逃避现实（5）无所谓

6.［单选题］你怎样看待社会上存在的"佛系""躺平""摆烂"的人生态度？

（4）支持（26）不支持（12）没有感觉

7.［多选题］你觉得，作为新时代青年，为什么要努力奋斗呢？

（19）为国家和社会贡献自己的力量

（24）为自己的理念和目标，创造出有价值的人生

（3）为了考上四星高中

（1）为追求更好的物质生活

（6）为持续刻苦学习，提高自己的综合能力

（1）不清楚

思考中，直面存在的共性问题，关注问题的严峻性、紧迫性和班会的必要性，引出班会主题。

设计意图：以开展“学习二十大　争做新青年”教育活动为素材创设情景，并通过头脑风暴“问题出在哪里”，引导学生透过现象看本质，梳理和整合学生内心想法，厘清学生的认知误区和共性问题，再结合调查问卷，从现实情境引发学生对缺乏责任意识和担当精神的反思。在追问中引出班会主题，为建构解决问题的策略做铺垫。

环节二：悟——新时代好青年的精神品质

活动1：讨论网络攻击——没有战争=国家安全？

介绍嘉宾：国安局工作人员（学生家长资源）

话题讨论：没有战争=国家安全？

出示材料：

2023年7月26日，外交部发言人毛宁主持例行记者会。武汉市地震监测中心遭受网络攻击，初步证据显示网络攻击来自美国。发言人毛宁表示，根据中方相关机构发布的通报，有外国政府背景的黑客组织对武汉市地震监测中心实施了网络攻击，严重威胁中国国家安全。我们谴责上述不负责任的行为，中方将采取必要措施维护中国的网络安全。

重点强调：国家安全已经不仅局限在一般意义上的没有战争。国家安全，不仅强调现在静态的安全，更强调未来动态的不受内外的潜在威胁，处在一种持续安全的状态。所以说，当代国家安全比过去的一般理解，有了更加丰富的内涵。国家安全部微信公众号强调：间谍活动是具有高度隐蔽性、专业性和危害性的严重违法犯罪行为，不仅需要国家安全机关发挥反间谍专门机关作用，更需要人民群众广泛参与、共同防范，筑牢反间防谍的国家安全人民防线。

活动2：连线学长访谈——评论时事，形成思想共识

学长视频连线：国防大学大四学生

新闻第一现场：

2023年7月，江西省国防科技大学的提前批次开始投档，其中理科类是610分，理科指挥类是646分。江西的两名学子，高考成绩过了，政审也过了，但还是被退档了，这是因为军校看的不仅仅是成绩和政审，还有身体素质。其中一名学子就是体检不合格被退档的，另一名学子则是因为体检时发现眼睛色弱，被退档了。据记者进一步采访了解，两名学生都不同程度存在着只顾学习文化知识，忽视身体素质，不懂得科学锻炼身体的情况。

网络时事评论：邀请国防大学学长介绍并表达对学生群体中“佛系”“躺平”“摆烂”“摸鱼”等现象的担忧。引导学生从当下做起，开启奋斗的征途。并通过前面几个环节的情感激发，点燃学生的爱国情怀。

引导深入思考：身上具有“佛系”“躺平”等极端心态，或者高分低能、高分低质的青年，都不是新时代的好青年。那么，什么样的青年，才是新时代的好青年呢？

活动 3：解读班会主题：为国所用——奔跑吧，新时代好青年

播放视频《每日一习话》：广大青年要坚定不移听党话、跟党走，怀抱梦想又脚踏实地，敢想敢为又善作善成，立志做有理想、敢担当、能吃苦、肯奋斗的新时代好青年。

解读“为国所用”：邀请神秘嘉宾介绍学校发展规划校本特色，展示爱国主题的材料，体现“为国所用”的校本文化特色。重点解读：奔跑吧，新时代好青年班会主题。

活动 4：学习青年标兵——感悟新时代好青年的精神实质

1. 列举标杆——新时代好青年的最好模样

结合图片，分组介绍：三星堆考古主力 95 后小姑娘许丹阳；世界最具潜力女科学家奖得主白蕊；弘扬工匠精神的世界砌筑冠军邹彬；奥运会上跑出 9″83，创亚洲纪录的苏炳添；中国天眼平均年龄仅 30 岁的研发团队，深耕专业领域，积极投身建设科技强国的实践中。

总结过渡：

同学们，这就是新时代好青年！这就是为国所用的好青年！这就是有理想、敢担当、能吃苦、肯奋斗的好青年！那么，在座的青年朋友，你们是不是好青年呢？

设计意图：通过“讨论网络攻击”“连线学长访谈”“解读班会主题”

“学习青年标兵”四个板块，层层分析并解决第一环节存在的共性问题，并在活动开展中使学生置身于真实的对话环境中，以标杆人物的先进事迹感染学生，促进学生从现实维度感悟和认同新时代好青年的优秀品质。

环节三：做——开启新时代好青年的具体行动

活动1：寻找——新时代好青年在身边

引导学生列举生活中我们身边的新时代好青年，介绍他们有理想、敢担当、能吃苦、肯奋斗的故事。

预设生成1：我们班劳动委员，每次大扫除都忙里忙外，忙上忙下，一边辛苦指挥，一边冲在第一线，双手拧拖把，清理讲台卫生死角，手都被水泡白了。还有，中考布置考场的时候，他还带了一把软尺，严格按照中考的标准，与老师一起摆放考桌，这种严谨的态度和敢于担当的精神让我很敬佩！

预设生成2：运动会时，陈同学报名了跳高和800米。在跳高比赛中不幸摔伤了胳膊。然后带着伤，她又去参加800米跑步，还获得了第一名，当时颁奖仪式上国歌奏响的时候，我看到她在领奖台上泪流满面。我觉得她身上这种为班级奉献的精神值得我们学习。

总结过渡：刚才寻找身边的新时代好青年时，我们找到了有担当、有责任的班干部，有毅力、有勇气的运动员，还有很多有集体荣誉感的新时代好青年，他们都体现了有理想、敢担当、能吃苦、肯奋斗的优秀品质。

活动2：开启——新时代好青年在行动

1. 聊漫画——新时代好青年的最佳姿态

出示漫画并引导交流：

预设生成：画中青年身体保持前倾的姿态，科学起跑，快速提高速度。在赛场上，这是跑步的最佳姿态。那么，在人生的赛场上，什么又是最佳姿态呢？与漫画中青年一样，不躺平、不后退，永远保持奋斗的姿态，是新时代好青年的最佳姿态。

新时代好青年的最佳姿态

2. 背包卡——新时代好青年的最强行动

① 设计乐分享：请设计团队介绍新时代好青年“奔跑”背包卡。

② 行动力开启：以小组为单位，每位同学在新时代好青年“奔跑”背包卡上，写出最强行动的规划和做法，并附上座右铭。

③ 青年来展示：各组选派代表，上台展示。展示完成后，以小组为单位，上台板书，贴出“青年”两个汉字的形状。

板书以“新时代好青年”背包来设计。

背包上部写有：我要成为新时代好青年。

背包中部设计为：

我要（写学期规划和做法）

____

____

____

____

背包底部设计为：

我的座右铭：______________________

“新时代好青年”背包

背包设计解读：

结合漫画中青年身体保持前倾的姿态，学生们在永远保持奋斗姿态的同时，背上“新时代好青年”背包，以学期为时间段，写好学期规划和做法，将“有理想、敢担当、能吃苦、肯奋斗”的追求落实到具体的行动上。

设计意图：通过“寻找——新时代好青年在身边”活动，引导学生关注身边的榜样，分享身边同学的奋斗故事，有助于激发学生的奋斗热情，对于学生而言更加真实，也更具说服力；通过“开启——新时代好青年在行动”实践活动，绘制新时代好青年“奔跑”背包卡，有助于引导学生在学习的基础上明确具体行动，内化于心，外化于行，从而更好地引导学生争做有理想、敢担当、能吃苦、肯奋斗的新时代好青年。

教师总结：同学们，老师有几句话送给大家——

时代的责任赋予青年
时代的光荣也属于青年
青年强　则国家强
中国强盛　我们青年有责任
为国所用——争做新时代好青年
为国所用——我们必将成为新时代好青年
有理想、敢担当、能吃苦、肯奋斗
你我皆是答案！

3. 播放班级微视频《新时代好青年——你我皆是答案》

班会后延伸教育活动

1. 一次次实践

全班以 1921 年中国共产党南湖会议为起点的发展历程为切入口，动员学生积极参与学校“新青年　心向党”诗朗诵比赛，并选送同学的优秀书画作品参与“新青年　心向党”书画类比赛，让一次次“学习二十大　争做新青年”学习实践活动看得见、摸得着、听得到、见成效。

2. 一次次踏访

家委会制定“红色革命基地社会实践计划表”，定期组织周末社会实践，走访红色革命基地，聆听爱国的故事，并以小组为单位撰写实践感受，让新时代好青年的一次次踏访都具有特殊的意义。

3. 一次次坚守

“不忘初心，砥砺前行。”充分利用“学习强国”推送的红色电影和影评资料，将“看电影、说感想、表决心、践行动”常态化，将“争做有理想、敢担当、能吃苦、肯奋斗的新时代好青年”活动落细、落小、落实。

班会反思

一、育人路径“新”

本节课以培养“有理想、敢担当、能吃苦、肯奋斗的新时代好青年”为目标，以“为国所用——争做新时代好青年”为抓手，创新育人路径，按“发现问题、研究问题、解决问题”三个步骤，层层推进，融于一体，遵循学生认知规律和身心发展规律，贴近新时代育人的脉搏。

二、育人活动“丰”

“为国所用——争做新时代好青年”以所思、所悟、所做为途径，以视觉、听觉等多感官刺激为手段，通过演小品、请嘉宾、树标杆、共探究、转观念、践行动等丰富的形式，以润物细无声的方式提升教育效果。

三、学生生成“精”

本节课在预设的基础上，通过情景熏陶、家校合作、视频连线、小组探究等精彩且精准的方式，促进了学生爱国主义教育的认知生成、思维生成及情感生成以及行动生成，实现了课前预设与课堂生成的有机统一，效果较好。

班会感悟

让主题班会成为最有魅力的德育

主题班会是班级管理的重要环节，是培养学生综合素质的重要途径。班主任通过主题班会来引导学生树立正确的价值观、人生观和世界观，增强班级凝聚力和向心力，提高学生的自我认知和自我管理能力。

设计并开展主题班会活动，是班主任专业能力的体现，是提高班主任班级管理实践能力和工作水平的重要标志。作为班主任，要紧紧围绕立德树人根本任务，在深入了解本班学生的基础上，注重学生的主体作用，充分调动学生的积极性，开展丰富多彩的主题班会活动，要努力让主题班会成为最有魅力的德育。

具体可以从几个方面入手：

一、“参与+体验”——注重学生的主体地位

主题班会应该注重学生的参与和体验，让学生成为班会的主体，积极参与其中。让他们积极发言、讨论、思考，通过学生的亲身体验，可以增强他们的感受和认识，提高德育的实效性。

二、“外显+内核”——创新班会的内容形式

为了吸引学生的兴趣、提高学生的参与度，班主任应该不断创新班会的“外显形式”和“主体内容”，可以选取生动、新颖的内容，让学生感到新奇和有趣，以吸引学生的兴趣。同时，班主任应该根据班会的主题和目的选择合适的班会形式，如讲座、讨论、游戏、AB剧等。

三、“情趣+理趣”——培养学生的情理互通

主题班会应该注重情感交流和互动，让学生之间、师生之间互相了解、互相倾听、互相帮助，营造良好的班级氛围。同时，主题班会的目的是引导学生思考和感悟，让他们在班会中得到成长和提高。因此，班主任应该注重引导学生，让他们在潜移默化中入情入理地从主题班会中获得深刻的启示。

总之，要让主题班会成为最有魅力的德育，需要班主任不断创新、注重学生的参与和体验、引导学生思考和感悟、注重情感交流和互动。同时，在班会结束后，班主任应该做好总结和反思，包括总结班会的成果、学生的表现、存在的问题等，为今后的工作提供经验和借鉴，并制订后续行动计划，推动学生的成长和发展。只有这样，才能让主题班会成为学生成长路上的重要一环，才能让主题班会成为最有魅力的德育。

怀国之大者　赴幸福未来

——初二年级提升幸福力主题班会

背景分析

一、学情分析

初二学段的学生，正处在自我同一性和角色混乱的冲突期，处于世界观、人生观、价值观形成的重要阶段。他们生在新时代，对当下生活的巨大变化、物质富足的来之不易体会不够深刻，在精神层面对幸福的感知匮乏，对当下的幸福生活不够珍惜。

同时，个人主义和功利主义的价值观也在一定程度上影响了青少年的思维方式和行为习惯，在这种情况下，青少年往往更注重短期的个人利益和满足，缺乏长远的理想信念和对社会责任的认识。针对学生的现状，通过相关活动，引导学生多维认知幸福，提高对幸福的感知力、创造力，不负青春，有担当，有作为，激励青少年为实现中国梦而奋斗。

二、主题分析

习近平总书记在党的二十大报告中指出，中国共产党是为中国人民谋幸福的党。《新时代爱国主义教育实施纲要》指出要把国家富强、民族振兴、人民幸福作为不懈追求。《新时代公民道德建设实施纲要》倡导“幸福源自奋斗”的理念，鼓励全体人民保持昂扬向上、奋发有为的精神状态，把实现个人理想融入实现国家富强、民族振兴、人民幸福的伟大梦想之中。

古往今来，幸福一直是人类孜孜以求的目标，是生命的基本需要。中学生作为新时代的弄潮儿，他们的幸福指数不仅关乎个人成长和成才，也极大影响教育时效、时代发展。幸福具有多重维度，它既具有个人性，也具有社会性。本课通过“知福”“惜福”“造福”三个环节，引导青少年树立正确的幸福观，提升体验幸福、创造幸福的能力，将个人幸福融入“幸福中国”中去，以青年担当投身伟大复兴征程，助力中国梦的实现。

班会目标

1. 认知目标

在幸福“微采访”“微辩论”的活动中，引导学生发现幸福的多重维度，使他们认识到幸福既具有个人性，又具有社会性。

2. 情感目标

在慧贤“幸福有约”访谈活动中，通过互动问答，启发学生探索嘉宾们的幸福奋斗之路，感悟“幸福源于奋斗”的真谛。

3. 行为目标

通过“幸福公式”“感动班级人物”“2035 畅想”等多种活动，助力学生根植家国情怀，将个人幸福融入国家发展、时代大潮之中。

班会准备

1. 教师准备

（1）制作班会课所需要的课件；

（2）设计“父辈、祖辈眼中的幸福”调查卡、2035 畅想卡、幸福评分表、辩论队席卡以及“慧贤幸福有约”方块字；

（3）邀请校友、家长等教育嘉宾，通过榜样示范，激发青年担当。

2. 学生准备

（1）组织校园采访；

（2）搜集“幸福是个人因素占的比例多还是国家因素占的比例多”相关资料，做好辩论准备；

（3）思考班级中最让你感动的人物，观察其感人事迹。

班会过程

环节一：知福——多维认识幸福

活动 1：微采访——关注幸福体验

1. 分享假期采访结果：父辈、祖辈眼中的幸福

课前下发了“父辈、祖辈眼中的幸福”调查卡，同学们利用假期时间采访父辈、祖辈，做好记录，并在课上分享。

2. 观看校园采访视频：老师眼中的幸福

该视频显示了班级小记者就“老师眼中的幸福”展开的一段校园采访，同学们对老师眼中的幸福有了初步感知。

3. 微采访班级同学：同学眼中的幸福

观看完视频后，就“同学眼中的幸福”这个话题随机采访本班同学，学生自由表达。

活动 2：微辩论——辩明幸福维度

1. 幸福微辩论

“针锋相”队和“无言以”队两个辩论队就“幸福是个人因素占的比例多还是国家因素占的比例多”展开辩论。各方立论时间不超过 30 秒，自由辩论时间 4 分钟，总结陈词 30 秒，计时员计时。

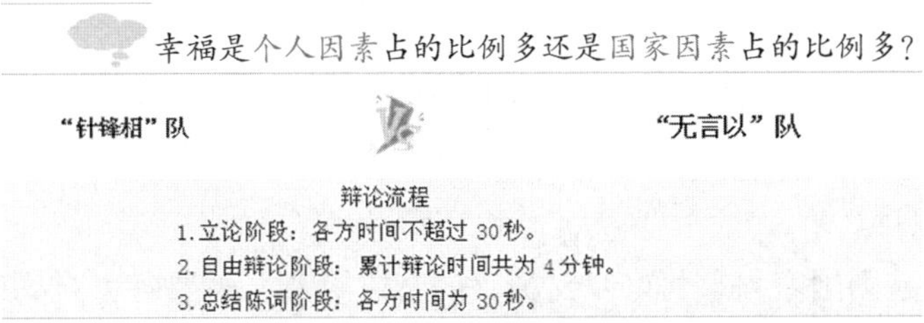

2. 交流小结

个人因素的幸福与国家因素的幸福是相辅相成的。正如梓琳同学所说，陶渊明有悠然豁达的幸福，道家有生命本真的幸福，亚里士多德有追求至善的幸福，而这些其实都需要一个稳定、安全的宏观环境作为前提。从国家因素来看，幸福可以被视为一种客观的条件，比如经济状况、社会关系等。从个人因素来看，幸福是个人内心的感受。只有在宏观环境的支撑下，我们才能最大限度地追求个人的幸福。

设计意图：通过分层次畅谈幸福——从父辈、祖辈眼中的幸福到老师眼中的幸福，再到学生眼中的幸福，由远及近，切入主题，激发学生的参与热情。借助“幸福微辩论”调动学生深入思考幸福的多重维度，引导学生认识到幸福具有双重属性，即个人性与社会性，在国家的引领和支持下，我们才有更多机会追求更幸福的人生。

环节二：惜福——情境唤醒幸福

活动 1：“幸福有约”——理想信念篇

1. 开展访谈

邀请王雨筠、曹馨舟姐姐来到慧贤班“幸福有约”会客厅，教师作主持人，展开访谈。

访谈王雨筠：

问题 1：雨筠，你在 2022 年参加了志愿服务乡村振兴计划，因为这个志愿服务项目，你研究生毕业还得晚一年，你为什么做出这样的选择呢？

问题2：我原来认为艺术是束之高阁的一种存在，我很好奇艺术是如何为乡村振兴作出贡献的。

访谈曹馨舟：

问题1：馨舟，相比还在读研的雨筠，你已经在基层工作一年了，其实乡村振兴面临着很多挑战，如人才培养和吸引方面不足，许多年轻人更倾向于在城市发展，你当初为什么选择了乡村呢？

问题2：你说到当时选择乡村更多的是一腔热血，那工作一年以后，对于乡村振兴有什么更理性的认识或者体悟呢？

2. 教师总结

乡村兴则国家兴。写好乡村振兴的奋进篇章，需要各方合力，久久为功。在乡村需要人才的时候，馨舟、雨筠做出了勇敢的选择，她们心存坚定的信念，为乡村发展贡献自己的专业力量。

活动2："幸福有约"——顽强拼搏篇

1. 开展访谈

邀请杨叔叔来到慧贤班"幸福有约"会客厅，教师作主持人，展开访谈。

访谈杨叔叔：

问题1：杨老师，我常听小邱说您，有件事我就特别佩服，她说您读博期间基本没有回过宿舍，直接就住在实验室，是这样吗？

问题2：其实，最近我也读了您的一些论文，对于我这样的医学门外汉来说，真的觉得很难，而且您在"纳米放射医学"这个板块就发表了130多篇论文，也是连续两年入选全球高被引的科学家，我很好奇，您是怎么与肿瘤研究结缘的？

问题3：您说到，因为刘庄老师，您走进了纳米医学的大门，那您能向孩子们简单介绍一下，纳米技术将为未来肿瘤治疗带来什么福音呢？

2. 教师总结

做研究需要强大的决心与意志力，需要耐得住寂寞，忍得住枯燥，克服种种困难，不断探索未知，但是杨老师恰恰在顽强拼搏的过程中实现了自我价值，也为肿瘤疾病的治疗带来了福音。

活动3：自主提问——汲取幸福力量

1. 学生自主提问嘉宾

预设1：馨舟姐姐，你觉得在基层工作，最需要的品质是什么？

预设2：雨筠姐姐，你做了这么多志愿工作，你能说说你对“志愿者”是怎么理解的吗？

预设3：听说杨老师做实验时，是在实验室守着样本寸步不离的，有一次您鼻血流个不停，但您没有停下来休息，而是在鼻子里塞满棉球继续工作，面对这样的工作强度，您觉得幸福吗？

2. 教师总结

党的二十大以来，习近平总书记在多个场合谈及幸福：幸福都是奋斗出来的，世界上最大的幸福莫过于为人民幸福而奋斗。三位嘉宾在实现自我价值的社会化过程中，为人民、为社会、为国家谋得了更多的幸福，将个人幸福融入了国家幸福的宏愿之中，我们要向他们学习，做耀眼的奋斗者！

设计意图：从青少年的特点出发，营造真实的会客厅情境，用富有冲击力、感染力的现身说法，带领学生感悟幸福的真谛，引发学生对“个人的幸福与中华民族的幸福紧密联系”的认同感，加深对“最大的幸福莫过于为人民谋幸福”的理解，帮助中学生树立科学的幸福观。

环节三：造福——行动创造幸福

活动1：“幸福公式”——增强个人幸福

1. 引入“幸福公式”

解读积极心理学中著名的幸福公式，即“幸福=快乐+意义”，以及由此产生的“四种人生模式”。

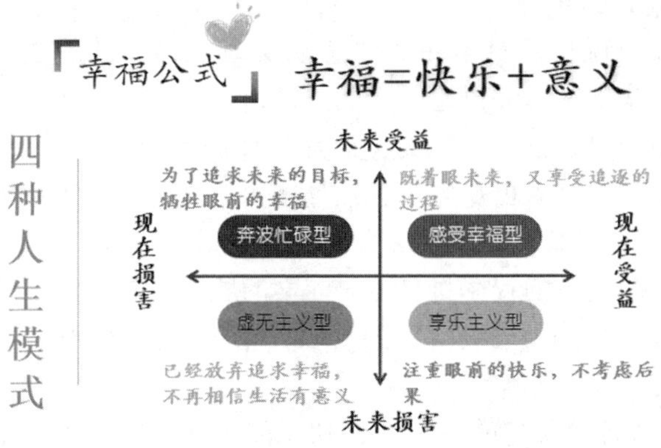

幸福公式

2. 填写“幸福评分卡”

填写手中的“幸福评分卡”（表 3-1），用新视角体察自己经历的事件，帮助学生调整生活方向。

表 3-1 幸福评分卡

事件	时间	快乐	意义	调整
例：与师父讨论题目	15 min/天	+5	+5	++
例：刷手机	30 min/天	+4	-3	-
……				
……				
填卡说明：列举这一周来你所做的事情，并注明时间；分别评估事件给你带来多少快乐和意义，赋值区间为-5 到 5 分；在调整栏，注明你希望以后在该事件上有更多还是较少的时间，如果希望更多则写+，如果希望多很多，则写++；如果希望更少则写-，如果希望少很多，则写--；如果保持不变，则写=。				

3. 分享交流

预设 1：我每个周末都会写读书笔记，时间大概为 60 分钟，我给快乐赋分为 5 分，因为我很喜欢做这件事情，意义赋分也是 5 分，因为它对提高我的语文素养很有意义，虽然这是一个好习惯，但我觉得花 60 分钟还是有点多，我打算进一步提高效率，能在坚持的基础上更高效地完成。

预设 2：我喜欢看小说，每天要花 2 小时，快乐赋值 5 分，意义赋值 4 分，因为可能有些影响我的视力。这件事情是很有意义的，时间上我想画等号。但随着课业量的增大，可能我花在这件事情上的时间还是偏多了一些，可以稍微减少一点点。

活动 2：“感动班级人物”——提升集体幸福

1. 小组讨论，各抒己见

小组成员说说自己对于评选“感动班级人物”的看法，认为谁能当选，当选理由是什么，并讨论颁奖词。每组推选 1—2 名。

预设奖项：最具学风引领奖、最具责任心班干部奖、最佳课代表奖、最任劳任怨奖、最具人格魅力奖、最具体育精神奖、最美微笑奖。

2. 为“感动班级人物”颁奖，宣读颁奖词

学生通过颁奖词的宣读将自己对同学的欣赏表达出来，为感动人物颁发小礼物，肯定个体为班级所做的贡献，增加彼此之间的认同感和友谊，提升班集体的幸福感。

预设 1：最任劳任怨奖——他默默无闻，你可能只见过干净的班级的角落，整齐的桌椅，可你或许不曾见常常最后一个走出教室的他。他有点

倔。非要在那一分、那一秒跑出教室，然后又在那一分、那一秒跑回，手握一沓作业单。他默默地分发着作业单，绝不漏任何一个人。哪怕他不被人们所注视，可他仍用温暖照耀每一个同学，奋力跑向纯净而炽热的未来。他就是魏同学，一个值得被所有人爱着的人。

预设 2：最具责任担当奖——她是聪明、勇敢、善良、大方、美丽、可爱、有礼貌的天才少女，她身为英语课代表，每天早早带领全班同学早读；她总是积极参与我们班的黑板报布置工作；运动会上，她精心设计的横幅为我们班啦啦队增了极大的光彩，她就是我们班的吕同学。

3. 教师总结

每一个奖项代表的都是一种可贵的品质，每一个获奖者感人至深的事迹以及带给班级的正能量引领我们走向新的辉煌！每一个参与推选的孩子都有一双明辨是非的慧眼，都有一颗热爱班级的心，感谢所有同学一起成就了温暖的、进取的“慧贤班”。未来，让我们一起努力，彼此成就，互相温暖，共同进步！

活动 3：“2035 畅想”——追求国家幸福

1. 小组讨论

组员之间畅想并交流，2035 年，同学们正在从事什么领域的工作，正为自己的理想做着哪些努力。

2. 书写“畅想卡”，立下志愿

拿出手中的“2035 畅想卡”，畅想未来，筑梦 2035，书写明志，为自己加油。

3. 晒畅想

学生上台分享自己写下的畅想，分享后，将“2035 畅想卡”贴到幸福树上，寓意凝聚信念力量，点亮幸福人生。

4. 教师总结

在这节课上，我们进行了深度交流，有了思维的碰撞、成长的启迪。通过采访、辩论，我们知福，幸福是个人性与社会性的统一；三位嘉宾的幸福奋斗之路，让我们更加惜福，当下的幸福正是由于无数个个体奋斗在一线；通过幸福评分卡、感动班级人物、畅想 2035，我们明白了要担当民族幸福大任，还是要付出实际行动，将个人幸福努力地与“幸福中国”紧紧地联系在一起。未来，有我，更有你们！怀国之大者，赴幸福未来！

设计意图：知行合一是德育的最终目标。学习“幸福公式”，探讨“四种人生模式”，实操“幸福评分表”，为学生打开一个审视生活的视角，激发个人幸福的内驱力；评选“感动班级人物”，以班级人物感人至深的事迹引领大家热爱集体，提高整个班级的幸福感。以“2035 畅想”，立下“造福”之志，鼓励青少年勇担民族复兴大任，为实现中国梦而奋斗。

班会后延伸教育活动

1. 班本活动

开设“解忧杂货铺”，定期分享交流，利用朋辈力量帮助学生疏压解忧，探讨幸福锦囊，提高幸福感知力。

2. 家庭活动

在家庭中开展“我是幸福小能手”活动，与爸爸妈妈、爷爷奶奶共同探讨不同时代的“福文化”特色，商榷自家的幸福家风，传承幸福文化。

3. 社区活动

整合社区资源，参加“雏鹰志愿者”等志愿服务活动，传递幸福力量，促进社会和谐。

班会反思

本节课从学生的日常生活出发，立足学生的实际情况，结合本班学生对幸福的困惑，采用校园采访、微型辩论、幸福访谈、人物颁奖等多种形式，将抽象的幸福概念变得具体可感，目标指向明确，具有价值观的引领作用。

一、从外围到核心，明确价值

聚焦班级出现的实际问题，是班会课的出发点。从学生往往更注重短期的个人利益和满足，缺乏长远的理想信念和对社会责任的认识等棘手问题出发，从认知层面上引导学生认同幸福的双重属性，进一步帮助他们在行动上予以践行。

二、从感性到理性，激发内驱

唤醒并激发内驱力，是教育永恒的追求和目标。从感性的校园采访过渡到理性的辩论，从嘉宾分享到学生发问的思维碰撞，从自我反思到朋辈激励，不断引导学生思考“何为幸福”及“如何惜福、造福”，培养学生的思辨力，真正让学生成为班会课的主体，在唤醒、探寻中激发内驱力。

三、从宏观到微观，落地生根

班会课的魅力在于有效生成。在剖析“幸福具有双重属性”的理念之后，本课设计“慧贤班”“幸福有约”，整合家庭资源、社会资源，用初中生能够并乐于接受的方式来推动他们的参与和思考。在进一步指导行动方面，运用“幸福评分卡”、“感动班级人物”颁奖、“2035 畅想”等方式，从宏观到微观，让学生更加明确今后的方向，勇敢地面对生活中的挑战，在时代大潮中实现人生价值。

班会感悟

主题班会：深掘内核，唤醒思想性

古往今来，幸福一直是人类孜孜以求的目标，是生命的基本需要。这节关乎幸福的班会课，让孩子们和我，甚至是家长都拥有了更进一步地探寻了幸福真谛以及幸福路径的机会。

昨天，我收到我们班一位妈妈的语音分享。她说，孩子不愿意写作业，母女俩极限拉锯，她马上要绷不住怒火之时，孩子说："妈妈，您愿意看我给您画一张图吗?"妈妈咬着后槽牙说："那你画吧。"而孩子拿起草稿纸画的正是我们这节班会课上教的这个四象限图，即四种人生模式，画完之后孩子平静了，她在和妈妈讲解的过程中，又将幸福公式内化了一遍，最终孩子平静地去写作业了。我想，这就是班会课润物无声的育人魅力吧。

同时，在备课过程中我发现，城市生活中的孩子对于幸福的理解是有些狭隘的，他们可能会思考怎么玩幸福，怎么吃幸福，但是由己推人的思考较少，认知范围内的变量显得比较有限。我也对乡村青少年做了很多幸福采访与调查，听到了很多不同的回答。有孩子说，爸爸一直在外面打工，能够见到爸爸就是幸福；有孩子说，妈妈要照顾全家人，如果妈妈能够少一些辛苦，就是幸福……他们知道爸爸妈妈在苦苦支撑一片屋檐，他们似乎有更多关于生活幸福的思考，淳朴而深刻。不是说乡村与城市孰优孰劣，而是不同的生活才是教育的真正大课堂。我们的幸福教育应该有更多角度的思考，更宽广的视野。跳出有限的变量，让孩子们的世界观、人生观和价值观再丰富一些，让他们看到更大的学习的意义、生活的美好和独立人格的重要性，他们才能海阔天空，追求内核的成长。

另外，在这个探索过程中，我不断突破一道道厚厚的认知屏障和路径依赖，激励自己走上自我发展之路。通过"顺藤摸瓜式"的阅读，查找资料、阅读文献，温故知新。同时，我也研究起了辩论策略，关注了乡村振兴计划……在不断自我修炼的过程中，我也体会到了自身专业水平提升的愉悦，体会到了与学生、与家长成为精神伙伴的幸福。

少年逆风行致远

——高一年级抗逆力主题班会

背景分析

一、学情分析

高中阶段的学生正处于个人成长和发展的关键时期，这个阶段的学生自主意识逐渐加强，情绪敏感也逐渐凸显。他们面临着学习、生活、人际关系等多方面的挑战，势必会面对很多逆境。因此，帮助学生以正确的态度对待逆境，教会学生应对逆境的方法，从而提高学生逆商、增强学生心理韧性，对于高中生具有重要意义。在面对学习压力、人际关系问题、自我认知困惑等挑战时，较高的逆商会帮助学生保持乐观的心态、寻求解决问题的方法并积极应对，为成为德、智、体、美、劳全面发展的社会主义建设者和接班人打下坚实的基础。

二、主题解析

2023 年，教育部等十七部门联合印发了《全面加强和改进新时代学生心理健康工作专项行动计划（2023—2025 年）》。这一计划的出台，旨在全面加强和改进新时代学生心理健康工作，提高学生的心理健康素质，促进学生的全面发展。计划中明确指出，中小学要发挥课堂教学作用，结合大中小学生发展需要，分层分类开展心理健康教学，关注学生个体差异，帮助学生掌握心理健康知识和技能，树立自助、求助意识，学会理性面对困难和挫折，增强心理健康素质。以班会课的形式和学生探讨逆商的意义，对于学生提升逆商和树立正确的心理健康观念尤为重要。

班会目标

1. 认知目标

通过人生摸牌和组内换牌活动，了解逆境是普遍存在和不断变化的。

2. 情感目标

小组合作制作《答案之书》，并利用《答案之书》解析问题，明确应对逆境应有积极的情感态度。

3. 行为目标

完成抗逆报告，情境竞猜了解抗逆名人，借助名人的力量掌握处理逆境的科学方法，树立为中华民族伟大复兴而奋斗的远大理想。

班会准备

1. 教师准备

（1）设计、制作教学用的游戏卡牌《人生牌旅》；

（2）准备搭建用的扑克牌；

（3）准备制作《答案之书》所需要的材料；

（4）准备名人有关抗逆力的故事；

（5）制作、准备课件及教学案。

2. 学生准备

（1）了解应对逆境的相关知识；

（2）自主形成学习小组，选出小组负责人；

（3）思考自己近期遇到的问题。

班会过程

环节一：纸牌搭建，感人生之难

导入活动：

以6个人为一小组，利用老师提供的扑克牌，小组合力进行纸牌搭建。在规定时间里搭建最高纸牌塔的小组获胜。

思考：

（1）你中途失败过吗？当时的感受是怎样的？

（2）获胜的小组，你此刻的感受是怎样的？

教师总结：人生就像一场纸牌搭建游戏，我们每个人都在努力地构建自己的牌局。在这个过程中，我们必然会遇到顺风的成功时刻，也难免会遭遇逆风的失败时刻。然而，面对逆境和挫折，我们以什么样的态度去面对，以什么样的方法去化解，将会决定我们拥有什么样的人生。人生中难免会遇到一些不如意的事情，我们应该保持积极乐观的心态，相信自己一定能够克服困难，走出低谷；我们需要学会自我调整，反思自己的错误和不足，寻找解决问题的方法和途径；我们还需要学会小组合作和配合，更好地化解困难，实现自己的目标。

设计意图：本环节为导入环节，通过游戏的形式帮助学生尽快进入课堂状态，引出本节课主题——抗逆力。纸牌搭建这个活动难度较大，学生稍有不慎就会前功尽弃。学生在多次的尝试和失败里，既能体会到成功的快乐，也能感受到失败的痛苦，了解坚持不懈地追求成功的意义。在这个过程中，学生们也学会了团队合作。他们互相支持，共同思考，才能顺利完成纸牌搭建的任务。最终，学生在这样的“逆境”中初步体会到了“抗逆”的重要意义。

环节二：摸牌换牌，知抗逆之意

活动1：生而不同——人生摸牌

1. 活动说明

本次活动需要使用《人生牌旅》游戏牌中的第一部分——“过去”牌组。这组牌共15张，分为家境、家庭、健康、容貌和天资五个类型，每个类型有3张牌。

其中，家境分为家境富裕、家境普通、家徒四壁三种；

家庭分为父慈母爱、单亲家庭和父母双亡三种；

健康分为天生残疾、四肢健全和擅长运动三种；

容貌分为貌美如花、相貌平平、相貌丑陋三种；

天资分为天资聪颖、智力正常和生性愚笨三种。

这些不同类型的牌，象征着每个人在各个方面存在的客观差异。学生随机抽取这些“命运之牌”，象征着他们出生时无法选择的个人状况。

2. 活动要求

（1）以3人为一个小组，每组确定一个命运发牌人。

（2）命运发牌人取出“过去”牌组，以组为单位打乱顺序，小组成员随机抽牌。

（3）小组成员拿到牌以后思考并交流。

3. 思考并交流

（1）你拿到的牌是怎样的？

（2）拿到牌后你有什么样的感觉？

（3）这一局你会选择打下去吗？

活动2：逆天改命——组内换牌

1. 活动说明

本活动在上一轮活动的基础上进行拓展和延伸，每个同学通过猜拳的方式在组内与他人进行游戏牌的交换。活动中猜拳的方式象征着在现实生活中为了改变现状而做出的努力，游戏牌的更换则象征着现实生活中在努力过后产生的方方面面的变化。有些同学手中的游戏牌变得更好，则为努力后出现的顺境。有些同学手中的游戏牌变得更差，则为努力后遇到的逆境。

2. 活动要求

以 3 人为一个小组，在 2 分钟内组内随机挑选对手猜拳，赢家有权且必须和输家交换一张同类型的牌，输家不能拒绝。

3. 思考交流

（1）你的牌更好了还是更差了？

（2）当你的好牌被换走的时候，你是什么样的感觉？

（3）你有什么样的感悟呢？

教师总结：我们每个人自出生起，就身处不同的家庭环境，拥有不同的家庭条件、健康状况、容貌和天资。这些因素是我们无法选择的，它们塑造了我们的起点，也决定了我们人生的某些方面。有些方面，我们可以通过自身的努力去改变，有些方面却是我们无论如何努力都无法改变的。有时候，我们的努力可能会带来积极的结果，让我们变得更好。但有时候，即使我们付出了巨大的努力，结果却并不如人意。这时，我们应该明白，努力本身就是一个过程，而不是一个结果。我们的努力可能不会立即带来成功，但它会为我们的未来奠定基础，让我们在未来的道路上更加坚定。因此，我们应该积极改变我们能改变的，坦然接受我们不能改变的。这不仅是一种人生智慧，更是一种积极的人生态度。

设计意图：本环节的设计旨在通过游戏牌的方式，让学生感受到逆境在现实生活是普遍存在和不断变化的。其中，第一环节的设计，是希望学生能通过活动逐渐认识到逆境是人生中不可避免的一部分，也是成长和进步的重要推动力。而第二环节则更强调学生能够在面对逆境时保持冷静、乐观和积极应对的态度。

总之，本环节希望通过两个活动，让学生们在轻松愉快的氛围中感受逆境、明确应对、培养抗逆态度和团队合作精神。这将有助于他们在未来的生活中更好地应对挑战和变化，成为更加坚强、乐观和有韧性的人。

环节三：积极释牌，立抗逆之情

活动 3：鼓舞人心——答案之书

1. 活动说明

本活动借助积极心理学相关原理，要求学生自行书写相关励志的诗句或名言，最终将全班同学书写的励志内容组合成一本书，起名为《答案之书》。学生在参与制作这本书的同时，会沉浸式思考，从而对自己形成积极的心理暗示。

2. 活动要求

（1）每人拿取一张纸，思考并写下自己的励志名言；

（2）以小组为单位，相互阅读并分享自己写下的内容；

（3）由班长收齐所有的纸张，并进行装订，完成本班《答案之书》的制作。

3. 思考交流

（1）你们组员写下的内容是什么？

（2）听完之后，你是否被鼓舞到了呢？

（3）你最喜欢的是哪一句，为什么？

活动4：正向激励——积极释牌

1. 活动说明

本次活动需要使用《人生牌旅》游戏牌中的第二部分——“现在”牌组。这组牌共3张，内容涉及人际交往中出现的逆境、学习生活中出现的逆境和父母沟通中出现的逆境。这些故事象征着学生在现实生活中可能出现的问题。

> 小帅的烦恼（学习和生活）：刚刚进入高中，小帅完全不能适应目前的状态。原本在初中成绩遥遥领先的他，现在感觉非常吃力了。他努力刷题，可是似乎一点儿效果都没有。上课老师讲的内容很多，可是他却完全跟不上节奏。这次期中考试，他考了班级倒数。
>
> 小美的烦恼（人际交往）：进入高中后，小美和小丽成了很好的朋友。她把自己所有的秘密都告诉了小丽，包括她对班里的小帅有好感。这天，她进班级的时候，班里突然发出了哄堂大笑，小帅涨红了脸，怒气冲冲对她说：“我才不会喜欢你，请你不要乱说。”一旁的小丽则低着头，一言不发。
>
> 大壮的烦恼（父母沟通）：大壮的父母和他谈论的话题只有学习。这周日，他和父母产生了激烈的争吵。起因是他做完作业，刚拿起手机，他妈妈就说他整天只知道玩游戏。他爸爸还责怪他，说他数学考试只考了全班第二，没把心思放在学习上。

2. 活动要求

（1）以6个人为一个小组，命运发牌人取出“现在”牌组，并随机抽取一张“现在”卡牌。

（2）小组成员共同阅读卡片内容，分析问题。

（3）小组成员借助《答案之书》，1 人读题，1 人翻看《答案之书》，1 人根据《答案之书》给出的答案进行释牌。

3. 思考交流

（1）《答案之书》给你的解释你满意吗？

（2）为什么这样的答案能够鼓舞到你呢？

（3）下一次有问题，你愿意翻阅《答案之书》吗？

教师总结：人生不如意事，十之八九。这些不如意的事情常常让我们感到无助和迷茫。面对这些不如意的事情，我们有时会感到力不从心，不知道该如何应对。然而，《答案之书》却告诉我们，一切美好的事情正在发生。其实在心理学上，这种面对困难的坚定信念被称为积极暗示。积极暗示是一种自我肯定和自我鼓励，它可以帮助我们克服内心的恐惧和解决内心的疑虑，让我们更加自信地面对生活中的困难。当我们相信自己一定能够克服困难时，我们的思维会变得更加清晰和灵活，我们也会更有动力去行动。这种思维和行动的转变，可以帮助我们更好地解决问题，走出困境。

设计意图：本环节的设计，是希望学生能够通过亲手制作的《答案之书》，回答游戏牌上出现的问题，从而意识到面对逆境，首先做的就是要采取积极的态度看待问题，从而树立面对逆境所应有的正确的情感态度。面对逆境，运用积极暗示保持乐观、自信和勇敢的心态，从问题中看到机会和挑战，从而激发自己的潜能，迎接各种挑战。

环节四：志存高远，践抗逆之行

活动 5：抗逆报告——科学行牌

1. 活动说明

本次活动需要使用《人生牌旅》游戏牌中的第三部分——“未来”牌组。这组牌结合了心理学优势视角理论，共分为四类，即外部资源支持（亲人、朋友、师长）、内部优势品质、行动效能措施及反思复盘提升，共 6 张牌。在活动过程中，学生每人抽取一张，根据要求完成相应的任务。

我有外部资源：我的家人、朋友、老师会给我什么样的帮助？

我是内部优势：我自己拥有什么样的品质优势，能解决这个问题？

我能行动效能：有了外部资源和内部优势，接下来我可以采取什么措施？

我悟抗逆提升：克服了困难之后，我们回首复盘，你有什么样的感悟？

2. 活动要求

(1) 以6人为一个小组，命运发牌人取出“未来”牌组，小组成员随机抽取一张卡牌。

(2) 结合本组之前抽取的“现在”卡牌上的情境，假设你是情境中的主人公，面对这个难题，根据牌面要求，完成任务。

(3) 由命运发牌人将6张“未来”卡牌进行整合，提出属于本小组自己的抗逆力报告。

活动6：人定胜天——情境竞猜

1. 活动说明

本活动从个人、企业和国家三个维度，以竞猜的方式，让学生了解名人、名企业以及中华民族的抗逆故事，从而向学生展示逆境对人的积极作用。

2. 活动要求

请根据下面的描述，猜测这些人或物是什么。

(1) ① 低保家庭，家境贫寒。父母为摆脱贫困，远离家乡工作，从小与奶奶相依为命。

② 妈妈开电动车打工遭遇车祸，人被卷进了车底，经过治疗后患上了癫痫症。

③ 奥运会、世锦赛和世界杯的金牌大满贯。

谜底：全红婵

(2) ① 美国禁止本国企业使用这家公司的设备，禁止其进入美国。

② 被美国政府列入贸易管制的“实体清单”，禁止美国企业向其出售商品和技术。

③ 冲破了技术封锁，被中国网友称为“遥遥领先”。

谜底：华为公司

(3) ① 从零开始，被技术封锁，扣留学者。

② 被撕毁合约，撤走专家，销毁资料。

③ 龙吟咆哮，巨龙觉醒。

谜底：中国原子弹

教师总结：青年在成长和奋斗中，会收获成功和喜悦，也会面临困难和压力。要正确对待一时的成败得失，处优而不养尊，受挫而不短志，使顺境和逆境都成为人生的财富。作为中华民族伟大复兴的主力军，作为社会主义事业的建设者和接班人，我们在未来人生的道路上一定会遇到很多逆境。但，少年们，请你们不要忘记，你们的未来一定是星辰大海。正如我们本节课的标题所言，少年逆风行致远，且行且歌摘星辰。少年们，加油!

设计意图:学生在本环节的活动中,能够掌握正确应对逆境的方法,从而在面对未来人生道路上出现的各种逆境时,更加游刃有余。同时,在最后一个环节,学生能够感受到民族的富强和祖国的伟大,唤醒内心深处的民族自豪感和认同感,从而锻炼自身本领,为成为社会主义事业的建设者和接班人而努力。

班会后延伸教育活动

1. 利用本班独有的《答案之书》,分析和解决自己近期遇到的问题。
2. 用本节课学习的方法论分析并解决问题,形成一份抗逆力报告。

班会反思

本次班会课的设计紧扣“抗逆力”,采用“游戏牌”的形式推进整堂课,鼓励学生积极参与和深度思考,最终提升自我抗逆力。

一、以游戏牌《人生牌旅》为载体,创设育人情境

本节课以游戏牌为线索,整节课环环相扣。学生利用手中的游戏牌,感受人生逆境,思考人生问题,解决人生难题。在游戏当中,逆境问题被具象化,育人情境鲜明。

二、以课堂任务为驱动,保障育人效果

本节课鼓励学生积极参与,以不同的任务驱动学生积极参与,反思生成。在课堂里,学生能够通过小组合作、个人思考等方式完成教师给出的任务,提升了自我认知,锻炼了思维能力,生成了应对策略。

三、以“3i 策略”和“积极心理学”为支撑,提升育人品质

本节课将心理学的相关理论引入课堂,保证了课程实施的专业性和有效性。学生在理解了课程背后的心理学原理后,能够更好地对课程内容形成认同,对自己的未来和人生形成思考。

班会感悟

从自我体悟到自主生成,在情境中培养抗逆力

抗逆力,是指个体在面对逆境时,所表现出来的适应能力和应对策略。我们相信,每个学生自己都有足够的能量积极面对逆境,科学处理逆境中出现的问题。而班会课作为培养学生意志品质、树立学生正确三观、促进学生全面发展的主要阵地,需要给学生营造良好的成长氛围、创设足

够的德育情境、提供科学的发展助力。因此，在本节课的班会设计和实施过程中，我关注了以下几点。

一、注重创设德育情境，强调学生自我体悟

在本次班会中，我通过游戏牌的设计，创设了德育情境，将学生们现实中会面临的各项困难和挑战带到课堂当中，将“抗逆力”这一抽象的名词具象化。一体式的课堂设计让学生身历其境，代入感强。从个人出生到个人成长，再到个人发展，学生在层层递进的情境中积极思考，引发感悟。

二、注重设计课程任务，鼓励学生自主生成

以任务为驱动的课程设计，能够激发学生的内驱力。本节课四个环节六个任务均紧扣本节班会课“抗逆力”的主题，学生带着这些任务进行感悟，最终形成自我产出和生成，与传统说教式班会相比更能走进学生内心，也更有教育实效。

三、注重政治思想引领，培养学生责任担当

为谁培养人，培养什么样的人，怎样培养人，是我们每个德育工作者都要思考和回答的问题。而本节课最终环节的设置，就是要让学生感受到祖国发展的不易和当今中国的富强，培养学生的国家荣誉感和民族自豪感，为培养学生成为社会主义建设者和接班人而努力。

星辰大海　逐梦前行

——高二年级理想信念主题班会

背景分析

一、学情分析

高二是学生价值观养成的关键节点，他们有走向独立的渴望，有价值冲突的迷茫。受疫情影响，高二年级的学生经历了连续 4 个月的线上教学，直到高考结束，他们才回到校园，成了校园里的准高三生。“谁偷走了我的高二?”他们的情绪中有对高二末期的迷茫，还有对高三前期的焦虑，孩子们急需走出困局。坚定的理想信念催发顽强的意志品质，能够指引青年学子克服困难、抵制诱惑、集中精力、努力求知。

二、主题解析

发展航天事业，建设航天强国，是我们不懈追求的航天梦。习近平总书记高度重视航天事业的发展，多次谈到“航天梦”。2022 年 4 月 16 日，神舟十三号载人飞船圆满完成任务，重回地球的怀抱。中国航天，又站上了一个新的起点。火热的青春，需要坚定的理想信念。航天故事感人至深，航天精神激励人心，航天成就催人奋进。以“航天梦”激励青年学子树立远大理想，坚定奋斗信念，恰逢其时。

班会目标

1. 认知目标

思考载人航天精神的伟大之处，理解载人航天精神的理想信念基础，明确理想信念对自身成长的重要作用。

2. 情感目标

感悟载人航天精神中的“特别”，凝练“特别”的班级精神，树立正确的价值导向，坚定求学报国的理想信念。

3. 行为目标

时刻提醒自己不忘理想信念，克服困难，努力求知，以昂扬的姿态投入求学报国的奋斗中。

班会准备

1. 教师准备

（1）布置资料调查、视频剪辑、“班级精神”征集等前置性学习任务；

（2）新闻视频《100 秒全记录，“感觉良好”》；

（3）星空卡片、星空墙、星空灯。

（4）中国科学院力学研究所钱学森科技攻关青年突击队《给钱学森先生的一封信》。

2. 学生准备

（1）准备钱学森、孙家栋、吴伟仁、戚发轫、欧阳自远、“嫦娥一号”研发团队等科学家的故事卡片；

（2）剪辑制作介绍“摘星星的妈妈”王亚平的微视频；

（3）准备 AI 编曲《东方红》的推介词；

（4）集体讨论确定“班级精神”主要内容。

班会过程

环节一：启梦——星辰大海

活动 1：观看《100 秒全记录，“感觉良好”》视频

观看微视频《100 秒全记录，“感觉良好”》，欣赏神舟十三号载人飞船返回地球的精彩瞬间。震撼人心的画面，是中国航天用行动告诉全世界：我们的征途是星辰大海。中国航天的伟大成就，激励学生“星辰大海，逐梦前行”。

活动 2：填写星空卡片，唤醒梦想

学生填写星空卡片，唤醒自己的梦想。每一张卡片都以不同的星空场景作为背景，卡片示例如下。

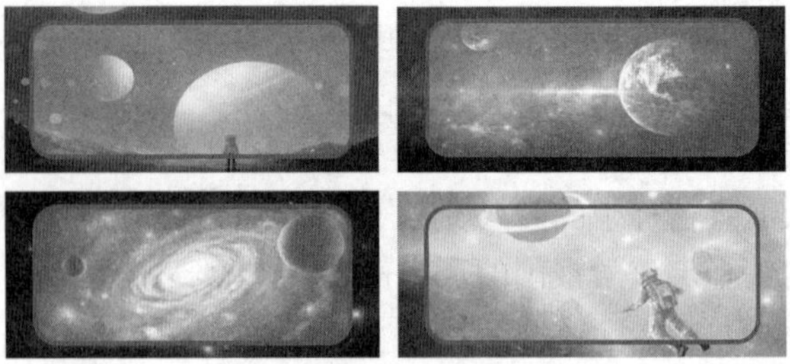

星空卡片

活动 3：讨论交流，告白未来

学生互相交流分享，说出自己的梦想，表达自己的人生理想，向未来告白。

教师小结：梦想是不是喊一喊就能实现了？有人终其一生都在为梦想奋斗，有人却在逐梦的旅程中半途而废。逐梦是一段漫长的旅途，需要精神引航、信念支撑。

设计意图：播放《100 秒全记录，“感觉良好”》微视频，展示神舟十三号载人飞船返回地球的精彩瞬间，以航天成就激励同学们积极努力逐梦前行。填写梦想卡片，引导学生审视自我，自主规划未来，明确成长目标。说出梦想，既是自我激励，又是群体激励。支持学生大胆告白未来、悦纳自己、激励他人；引导学生真诚倾听他人心声、欣赏他人、激励自己。本环节旨在渲染情绪、提振信心、激发正能量。

环节二：筑梦——砥砺奋进

活动 1：讲述卡片里的故事，摘星星的路很难很难

学生代表展示装裱在相框里的科学家故事卡片，讲述钱学森、孙家栋、吴伟仁、戚发轫、欧阳自远等科学家的故事，并将相框安装于教室墙面。引导学生体悟从一穷二白到航天大国，这段摘星星的路很难很难。

活动 2：推荐视频里的明星，摘星星的路很远很远

学生代表推荐视频里的明星，从“中国飞天第一人”杨利伟到“摘星星的妈妈”王亚平，讲述中国航天员的故事，荣耀的背后是艰苦的训练与学习。信念造就内心的强大，让我们敢于直面人生的困难与挑战。

活动 3：倾听记忆里的声音，摘星星的路越走越近

学生代表推荐记忆里的声音——AI 编曲《东方红》，采用 30 分钟太空音频素材，其中包括火箭发射音、“祝融号”火星车太空行走音效、太空风声、航天员在太空吹奏葫芦丝音效、王亚平太空古筝音效等，形成独具中国太空旅程意义的《东方红》曲调。重温神舟一号到神舟十三号的精彩瞬间，聚焦中国航天工程的一次又一次飞跃，为中国航天喝彩！

活动 4：诵读回信里的告白，摘星星的路代代接力

学生集体诵读中国科学院力学研究所钱学森科技攻关青年突击队《给钱学森先生的一封信》。青年人的意气风发，源于对伟大事业的接力奋斗。

《给钱学森先生的一封信》内容节选：

钱老：

您好！

适逢先生诞辰110周年，华夏大地，万物更新。遥想先生归国时，百废待兴。正如郭沫若先生所赠诗中“从兹十二年间事，跨箭相期星际游”，在您的带领下，十年出两弹，摆脱核讹诈，还一片净空；开辟“工程控制论”，推动系统科学，奠定了我国自主航天体系基础。从第一枚导弹成功到现在，刚过一个甲子的时间，我们从无到有，导弹技术发展迅速；建党百年之际，建空间站、登月球、上火星，这些都与您的工作息息相关。您的事迹诠释了什么叫作科学家，您说“一个科学家的生命当说已经不属于自己，他应该属于创建科学的巅峰”，这些事、这些话，已经成为了当下科技工作者的指引，您早已超脱科学家本身，成为了科学家精神的代表。

当今世界风云变幻，科技工作进入了深水区，面对各种“卡脖子”问题，我们的信心已足够强大，很多领域我们已走在了世界前列。如今，再问能不能搞××，绝大部分的科技工作者都会脱口而出您的回答：“外国人能搞的，难道中国人不能搞？”如今与西方国家的差距往往不再是有和无，而是多和少、优和精。要缩短和消弭这些差距，一方面需要基础科学的突破，另一方面更需要对系统科学和多学科融合深刻认知。

我们，一群“80后”“90后”的青年人，来自于中国科学院力学研究所，这是您回国建立的第一个国立科研机构，您将其定位为“长远和基本研究的单位，重点放在完全了解一个问题的机理”……

当下，我们的工作仍沿着您的足迹，在酒泉卫星发射中心的试验场内、在绵阳山中的风洞群里，航天系统各个单位的合作中，您和郭先生的名字都是我们达成精神和目标共鸣的核心纽带。您和郭先生的精神，更是统筹各方资源的核心力量。当突击队冠以您的名字的那一刻，我们感觉心中的弦猛地一紧，担子猛地一沉，而我们的信念更加坚定。我们所作所为不及您万分之一，我们会发扬老一辈科学家精神，不负昭华，奋勇前进，用我们的青春和人生谱写新的篇章。

书短意长，顺颂夏安。待到新中国成立100周年，与您再诉衷肠。

钱学森科技攻关青年突击队

2021年7月15日

设计意图：设计“有意义且有意思”的展示任务，揭秘载人航天伟大成就，引导学生领悟载人航天精神的深刻内涵，明确理想信念对自身成长的重要作用。科学家、航天员是青年人的榜样，以他们的事迹激励学生克服困难，努力求学，持续奋斗，逐梦前行。

钱学森历尽艰难回国，开创中国航天事业；平均年龄仅 30 岁的“嫦娥一号”研发团队让中国人千年奔月的愿望梦想成真；王亚平入队第一年系统学习空气动力学、天文学、高等数学、航天医学等 30 多门课程，讲授意义非凡的太空课堂，激发青少年崇尚科学、求知阅读的兴趣。科学家、航天员是青年人的榜样，通过他们的事迹激励学生克服困难，努力求学，持续奋斗，逐梦前行。

历尽千难成伟业，人间万事出艰辛。通过音乐、视频、文字材料了解中国航天历史与成就，感悟中国航天事业从一穷二白发展为航天大国的艰辛与不易，领悟中国航天精神背后的理想信念基础。引导学生明确树立奋斗目标的重要性，懂得作为一名高中生，处于人生成长、成才的关键期，作为新时代社会主义伟大事业的接班人，应责无旁贷地担当起家国建设的伟大使命。

环节三：逐梦——脚踏实地

活动 1：头脑风暴，航天精神连连说

学生分组讨论：什么样的精神支撑着科学家、宇航员义无反顾地投身于中国载人航天事业，载人航天精神可能是什么？各小组派代表分享展示讨论成果。分享形式为头脑风暴，分享在后的小组观点不能与分享在前的小组观点重复。

展示背景材料：

2016 年 12 月 20 日习近平总书记在会见天宫二号和神舟十一号载人飞行任务航天员及参研参试人员代表时指出，我们注重传承优良传统，发扬特别能吃苦、特别能战斗、特别能攻关、特别能奉献的载人航天精神。航天精神贵在特别，特别的精神激励一代代的航天人为特别的事业奋斗。

教师小结：航天精神贵在特别，难在特别。特别的我们有特别的梦想，更要有特别的精神。

活动 2：梦想接力，精神传承你我他

学生就话题“假如梦想是你的航天工程，你需要哪些精神？”进行分享交流。分享形式为梦想接力：由前一位同学随机指定下一位分享的同学，下一位同学紧随其后分享，聚焦关键词，表达简明扼要。然后，在梦想卡片上写下为实现梦想应坚守的精神。

活动3：星空揭幕，班级精神聚力量

班长向全班同学展示班级星空墙，并向大家讲解班级精神，带领大家齐诵班级精神。

> 班级精神：特别有志气、特别守纪律、特别能吃苦、特别能战斗、特别能攻关、特别能奉献。
>
> 星空墙画面尺寸为高 150 cm，宽 80 cm，与班级竖版移动白板一致，可重复使用。

班级星空墙

老师关灯，打开提前准备的星空灯，同学们在梦幻星空里将自己的梦想卡片贴上班级星空墙。

教师总结：同学们，星空浩瀚无比，探索永无止境。习近平总书记多次强调建设航天强国，鼓励广大青年崇尚科学、探索未知、敢于创新。今天这样一个特殊的班会，我们向每一位中国航天人致敬，更要向他们学习。学习他们热爱祖国、为国争光的坚定信念，学习他们勇于攀登、敢于超越的进取意识，学习他们科学求实、严肃认真的工作作风，学习他们同舟共济、团结协作的大局观念，学习他们淡泊名利、默默奉献的崇高品质。

心之所向，星河万里！让我们满怀信心地增强本领，义无反顾地报效国家。担负神圣使命，承载民族光荣，强国有我，梦想正起航！

设计意图：设计“有意思且有意义”的议题，挖掘精神密码，引导学生读懂载人航天精神中的“特别”。航天精神加持，凝练特别的班级精神，让载人航天精神入脑、入心、践于行，为班级摘下一颗星，照亮逐梦之路。

以星空墙、星空灯营造“星辰大海，逐梦前行”的情境，学生将寄托自己梦想的星空卡片贴上星空墙，激励学生坚定理想信念，逐梦远航。

班会后延伸教育活动

1. 继续完成以“星辰大海，逐梦前行”为主题的教室布展，每周评比“梦想领航员”。

2. 参与并推荐家人共同参与中国航天“带着我的梦想上天宫”活动，给航天员写信，写下自己的梦想，让中国航天送它上天宫。

3. 观看纪录片《超凡未来：你不了解的中国科学故事》，每人凝练一句话观后感，录入“高二 12 班学生语录”。

4. 成立“逐梦”小分队，定期开展社区志愿活动，将大大的梦想化解成脚踏实地的每一小步，每月评选优秀分队并颁发“逐梦之星”勋章。

班会反思

高中主题班会重在价值引领。高二是学生价值观养成的关键节点，他们有走向独立的渴望，有价值冲突的迷茫。疫情里连续 4 个月的线上教学不少孩子“迷失”了自我，孩子们需要审视自我、重塑自我。“读懂自己、欣赏他人，学习他人、悦纳自己”是个人成长的逻辑起点。主题班会是平台——孩子们展示自我、欣赏他人的平台。“班主任搭台，学生唱戏；榜样引领，注能蓄力”是本次班会设计的初衷。

一、目标达成情况

本次主题班会的目标是明确理想信念对自身成长的重要作用，树立正确的价值导向，坚定求学报国的理想信念。从整体上看，班会达成了预设目标。班会以神舟十三号载人飞船任务为时事背景，激发学生兴趣。以星空卡片、星空墙、星空灯、星空背景营造星空场景，让学生在绚烂的星空场景里体验逐梦前行的美好，增强自信心，注入正能量。同时，在价值观的引导方面，班会中的案例分享和讨论环节对学生产生了积极影响。

二、活动参与情况

在活动参与度方面，大部分学生都表现出了较高的热情和积极性。他们积极参与各项活动，努力完成任务。然而，也有个别学生表现出消极态度，缺乏参与热情。这可能与他们的性格或是对活动的兴趣缺乏有关。为了提高这部分学生的参与度，可以考虑在未来的班会中引入更多元化的活动形式，吸引他们的注意力。

三、与预设的差异

在本次班会中，有些地方与预设存在差异。首先，在活动组织方面，虽然我们设计了丰富的活动内容，但在实际操作过程中发现时间安排较为紧凑，部分环节显得有些仓促。这使我认识到在未来的班会策划中，需要更加精细地分配时间，确保每个环节都能得到充分开展。

其次，在学生的反馈方面，有些学生表达了希望增加更多实践环节的愿望。这提示我们在设计班会时需要更多地考虑学生的实际需求，尽可能满足他们的期望。

班会感悟

贴近生活设计班会　点燃学生思辨火花

一、班会设计要能够激发学生兴趣，引发学生思考

在以往的班会中，我们更多的是从学校和教师的角度出发，选择一些我们认为对学生有益的主题。然而，这样的主题往往不能引起学生的共鸣，导致班会的效果不尽如人意。为了更好地满足学生的需求，我们需要更多地与学生沟通，了解他们的兴趣和困惑，从而制定出更加贴近学生生活的班会主题。

选择贴近学生生活的故事、时事热点，能够引发学生共鸣、激发学生兴趣。要设计“有意义且有意思”的议题，引发学生思考，促进情感、态度、价值观培养。要结合班情设置主题班会的讨论议题，提升议题的思辨价值；要发挥学生主动性，创新讨论组织形成，让思辨过程有趣有料。

二、班会设计要体现系统性、层次性

系统性是班会设计的核心要求。这意味着班会的内容、形式和目标需要相互协调，形成一个有机的整体。班会设计从学生认知启迪，到学生情感升华，再到实践行动，层层深入，环环相扣，有梯度、有深度、有温度地帮助学生认识班会讨论主题的重要意义。班会设计要从一次设计走向系列设计，要系统规划主题班会系列主题，提升主题班会的系统性；要预判学生发展实际，提升主题班会的实效性。

层次性主要体现在两个方面：一是班会内容的层次递进，二是学生参与程度的层次递进。在内容方面，我们需要根据学生的认知发展规律，设计安排从浅入深、由表及里的内容，帮助学生逐步深化对主题的理解。在参与程度上，我们应从引导学生被动参与到鼓励他们主动参与，逐渐提升其参与度和互动性。通过层次性的设计，我们能够更好地满足不同学生的需求，激发他们的学习兴趣和积极性。

三、班会组织与评价环节要不断完善

班会的组织形式需要更加多样化。传统的班会通常以教师讲授为主，学生参与度较低，导致班会的氛围沉闷，效果不佳。为了提高学生的参与度，我们需要采用更加多样化的组织形式，如小组讨论、角色扮演、互动游戏等。这些形式可以更好地激发学生的兴趣，提高他们的参与度，从而增强班会的效果。

班会的评价机制需要进一步完善。在过去，我们通常以学生的反馈和

教师的观察来评价班会的效果。然而，这种评价方式过于主观，且缺乏科学性。为了更加客观地评价班会的效果，我们需要制定更加科学的评价标准，如学生的参与度、班会的氛围、学生的反馈等。同时，我们也需要关注班会对学生的长期影响，从而更好地评估班会的价值。

职业生涯向阳而行

——高三年级职业生涯规划主题班会

背景分析

一、学情分析

高三年级的学生，正处于高中阶段最关键的时期，不仅面临着升学的压力，更需要对未来的人生道路进行深入的思考和规划。他们要认识到生涯规划的重要性，了解自己的兴趣、特长和价值观，学会职业选择，培养生涯发展所需要的必备品格、关键能力和价值观念，他们的生涯意识，不仅包括对未来职业的认知，更包括对自己兴趣、能力和价值观的深入了解。此外，他们还要考虑社会的需求和发展趋势，了解行业的发展动向和未来的就业前景，从而制订合适的目标和科学的计划，在实现目标的过程中不断发展创新思维、团队合作、沟通协调能力等关键能力，树立如诚信、责任、奉献、担当等正确的价值观，从而为成为德、智、体、美、劳全面发展的社会主义建设者和接班人打下坚实的基础。

二、主题解析

2017 年年底，教育部出台的普通高中课程方案明确了高中教育的新定位，即“三适应一奠定”：促进学生适应社会生活，适应高等教育，适应未来职业，奠定每个学生的终身发展。文件要求在高中阶段就要引导学生进行面向未来职业的规划。同时，《国务院关于深化考试招生制度改革的实施意见》提出，通过构建综合素质评价和多元录取机制，增加高校招生录取的自主权。这种新的考试招生模式正在倒逼学校指导学生更多地认识自我与社会，谋划学业与职业方向。随着教育改革的推进，高中教育正逐步实现从单纯的文化知识教育向注重学生综合素质和未来职业规划的转变。高中教育开始逐步注重学生的个性化发展和职业规划，注重培养学生的综合素质，通过多元化的评价方式，帮助学生逐步明确自己的职业方向和人生目标，为未来的职业规划和人生发展打下坚实的基础。

班会目标

1. 认知目标

借助冥想的方式进行生涯幻游，结合人物竞猜的活动，了解职业生涯规划的正确含义以及重要性。

2. 情感目标

以《人生棋旅》预测自己的职业生涯，通过小游戏触动心弦，明确面对职业生涯规划所应有的积极的情感态度。

3. 行为目标

通过情景剧演绎对主人公出谋划策，学习“车、日、路”职业生涯规划模型，掌握必备的生涯能力。

班会准备

1. 教师准备

（1）知晓学生对职业生涯规划的了解及重视程度；

（2）制作、准备课件及教学案；

（3）设计学生冥想的相关内容；

（4）准备学生情景剧演绎的剧本；

（5）制作《人生棋旅》的棋盘和棋子。

2. 学生准备

（1）了解职业生涯规划相关知识，初步思考自己的职业生涯规划；

（2）排演上课展示需要的情景剧；

（3）了解名人的职业生涯规划的故事。

班会过程

环节一：俱怀逸兴壮思飞，扬鞭策马逐红日

活动1：冥想探生涯，笃行将致远

教师播放冥想音乐，引导学生选择最舒适的姿势，闭上眼睛，根据老师的指引语，冥想20年后自己的职业生涯情况。

在冥想过程中，学生将初步想象20年后的自己是什么样子的，和什么人住在一起，婚姻状况是什么样的；有什么样的学历，从事什么样的工作；采用什么样的交通方式上班，在什么样的公司工作；和什么样的同事一起合作，自己将会担任什么样的职务。最后，反思一下自己一天的生

活，对自己这次冥想做一次总结。

学生在冥想结束后，独立完成“我的职业生涯履历”（表 3-2），将自己冥想的内容形成文字总结，初步体验自己的职业生涯内容。

表 3-2　我的职业生涯履历

<table>
<tr><td colspan="6">我的职业生涯履历</td></tr>
<tr><td>姓名</td><td></td><td>性别</td><td></td><td>年龄</td><td></td></tr>
<tr><td>毕业院校</td><td></td><td>专业</td><td></td><td>学历</td><td></td></tr>
<tr><td>婚姻状况</td><td></td><td>家庭住址</td><td colspan="3"></td></tr>
<tr><td colspan="6">工作经历</td></tr>
<tr><td colspan="2">时间</td><td colspan="2">公司</td><td colspan="2">职位</td></tr>
<tr><td colspan="2"></td><td colspan="2"></td><td colspan="2"></td></tr>
<tr><td colspan="2"></td><td colspan="2"></td><td colspan="2"></td></tr>
<tr><td colspan="2"></td><td colspan="2"></td><td colspan="2"></td></tr>
<tr><td colspan="6">自我评价</td></tr>
<tr><td colspan="6"></td></tr>
</table>

思考并交流：

（1）在刚才的冥想当中，你印象最深刻的一件事是什么？

（2）冥想结束后，你的感受是什么样的？

（3）你觉得你会过上你想要的生活吗？为什么？

活动 2：人物大家猜，初生而不凡

学生根据课件上呈现的描述，进行人物竞猜。

1. 人物 1

（1）世界上职业生涯最长的女子体操运动员。

（2）“曾经，我为儿子而战。如今，我为自己而来。”

（3）杭州亚运会，被称为“丘妈”。

谜底：丘索维金娜（乌兹别克斯坦的体操运动员）

2. 人物 2

(1) 克服科技封锁，缔造国产奇迹。

(2) “遥遥领先。”

(3) 从小镇青年，到华为副总。

谜底：余承东（华为消费者业务 CEO）

3. 人物 3

(1) 18 岁的他，光荣牺牲。

(2) “清澈的爱，只为中国。”

(3) 中印边境冲突，他挺身而出。

谜底：陈祥榕烈士（解放军某机步营战士）

思考并交流：

(1) 这三个人的职业选择受到了什么影响呢？

(2) 在我们制定人生目标的时候，应该考虑哪些因素呢？

(3) 你的职业生涯目标有改变吗？会怎么改变？

教师总结：我们每个人都对自己的未来有着美好的期许。也许，我们想当一名医生，救死扶伤，用自己的专业知识和技能，为人类的健康事业作出贡献；也许，我们想当一名教师，教书育人，为社会培养出一批又一批的优秀人才；也许，我们想当一名科学家，探索未知，为人类的科技进步贡献力量。在我们着手进行规划的时候，请不要忘记，我们的职业生涯规划，既要满足自己的兴趣爱好和发挥特长，实现自己的个人价值；也要符合社会、民族、国家的需要，实现自己的社会价值。

设计意图：学生通过冥想进行生涯环游，并完成“我的职业生涯履历”，能够对自己的职业生涯规划有一个初步的了解，意识到职业生涯规划的意义和重要性。同时，学生通过人物竞猜的活动，感悟名人在职业选择和生涯规划时所考虑的因素，反思自己的职业生涯规划是否科学、合理、有意义。

环节二：前路漫漫亦灿灿，轻舟已过万重山

活动 1：人生如棋旅，笑谈间浮沉

学生以 6 个人为一组，每个人各执一枚棋子，代表自己。组内成员轮流掷骰子，根据骰子的点数，在棋盘上走出相应的步数。每走一次，阅读棋盘中出现的人生事务（表 3-3），并思考自己对待这件事情的态度及应对方式和策略。如果学生对棋盘上出现的事务不满意，可以进行更换，并说明理由。

表 3-3 人生棋旅

17 岁 高考	19 岁 第一份兼职	21 岁 考研	23 岁 考公务员	25 岁 加工资	你觉得还会发生的重大事件：
27 岁 考博	29 岁 结婚	31 岁 孩子出生	33 岁 职位晋升	35 岁 被同事嫉妒	
37 岁 频繁出差	39 岁 爱人职位晋升	41 岁 取得发明专利	43 岁 外派到艰苦环境	45 岁 获评金牌团队	
47 岁 工作巨大失误	49 岁 有意义的旅行	51 岁 任单位主要领导	53 岁 被投诉	55 岁 策划实施公益项目	
57 岁 为员工谋福利	59 岁 规划自己的新家	61 岁 带父母体检	63 岁 生病	65 岁 学习艺术	
67 岁 新的工作机会	69 岁 被子女反对	71 岁 创业	73 岁 被新秀挑战	75 岁 四处讲学	
77 岁 任校友会主席	79 岁 业内终身成就奖	81 岁 ……			

思考并交流：

（1）你为什么会给自己设计这样的人生之旅呢？

（2）每个阶段你会遇到什么样的困难呢？这样的困难会被解决吗？

（3）你在人生旅途中遇到的这些事件，对于你最后人生价值的实现有什么样的意义呢？

活动 2：游戏共成长，吾与子偕行

本游戏称为《触动心弦》。游戏开始时，请全体同学起立，闭上眼睛。根据老师的要求完成以下的指令：

（1）如果头被拍了一下，请睁开眼睛并坐下；

（2）如果肩膀被拍了一下，请睁开眼睛站在原地；

（3）如果没有被拍，请保持原状。

教师在发出指令的同时，不会触碰到任何学生。学生在教师数次发出指令之后，会尝试着去拍别的同学，此刻教师要及时给予肯定和鼓励。

思考并交流：

（1）第一个被拍的同学，你当时是什么感觉？

（2）第一个拍了别人的同学，你为什么这么做？

（3）最后一个坐下的同学，你有什么样的感受？

（4）经过这个游戏之后，你的感悟是什么？

教师总结：在我们的职业生涯发展中，我们会有很多的成功，也会面临很多的失败。但正是因为这些成功和失败、曲曲和折折，才让我们的职业生涯乃至我们的人生变得有意义。所以，我们在做职业生涯规划时，也要对未来可能会出现的挫折做好心理上的准备。同时，我们也要意识到，在面对这些困境时，我们不能只是一味地等待别人来拯救我们，而是要敢为、敢闯、敢干，用行动传递行动，用温暖传递温暖。

设计意图：学生在《人生棋旅》环节，通过棋子的随机移动，感悟到人生的不确定性和多样性，从而了解自己的职业生涯不会是一帆风顺的，要对未来的逆境有心理准备，养成良好的心态。学生在拥有良好心态的同时，也会通过游戏《触动心弦》，感悟面对逆境时所需要的勇气和行动，从而积极应对挑战。

环节三：风雨不改凌云志，振衣濯足展襟怀

活动1：逆境同破局，人生如逆旅

学生以6人为一小组，抽取其中的一个困境，帮助这些高三的学生分析原因，提出建议，解决困惑。

> 情景1：模考结束，小美的成绩下降很多。她下定决心要认真学习，并制订了周密的计划。一段时间下来，她发现，自己很难坚持下来。繁重的学习任务，让她根本无法完成计划。小美开始感到焦虑和挫败。她不明白为什么自己无法坚持下去，为什么计划总是无法完成。她开始怀疑自己的能力，甚至怀疑自己是否适合学习。
>
> 情景2：小帅最近陷入了游戏的世界，他似乎无法自拔。他知道学习对他来说是最重要的事情，可是每次他试图集中精力学习时，总是会不由自主地伸手去拿手机，打开《原神》游戏。他陷入了纠结和斗争之中，内心充满了矛盾和挣扎。他试图控制自己，告诉自己应该专注于学习，可是游戏的诱惑总是让他无法抗拒。他开始怀疑自己是否真的能够克服这个问题，是否能够重新找回学习的动力和乐趣。
>
> 情景3：大壮热爱文学，一直梦想着能够进入中国传媒大学

的新闻学专业，他相信通过学习新闻学，能够更好地了解社会，传递信息，为人民服务。可是最近一个著名的升学指导师说，学新闻学是没有出路的，让大壮开始怀疑自己的选择。不仅如此，大壮的父母也反对他学习新闻学。他们希望大壮能够选择一些更加实用的专业，比如计算机科学或者金融学。大壮现在很迷茫，他不知道该怎么办。他不想放弃自己的梦想，但是又担心将来找不到工作，无法养活自己和家人。

思考并交流：

(1) 对于这些问题，你有什么好的建议吗？

(2) 你遇到过什么样的问题呢？你觉得你的问题会得到解决吗？

(3) 根据老师提供的 SWOT 分析模型（表 3-4），对自己进行一次分析。

表 3-4 SWOT 分析模型

S（strengths）我的优势是什么？	W（weaknesses）我的不足是什么？
O（opportunities）目前的状况，我有哪些机会？	T（threats）我会遇到哪些挑战？

活动 2：车日路模型，定向阳而行

“车日路模型”是心理学上的一个概念，顾名思义，它是由车、日和路三个基本要素组成。在进行职业生涯规划的时候，要从这三个方面全盘考虑：即开的什么车（我是一个什么样的人，我的特长是什么，我的不足是什么），走什么样的路线（我的方向在哪里，在这条路上我会遇到什么样的挫折，每隔一段路程的小目标又是什么），到达什么样的目的地（我的理想是什么）。经过了一节课的讨论，学生基本已经能够对自己的职业生涯做出一个相对完整的规划。学生完成属于自己的车日路模型，对本节课进行总结。

思考并交流：

(1) 我心中的太阳是__________________________________。

(2) 为了这个太阳，我的道路上将会有这样几个重要站点。

①＿＿＿＿＿＿＿＿＿＿＿＿＿＿＿＿＿＿＿＿＿＿＿＿＿＿＿＿＿＿＿＿＿＿＿＿。

②＿＿＿＿＿＿＿＿＿＿＿＿＿＿＿＿＿＿＿＿＿＿＿＿＿＿＿＿＿＿＿＿＿＿＿＿。

③＿＿＿＿＿＿＿＿＿＿＿＿＿＿＿＿＿＿＿＿＿＿＿＿＿＿＿＿＿＿＿＿＿＿＿＿。

（3）我是一辆＿＿＿＿＿＿＿＿＿＿的车。

我的优点是＿＿＿＿＿＿＿＿＿＿＿＿＿＿＿＿＿＿＿＿＿＿＿＿＿＿＿＿＿＿＿＿。

我的缺点是＿＿＿＿＿＿＿＿＿＿＿＿＿＿＿＿＿＿＿＿＿＿＿＿＿＿＿＿＿＿＿＿。

目前我遇到的困难是＿＿＿＿＿＿＿＿＿＿＿＿＿＿＿＿＿＿＿＿＿＿＿＿＿＿＿＿。

我将采取的解决方法是＿＿＿＿＿＿＿＿＿＿＿＿＿＿＿＿＿＿＿＿＿＿＿＿＿＿＿。

教师总结：在面对困难的时候，我们要保持冷静，借助 SWOT 分析模型分析自己当下的处境，了解自己的优势、不足、机遇与挑战，及时调整策略，用正确、科学的方式应对困难。经过了这节课的学习，同学们也对自己的职业生涯规划有了一定的了解，并会使用“车日路模型”进行规划。在使用这个模型的时候，请大家一定要注意，我们要定好方向、优化路径，最终升级自我。

设计意图：本环节的设计，旨在帮助学生掌握正确的方法，分析自己在生涯规划过程中遇到的困难，更加清晰地了解自己的兴趣、优势，从而更好地规划自己的职业发展方向。同时，学生也可以通过这个模型，更好地了解自己的不足之处，从而有针对性地提升自己的能力，实现自我价值的最大化。学生在“车日路模型”的指导下，可以更加全面地分析自己的情况，制定出更加科学、合理的职业生涯规划。

班会后延伸教育活动

1. 给 30 年后的自己设计一张名片，包括姓名、职位等信息；
2. 给 60 年后的自己写一封信，表达你的期待和梦想；
3. 给 80 年后的自己写一个墓志铭，总结你的一生。

班会反思

一、由真实情境引发自我内省

本次班会课紧扣“职业生涯规划”这一主题，设置了多个真实情境。无论是第一环节的名人案例，还是第三环节的困境破局，都来自真实的生活。只有真实的情境，才能让学生有代入感和认同感，从而引发学生进行自我内省，激发学生学习的内驱力。

二、由课堂活动引发自我察觉

本次班会采用了冥想、棋盘桌游、互动游戏等方式，鼓励学生积极参与课堂。学生在冥想中初识自己的职业生涯规划，在棋盘桌游活动中思考自己的职业生涯规划，在互动游戏中探索自己的职业生涯规划。总之，学生在活动中有所感悟，在感悟中生发自我察觉。

三、由应对策略引发自我行动

本次班会课引入了 SWOT 和“车路日”两套职业生涯规划相关的问题解决工具，学生借助这两套工具剖析自我，进行职业生涯规划。工具的引入让学生的职业生涯规划有了抓手和依据，从感性的认知上升到理性的行动，最终升华为个人成长的动力。

班会感悟

在职业生涯规划中探究人生的意义

一、建立正确的职业观念是基石

每一个学生都是一个独立发展的个体，在他们发展的道路上，正确的职业观、人生观是他们进行生涯规划的基石。经过本堂课的学习，学生要明确，在做职业规划时，不能把收入的多少作为衡量职业好坏的唯一标准。学生要综合考虑自身性格特点、兴趣爱好、家庭等方面的因素，更要关注自身职业的选择对整个社会、民族和国家的意义和作用。只有拥有正确的职业观，职业生涯规划才变得有意义。

二、采用科学的规划方法是关键

职业生涯规划作为一门课程，需要给学生提供一套行之有效的方法论。在很大程度上，学生对自我的定位是不合理的，对社会的真实情况是不清晰的，对自身未来的发展是不具体的。由此，更需要我们在职业生涯规划的课程当中引导学生了解自己的兴趣，发现自身优势，了解当前社会需要和就业环境，制定与之相匹配的行动策略，包括短期和长期的目标、实现目标的路径和措施等。

三、实现完整的自我人生价值是终点

职业是实现人生价值的工具之一，职业规划的最终目的其实是帮助学生更好地完成自我价值和人生价值的实现。学生要能够通过职业生涯规划，寻找到人生的意义所在，探索个人与自我、个人与他人、个人与社会的关系，提升个人的精神境界和灵魂高度，明确自身的时代使命和历史担当，不再将满足感官的需求和快乐作为人生的唯一目的和全部内容。

附 录

教基司函〔2021〕29号

关于开展2021年全国中小学
班主任基本功和思政课教师教学基本功
展示交流活动的通知（节选）

附件1

2021年全国中小学班主任基本功
展示交流活动方案

为落实立德树人根本任务，提升中小学班主任的专业能力和带班育人水平，特制定本方案。

一、活动目的

推动各地各中小学校加强班主任队伍专业化建设，发挥班主任在落实立德树人根本任务中的骨干作用，提高班集体建设、学生成长指导、家校协同等方面基本功，切实增强班主任的职业认同感、荣誉感、责任感。

二、展示交流内容

展示交流内容以弘扬师德师风、展现专业素养、彰显人格魅力为重点，分为育人故事、带班育人方略和主题班会三部分。

（一）育人故事

1. 内容要求

以爱岗敬业、价值观教育、班级管理、师生沟通、家校共育等为切入点讲述自身工作中的育人故事，结合新时期学生成长过程中的新情况、新变化，彰显班主任人格魅力，体现班主任的专业素养和教育情怀。

2. 材料要求

（1）育人故事文本。主题明确、情节完整、结构合理，以第一人称撰写，能够激励人心、引发共鸣。2 000字左右。

（2）育人故事视频。视频应与文本主题一致，以讲故事形式呈现，画面和声音清晰，以第一人称流畅叙述。时长5~10分钟。

（二）带班育人方略

1. 内容要求

以学生思想品德教育为重点，通过班集体建设达成育人目标，梳理并总结班主任带班过程中的育人理念、思路和具体做法，做到成体系、有特色、有创新、有实效。

2. 材料要求

（1）带班育人方略文本。包括育人理念、班情分析、班级发展目标、实践做法、特色和成效等内容。理念遵循育人规律，目标符合学情、明确具体，实践做法体现系统性和针对性，特色突出、可操作性强。5 000 字左右。

（2）带班育人方略视频。围绕文本内容，以第一人称展示班级育人工作，将音视频素材等相关材料按照方略文本结构进行梳理，突出班级建设的育人特色。时长 5~10 分钟。

（三）主题班会

1. 内容要求

落实《新时代爱国主义教育实施纲要》《中小学德育工作指南》等文件要求，开展爱党爱国、中国特色社会主义和中国梦、国情和形势政策、中华优秀传统文化等方面教育，引导学生践行社会主义核心价值观，树立正确的理想信念，养成良好的思想品德和行为习惯。

2. 材料要求

（1）主题班会设计文本。主题鲜明（题目自拟）、目标明确、准备充分，内容紧扣主题，形式新颖、多样，注重学生体验感和参与度。文本结构至少包括：班会题目、背景分析、班会目标、班会准备、班会过程、班会后延伸教育活动设计、班会反思等。5 000 字左右。

（2）主题班会实录视频。小学不超过 40 分钟，中学不超过 45 分钟。

教基厅函〔2023〕6号

教育部办公厅关于组织开展第二届全国中小学班主任基本功和思政课教师教学基本功展示交流活动的通知（节选）

各省、自治区、直辖市教育厅（教委），新疆生产建设兵团教育局：

为深入学习贯彻党的二十大精神，落实立德树人根本任务，不断提高中小学班主任和思政课教师教育教学水平，我部决定组织开展第二届全国中小学班主任基本功和思政课教师教学基本功展示交流活动。现将有关事项通知如下。

一、活动目的

通过组织开展中小学班主任基本功和思政课教师教学基本功展示交流活动，展示新时代中小学班主任和思政课教师队伍的综合素质、专业水平和育人能力，引领带动各地进一步加强班主任和思政课教师队伍建设，不断深化中小学思政课改革创新，不断提高中小学德育工作整体水平。

二、活动内容

（一）班主任基本功展示

班主任基本功展示参加人员为普通中小学校从事班主任工作5年及以上的在编在岗班主任。鼓励省级名（优秀）班主任、获得省级或区域层面班主任基本功展示荣誉的班主任等积极参加。展示内容包括育人故事、带班育人方略和主题班会三部分。

1. 育人故事

结合新时期学生成长面临的新情况新变化，以爱岗敬业、价值观教育、班级管理、师生沟通、学校家庭社会协同育人、心理健康教育等为切入点，讲述班主任工作中的育人故事，彰显班主任人格魅力，体现班主任专业素养和教育情怀。

（1）育人故事文本：主题明确、情节完整、内容详实、重点突出、结构合理、情感真挚，以第一人称撰写，能够激励人心、引发共鸣，2 000字左右。

（2）育人故事视频：视频与文本主题一致，以第一人称讲故事形式流畅叙述，时长5~10分钟。

2. 带班育人方略

以学生思想品德教育为重点，通过班集体建设达成育人目标，梳理并总结班主任带班过程中的育人理念、思路和具体做法，做到成体系、有特色、有创新、有实效。

（1）带班育人方略文本：包括班情分析、育人理念、班级发展目标、实践做法、特色和成效等内容。班情分析得当，理念遵循学生成长规律，目标合理明确，实践做法体现系统性和针对性，特色突出、可操作性强，5 000字左右。

（2）带班育人方略视频：以文本内容为基础，以第一人称展示班级育人工作，音视频素材合理使用，突出班级建设的育人特色，时长5～10分钟。

3. 主题班会

结合学段特点，以学习贯彻党的二十大精神为主题，深化爱国主义、集体主义、社会主义教育，开展爱党爱国、中国特色社会主义和中国梦、国情和形势政策、中华优秀传统文化等方面教育，引导学生积极践行社会主义核心价值观，养成良好的思想品德和行为习惯。

（1）主题班会设计文本：包括班会题目、背景分析、班会目标、班会准备、班会过程、班会后延伸教育活动、班会反思等。要求主题鲜明（题目自拟）、目标明确、准备充分、内容紧扣主题、形式新颖多样，注重学生体验感和参与度。5 000字左右。

（2）主题班会实录视频：完整录制一节主题班会，教室全景与发言特写流畅切换，小学不超过40分钟，初高中不超过45分钟。

（二）思政课教师教学基本功展示

思政课教师教学基本功展示参加人员为普通中小学校现任道德与法治（思想政治）学科教师。展示内容包括单元整体教学设计、课堂实录、时政述评三部分。

1. 单元整体教学设计

单元整体教学设计内容来自国家统编《道德与法治》《思想政治》必修教材，按要求提供1个课时教学设计，6 000字左右。

2. 课堂实录

课堂实录与上述课时教学设计为同一内容，以视频形式呈现，要求按照教学实际时长完整录制。小学不超过40分钟，初高中不超过45分钟。

3. 时政述评

结合学生学段特征和课程教材有关内容，紧密围绕党的二十大精神，分析时政热点，开展时事教育，引导学生了解国情世情，坚定理念信念，激发爱党爱国热情，增强社会责任感和使命感。时政述评教学片段以视频形式呈现，时长不超过15分钟。